北京的深邃

京城模式与象征体系

张 法 ▲著

时代出版传媒股份有限公司
安徽教育出版社

图书在版编目（CIP）数据

北京的深邃：京城模式与象征体系 / 张法著.
—合肥：安徽教育出版社，2015
ISBN 978-7-5336-8023-7

Ⅰ.①北… Ⅱ.①张… Ⅲ.①城市研究－文化研究－北京研究 Ⅳ.①G127.1

中国版本图书馆CIP数据核字（2015）第007503号

北京的深邃——京城模式与象征体系
BEIJING DE SHENSUI ——JINGCHENG MOSHI YU XIANGZHENG TIXI

出 版 人：郑　可
质量总监：张丹飞
责任编辑：王竞芬
装帧设计：吴亢宗
责任印制：何惠菊

出版发行：时代出版传媒股份有限公司　安徽教育出版社
地　　址：合肥市经开区繁华大道西路398号　邮编：230601
网　　址：http://www.ahep.com.cn
营销电话：(0551)63683012，63683013
排　　版：安徽创艺彩色制版有限责任公司
印　　刷：合肥创新印务有限公司

开　本：650×960　1/16
印　张：19
字　数：300千字
版　次：2015年1月第1版　2015年1月第1次印刷
定　价：39.00元

（如发现印装质量问题，影响阅读，请与本社营销部联系调换）

目 录

1　前言：北京的深邃

1　一　天安门体系与现代中国象征
1　　天安门的象征意义
3　　天安门体系
11　　"梁陈方案"与天安门体系的理论短长
22　　国民党南京规划的象征体系
26　　美国京城的象征体系

31　二　故宫体系与古代中国京城模式的形成史
31　　世界史与中国理性时代的建筑定型
35　　中国远古建筑选址的恒常性

37		"共识中国"观念的出现
40		文化星相与共识中国
48		中杆与远古意识形态
60		走向天下之中的京城模式的逻辑三站
71		神的观念与祖庙中心
78		从祖庙中心到宫殿中心
82	三	京城模式与古代文化自我定义
82		京城模式的定型
88		帝王与京城模式
93		京城与文化空间
104		京城与文化观念
114	四	天安门体系在改革开放后的演化
114		天安门体系与中国历史
118		天安门体系与时代观念
124		天安体系的中心变换
130		天安门广场与节庆象征仪式在新时代的变化
139	五	天安门体系与京城模式
139		天安门体系与"梁陈方案"在核心理念上的异同

147		北京总体规划的演进与京城模式
154		北京四届十大建筑与京城模式
157		现代的十大建筑体系与古代燕京八景体系的不同美学理念
165		天安门体系与新时代的京城

171	六	**世界城市演进史与京城模式**
171		京城模式与世界城市演进史的关联
177		走向世界城市的新景观之一：世界著名古都的呈现
177		(1)王府井步行街
192		(2)平安片区
213		(3)前门大街
222		走向世界城市的新景观之二：现代国际大都市的呈现
224		(1)CBD(商务中心区)
231		(2)长安街

248	七	**从京城模式和象征体系看四大符号建筑**
249		四大建筑的事件性意义
251		四大建筑的结构性意义
253		四大建筑的艺术性意义
256		四大建筑的符号性意义

261	八	走向全球化时代的世界大国和文化大国的京城模式与象征体系
261		走向全球化时代的京城模式与象征体系
264		两轴两带多中心：北京规划与京城模式
268		全球化时代的大都市圈与京城模式
274		中华民族对世界先进的追赶与京城模式
285		对走向全球化时代的京城模式与象征体系的思考
290	参考书目	
292	后　记	

前言:北京的深邃

不知不觉间,我来北京已三十余年了(1982年来的)。而今的北京,正走向新型首都(从中国来看)和世界城市(从全球来看)的中途。偶然回首三十多年前的北京,恍如沧桑。

在我个人感受中,存在着三个北京:一个是我未来北京之前想象中的北京;一个是我刚到北京那些年骑着自行车到处游逛时的北京;一个是三十年后的今天高楼林立的北京。我刚来北京之时,眼之所见、耳之所听、鼻之所嗅、口之所味、身之所感的北京与之前想象中的北京大为不同,令我惊,令我思。近三十年来,我对北京的感与思,时而与北京的巨大变化同行,很多时候对之悲喜惶感;时而在历史时空里遨游,很多时候为之深深震撼。有那么一些时刻,突然间会有把对北京的感与思写出来的冲动。在岁月的流动中,这些冲动在心海里不时涌出,形成一朵朵片断型的浪花,在大学里进行过多次讲演,也以文章的形式发表在出版物上。在这些片断里,尤为关切的有二:一是北京作为当代中国的首都,以怎样的方式建构着中华民族的象征体系;二是北京作为具有悠久历史的文化古都和走向现代国际大都市的京城,形成了怎样一个新型的京城模式。这两重内容紧密相关,前者呈现在相互交叠的三个方面中:第一,作为中国走向现代化象征的天安门体系后面的文化内容为何?第二,作为中国古代文化象征的故宫体系的文化内容为何?第三,北京在走向现代化和全球化的国际大都市的进程中对象征体系的影响和改变为何?后者体现在三个相互迭缠的方面里:一是共和国以来北京的七次城市总体规划的演进折射出来的京城模式和北京空间结构的演进;二是从共和国前期的工业化目标到改革开放后的全球化目标的演进对京城模式演进的影响;三是从共和国前期的以革命化为中心到改革开放以后,特别是新世纪以来,北京的多功能多方位的综合对京城模式的影响。以上种种,内蕴着北京的文化内容、历史使命、世界胸怀,产生了并继续产生着巨大的历史影响,又引起了巨大的现实和学术的争论。当北京在巨大影响和激烈争论中走向未来的时候,我把我的感与思呈现出来,献给自己居住了三十多年的城市,表达自己对这一伟大城市的感恩和关切。

在我出生之前5年,1949年,中华人民共和国的开国大典在天安门举行,这就是说,当我还在不知什么地方进行转世前的漫游之时,以天安门大典为契机,北京开始具有一种全新的意义;在我出生之后5年,1959年,当我还是一个无知小儿的时候,作为民族建筑象征的天安门体系,在举国欢呼举世瞩目中胜利完成。我在虚岁28岁的那一年,即1982年,来到北京,在此之前,我住在距北京千里之遥的重庆市市中区(现改为渝中区)中山二路一座当街的楼房里。天安门的形象以各种各样的方式,图片、歌曲、文字、言谈、电影,一次又一次地进入我的眼中、耳中、鼻中、口中、心中。而今,我已经记不得在那些岁月里,天安门对我的印象是什么,记得的只是天安门确实在我心里存在着,挥之不去,抹之不掉。我到北京来,是要在北京大学读研究生,学美学。我的同乡刘小枫与我考在同一专业,我俩同行,到北京后直接按照录取通知书上指定的路线,从北京站坐103路电车到动物园,从动物园转332路公共汽车到中关村,下车

图 0-1 现代天安门体系—古代皇城体系

(资源来源:北京市规划委员会等《长安街:过去、现在、未来》)

步行直到北京大学。我们办完入学手续,在北京大学南门边的 25 楼安顿好之后,并没有着急马上去看在心里早已很熟悉的天安门。第一节课,瘦削和蔼、满腹艺术、令人敬爱的杨辛老师,放着幻灯片给我们讲故宫,我才惊异地发现,原来天安门只是故宫的一扇门,只是进入太和殿的好几个高潮中的第一个高潮。这与我心中的天安门形象有很大不同。不久,我去参观故宫,当我确确实实地从天安门前正中的大券门穿过去,一步一步地走向确确实实与天安门在建筑结构上紧密相连的端门的时候,心里感受到了一种震撼。天安门有一种建筑结构上的奇异,一方面它是皇城之门,通向端门、午门、太和门、太和殿,与故宫构成一个整体结构。另一方面它是广场之中,与人民大会堂、中国历史博物馆—中国革命历史博物馆(2003年二者合并为中国历史博物馆)、人民英雄纪念碑、毛主席纪念堂、正阳门构成另一个整体结构。天安门重叠在两种观念之中、之间、之上。这两种观念无论是在共和国的意识形态里还是在个人的心理内容上,都是截然分开的,然而在建筑的现实结构中却是合一的,图0-1这一现实联结从直观上把这种重叠呈现了出来,而且特别突出了天安门在两种建筑体系之间的连接。

这是我第一次感到了北京的深邃,这种深邃是历史的、哲学的、人文的……

蓦然回首,我居北京已三十多年。在北京的日子里,我多次感到了北京的深邃。在现实的波动中,我震惊过;在历史的阅读中,我体味过。自新中国成立以来,天安门作为现代中国的象征体系,巍然屹立。年去年来,那些在现实中围绕天安门活动的人,那些运用天安门进行活动的人,那些不辞万里从四面八方来到天安门的人,应该被天安门的某种深邃所深深吸引,但也许并不理解如此深地吸引了他们的这种深邃。作为古代中国的象征体系的故宫,越接触、越阅读、越理解,它与博大渊深的中国文化的关联就越显丰富、越呈清晰、越透神妙……自新世纪以来,作为中国走向全球化的四大新建筑:国家大剧院(巨蛋)、国家体育场(鸟巢)、国家游泳馆(水立方)、央视新楼,巍然屹立。虽然有着甚多的争论,但这些争论与已成定局的建筑一道,让人从更广更深的角度去体会北京与世界的关联,去感受北京走向未来的方向……每当我对自己周围的人、物、事既感到似曾相识又仿佛恍如隔世的时候,北京,对于我,不但显得深邃,而且显得浩瀚,如群山漫漫、如大海无边、如星空灿烂……

天安门的后面是故宫。我到北京大学上的第一堂美学课就是故宫,我到北京第一次重大的游历是故宫。杨辛老师给我讲故宫时,我知道了我小时常玩的香烟盒图案中的大前门只是故宫的一个组成部分。而且故宫就空间来说,是把整个天安门体系包在其中的。古代中国和现代中国的两大象征体系的并置和互含,令我沉思。自从听杨辛老师讲了故宫和我自己去游了故宫之后,两种故宫形象不断地在我的心中浮现。北大毕业后,分配到中国人民大学,教学和研究的主要方向是中国美学史。年去年来,方方面面的古代资料不知不觉向故宫体系聚集,故宫的形象在我心中日显深邃、日显伟大,以故宫为中心的中国型的京城体系,日益清晰,中国古代文化的丰厚和灿烂都凝结在故宫体系之中。故宫体系在中国史和世界史上的地位,在过去岁月和未来时光中的影响,对当下中国重新筑构京城象征体系的作用,一直萦绕在我的心中,牵动着我的思情……

20世纪90年代以来,北京开始了一轮现代化的新型建构,在整体空间上,城区在旧规划"摊大饼"余绪和新规划转型的共同作用下,由方型二环远扩到方型五环继而到六环,同时两轴扩展。长安街1999年扩为东到通县运河广场,西到首钢东门,2010年又西扩到门头沟,全长41.4公里的横轴;纵轴2008年北扩到奥林匹克公园,南到南苑,全长25公里,形成了《北京城市总体规划2004—2020》中两轴两带多中心的北京核心城区的两轴。在主体景观上,王府井商业步行街历时8年(1992—1999)打造而建成,显示了后现代消费社会的丰富景观。平安大街(1999),特别是前门大街(2008年)的改造先后完成,展开了古城古街的颇有争议的新貌。在象征符号上,在两轴上出现的四大建筑:国家大剧院、中央电视台新楼、鸟巢(国家体育场)、水立方(国家游泳馆),围绕2008年奥运而建成。与天安门体系和故宫体系互动互映,突显着《北京城市总体规划2004—2020》所定位的"国家首都、世界城市、文化名城和宜居城市"的视觉符号。中国文化的京城模式,正在中国文化的现代化和世界文化的全球化的双重浪涛中,以一种新的形式涌现出来。而这一新形式是在而且继续在一种巨大的争论之中演进……

应当怎样理解北京、读解北京,并在读解北京中理解中国的昨天、今天、明天?如何理解正在剧烈互动中的中国与世界?

在屋里点上一炷香,静静地坐在电脑前,把自己多年来身处北京的所见、所感、所读、所闻、所写,一片一片地收拾起来,不是要来讲述北京有多深邃、有多浩瀚,并非不想这样做,而是做不到这样。在无穷的时间里,在浩茫的空间中,我只是随缘闪出而又会很快逝去的一个小小的点,而北京,象征现代中国的天安门体系,却连着600年的紫禁城,紫禁城接向2000年前的《周礼》,《周礼》通向7000年前仰韶文化的大地湾遗址,以及6000年前的良渚文化祭坛和红山文化祭坛。这些远古遗迹,云遮雾漫,漫回向18000年前的山顶洞人、10万年前的马坝人、50万年前的北京猿人、170万年前的元谋猿人……另一方面,天安门,位于两轴的中心,东面有王府井商业步行街,前面有修整一新的前门古街,一条41.4公里长的长安街以一种现代化新貌呈出,四大象征建筑紧紧围绕中轴线巍然矗立。这些新景与天安门体系联结在一起,与故宫体系联结在一起,要形成一个全球化时代的中国符号走向未来……其内蕴的深层意义尚在未来的远方若显若隐地向处于今天的我们召唤……

而我,在21世纪初的一个时空坐标小点上,面对如此浩瀚的内容,再怎么看、再怎么想、再怎么思,也有限得很。我所能做的,不过是把这一片片自己的所见、所感、所读、所闻、所思,修成一条路,亲爱的读者,希望这弯弯曲曲的小路,能把你引进北京的深邃和浩瀚之中。

一　天安门体系与现代中国象征

天安门的象征意义

　　当你看着天安门的照片,你会想到什么?当你听着有关天安门的歌曲,你会想到什么?当你确确实实地来到天安门前,在宽敞的广场上漫步,在人民英雄纪念碑前凝思,在人民大会堂前注目,一步一步地过金水桥,让天安门与你的距离越来越近(图1-1),你会想到什么呢?

　　怎么想都是可以的,但无论在一种特殊的情境中怎么想或想到了什么,各种个人性偶感最后都会汇聚到中华民族在现代性过程中关于天安门的定义上来。天安门的定义及其多种多样的联系,构成了天安门的丰富性。在这丰富性中,最为重要的是两个相互关联的问题:一是天安门作为北京的中心对现代中国的京城模式形成的影响;二是天安门作为中华民族走向现代化的建筑象征体系的筑构所体现的中国现代性的具体内容。我们且从第二点开始,进入二者的关联。

　　天安门是北京的中心,北京是中华人民共和国的首都。

图 1-1 天安门

（资料来源：张法　摄）

我爱北京天安门，

天安门上太阳升，

伟大领袖毛主席，

指引我们向前进。①

这是一首曾经在中国大地上广泛流传的歌曲，代表了共和国初期天安门的中心意义。经历了三十多年改革开放的今天，每逢节日，天安门的中心意义在天安门前的升旗仪式中得到了特别的强化。五星红旗冉冉升起的庄严情景，通过电视广播传向大江南北，长城内外，成为共和国改革开放以后的新象征。

五星红旗迎风飘扬，

胜利歌声多么响亮，

---

①　邱刚强.我爱北京天安门.成都：四川文艺出版社，2009：165.

歌唱我们亲爱的祖国,

从今走向繁荣富强。①

　　这一共和国前期的歌曲,仍然可以用来体现改革开放以来天安门对共和国的中心意义。天安门是一种建筑形式,更是一种意义中心、一种精神象征、一套观念体系。你可以把天安门与你家乡的建筑相比,这是一种中央与地方的比较;你可以由天安门想到美国首都华盛顿,想到法国首都巴黎,想到俄罗斯首都莫斯科,想到日本首都东京、印度首都新德里、埃及首都开罗、古巴首都哈瓦拉……这是一种民族中心的比较;你可以由天安门想到天安门后面的故宫,这是中华民族神圣中心的古今比较;你可以任意地想下去,想下去……但无论怎么想,它都源于一个基础,这就是天安门本身的建筑空间形式,它为任何想象提供了公共的和共同的基础。

　　任何一个民族、一种文化、一个国家,都需要一种建筑象征形式。人们一旦想到这个民族、文化、国家,首先浮现于眼前的,就是这种实实在在的建筑象征形式,正像红场之于俄罗斯,国会大厦之于美国,凡尔赛宫之于近代法国,天安门就是中华人民共和国的建筑象征形式。全面地说,这一建筑象征形式,不仅是天安门,而且是以天安门为中心,包括广场、人民英雄纪念碑、人民大会堂、国家博物馆、正阳门在内的一个空间整体。这一空间整体,不妨名之为:天安门体系。

天安门体系

　　民族象征形式是一个民族用建筑方式对自身的定义,它包含了这个民族对自身的认识、对未来的体认、对理想的追求。天安门体系就是共和国用建筑形式对自

---

① 中国音乐家协会编.歌唱祖国.北京:音乐出版社,1959:1.

身的定义。让我们先来看一看于1959年正式完成时的天安门体系(图1-2):

天安门从古代的皇宫体系中切割出来,坐北朝南,面对宽500米,长1090米的广场,成为建筑象征体系的中心。雄伟的城楼建筑,面阔九间,进深五间,歇山重檐,金碧辉煌,城楼前面汉白玉的金水桥、带着云彩的华表、威严的雄狮雕塑,以古典的皇家风范代表了中国几千年来的伟大传统。城楼正中的毛主席像和画像两旁的印刷体标语"中华人民共和国万岁"和"世界人民大团结万岁"又明示了传统的新生。天安门层楼两旁新修了观礼台,显示了一座古代的门楼向共和国的仪式中心的转变。天安门城楼已成为一个现代性的共和国的建筑象征形式——天安门体系——的主体。

广场中央矗立着人民英雄纪念碑,高37.94米,四坡庑殿顶,花岗岩碑身,

图1-2 天安门体系

(资料来源:张法 编绘)

纪念碑的碑文呈现了碑的主题:

> 三年以来,在人民解放战争和人民革命中牺牲的人民英雄们永垂不朽!三十年以来,在人民解放战争和人民革命中牺牲的人民英雄们永垂不朽!由此上溯到一千八百四十年,从那时起,为了反对内外敌人,争取民族独立和人民自由幸福,在历次斗争中牺牲的人民英雄们永垂不朽!

碑文记录了由近而远的三大段历史:直接导致共和国建立的解放战争,共产党成立以来的人民革命,鸦片战争以来的民族独立和人民自由的斗争。碑文点出的主题正是中国现代性的主题,如果说,纪念碑的建筑碑形(四坡庑殿顶,浮山花岗岩碑身,碑身东西两侧上部的由红星、松柏、旗帜组成的装饰花纹,大、小碑座的上下四周由牡丹花、荷花、菊花等组成的八个大花圈,以及由百花组成的卷草花纹),以抽象的形式和碑身字体(碑正面毛泽东的行书"人民英雄永垂不朽"和背面周恩来用整齐的行书书写的碑文,镏金呈现),以文学和书法的形式,抽象地和文学地显示了中国现代性的宏大叙事,那么,碑身下端四围的10块汉白玉浮雕,则具象地体现了中国现代性的宏大叙事。这10块浮雕,每块高2米,共40.68米,分8大主题,各由8位雕塑家主持雕成:东面的"虎门销烟"(碑东之北,曾竹韶主持)【图1-3】、"金田起义"(碑东之南,王丙召主持);南面的"武昌起义"(碑南之东,傅天仇主持)【图1-4】、"五四运动"(碑南之中,滑田友主持)【图1-5】、"五卅运动"(碑南之西,王临乙主持),西面的"南昌起义"(碑西之南,萧传玖主持)、"抗日游击战"(碑西之北,张松鹤主持),北面的"胜利渡长江,解放全中国"(包括"支援前线"在碑北之西,"胜利渡江"在碑北之中,"迎接解放"在碑北之东,整个北面由刘开渠主持)。

图1-3 虎门销烟

图1-4 武昌起义

图1-5 五四运动

(以上资料来源:张法 摄)

　　10块浮雕用最重要事件呈现了自鸦片战争以来中华民族的斗争史。就建筑形式的主体说,是中国古碑和西方纪念柱的结合,碑顶的庑殿顶和碑基的白玉栏是中国形式,浮雕造型是西方和前苏联的艺术风格,整个纪念碑在观念内容和建筑形式上用多种方式表征了中国一百多年来的现代化努力。

今天回头看去,这10块浮雕呈现的8大事件,反映新中国成立初期对中国现代性宏大叙事的结构方式。鸦片战争是中国现代性的开始,太平天国显示农民起义创造历史的功绩,武昌起义是清朝灭亡,五四运动是反帝反封建的思想革命和马克思主义在中国的传播(后面暗喻着中国共产党的成立),五卅运动是中国工人阶级作为一支独立的政治力量第一次登上历史舞台,南昌起义是中国共产党领导的革命军队诞生,抗日游击战是共产党抵抗侵略依靠人民而发展壮大的重要阶段,最后全国解放。在后来,我们又看到几种对于现代性宏大叙事的不同结构方式,比如在"文革"之中,是由五大革命圣地体现出的五大重大事件结构的中国现代性历程:第一圣地韶山,是红太阳升起的地方;第二圣地井冈山,是毛泽东创建革命军队和第一个革命根据地的地方;第三圣地遵义会址,是毛泽东获得党的实际领导权的地方;第四圣地延安,是毛泽东取得对党的绝对领导并领导中国革命发展壮大的地方;第五圣地北京,是共和国成立,毛泽东宣布中国人民从此站立起来的地方。又比如,2006年文化部和财政部联合实施的"国家重大历史题材美术创作工程"所列共100个选题,最后成果为104件作品,显示对纪念碑结构的一种扩大和丰富。① 如从鸦片战争到五

---

① 1.虎门销烟(中国画,李延声) 2.金田起义(油画,刘绍昆等) 3.圆明园劫难(油画,孙韬) 4.江孜抗英(雕塑,申红飙) 5.洋务运动·留美幼童(中国画,方瑞) 6.江南制造局(油画,姜建忠) 7.阿里山的抗日斗争(油画,井士剑等) 8.公车上书(中国画,孔维克) 9.戊戌六君子祭(油画,杨参军) 10.义和团血战廊坊(中国画,许勇) 11.蔡元培与光复会(油画,章仁缘等) 12.詹天佑修京张铁路(雕塑,陈科) 13.武昌起义(中国画,冯远等) 14.溥仪出宫——民国十三年(中国画,赵奇) 15.开创共和——孙中山出任临时大总统(油画,杨松林) 16.陈独秀与《新青年》(中国画,胡伟) 17.鲁迅在上海(油画,俞晓夫) 18.五四运动(中国画,刘国辉等) 19.启航——中共一大会议(油画,何红舟) 20.二七风暴(中国画,刘健等) 21.京汉铁路大罢工(雕塑,傅中望等) 22.国共合作——1924·广州(中国画,赵建成) 23.1924·黄埔军校(油画,潘家俊) 24.五卅惨案(中国画,张培础) 25.北伐(中国画,梁占岩) 26.李大钊就义(雕塑,于世宏) 27.南昌起义(中国画,韩硕) 28.会师井冈——井冈山革命斗争(中国画,刘大为等) 29.刑场上的婚礼(中国

画,王明明等) 30.我的家在东北松花江上(中国画,王钰铭) 31.东北抗联(中国画,袁武) 32.关东魂(雕塑,殷晓峰) 33.长征(油画,王希奇) 34.红军长征的将领们(雕塑,王洪亮) 35.彝海结盟(雕塑,曾成钢) 36.湘江·1934(油画,张庆涛) 37.遵义之春(中国画,何山明等) 38.方志敏——1935.1.29(油画,蔡明等) 39.热血"一二·九"(中国画,张江舟) 40.七君子(雕塑,孙家钵等) 41.风云儿女(油画,殷雄) 42.义勇军进行曲(油画,金山石等) 43.聂耳(雕塑,吴为山) 44.平民教育家陶行知(雕塑,唐世储) 45.七七事变——卢沟桥(油画,杨克山) 46.平型关大捷(油画,孙皓) 47.淞沪抗战——十九路军(油画,张绍成) 48.1937.12·南京(油画,许江等) 49.抗日战争中受难的中国女性(中国画,于文江) 50.吕梁巾帼(油画,孙向阳) 51.血战台儿庄(油画,徐青峰) 52.太行烽火(中国画,王迎春等) 53.永生——1941年1月14日皖南事变(中国画,施大畏等) 54.新四军——车桥之役(油画,徐芒耀等) 55.纺线线——延安大生产运动(中国画,王有政等) 56.爱国华侨陈嘉庚(雕塑,霍波洋) 57.黄河大合唱——流亡、奋起、抗争(油画,詹建俊等) 58.华北地道战(油画,王国斌等) 59.延安文艺座谈会(油画,郭平北) 60.毛泽东在延安(雕塑,李向群) 61.1944·中国远征军(油画,赵力中) 62.东方红——杨家岭1945(中国画,毕建勋) 63.1945·重庆(雕塑,梁明诚) 64.反内战的呐喊(雕塑,陈妍音) 65.转战陕北途中(油画,高天雄) 66.挺进大别山·过黄泛区(油画,秦文清) 67.大地回春——土地改革(中国画,谢志高) 68.辽沈战役——攻克锦州(油画,宋惠民等) 69.平津战役——会师金汤桥(油画,孙立新等) 70.决战淮海(油画,骆根兴) 71.百万雄师过长江(油画,陈树东等) 72.新中国诞生(中国画,唐勇力) 73.第一届政治协商会议(油画,王少伦) 74.跨过鸭绿江(油画,吴云华) 75.抗美援朝·激战(油画,章晓明等) 76.共和国的将帅们(油画,陈坚) 77.宋庆龄(油画,杨飞云) 78.高原祥云——和平解放西藏(中国画,韩书力) 79.周恩来在万隆会议上(油画,靳尚谊) 80.红旗渠(中国画,龙瑞等) 81.雷锋(雕塑,洪涛) 82.焦裕禄(油画,毛本华等) 83.大庆人(油画,谷钢) 84.征服珠峰(油画,冯杰) 85.川西三月(中国画,马振声等) 86.毛泽东会见尼克松(油画,马刚) 87.青春记忆——知识青年上山下乡(油画,陈宜明) 88.唐山大地震(油画,曹立伟等) 89.历史的审判(油画,郑艺) 90.科学的春天(油画,丁一林) 91.铿锵玫瑰——中国女排首获世界冠军(中国画,华其敏) 92.夏夜——恢复高考的日子(油画,程丛林) 93.生死印——1978·安徽凤阳(油画,张国琳等) 94.山村小学(油画,孙为民) 95.复苏的土地(油画,王宏剑) 96.南行途中(油画,张祖英) 97.杂交水稻之父——袁隆平(油画,焦小健) 98.香港回归(中国画,张颖生) 99.澳门回归(油画,邢俊勤等) 100.众志成城——1998·抗洪(雕塑,杨奇瑞) 101.高峡出平湖(中国画,施江城等) 102.抗击非典(油画,赵振华) 103.中国加入世贸(雕塑,王少军等) 104.鼓舞(雕塑,曹春生等)

四运动这两块石雕呈现的内容扩展为18项,把中国现代性的开始展现得更为波澜壮阔:1.虎门销烟图,2.金田起义,3.圆明园劫难,4.江孜抗英,5.洋务运动·留美幼童,6.江南制造局,7.阿里山的抗日斗争,8.公车上书,9.戊戌六君子祭,10.义和团血战廊坊,11.蔡元培与光复会,12.詹天佑修京张铁路,13.武昌起义,14.傅义出宫——民国十三年,15.开创共和——孙中山出任临时大总统,16.陈独秀与《新青年》,17.鲁迅在上海,18.五四运动。从以后对中国现代性宏伟叙事的改写和加写中,可以看到怎样呈现现代中国的宏伟叙事是建筑象征体系的一个重要组成部分。尽管"国家重大历史题材美术创作工程"扩展为104项,但纪念碑上的8大主题仍在其中,因此,可以说纪念碑10块浮雕的8大主题,构成中国现代性宏大叙事的基本结构。就当年来说,这一宏大叙事的基本结构,在东面的中国革命历史博物馆中得到丰富的展开,并在中国历史博物馆中得到历史的关联,而在西面的人民大会堂中得到了今天的定格。

回到天安门体系上来。广场西为人民大会堂,面积171800平方米,东临广场面宽336米,中部高40米,两翼为31.2米。作为西方文化建筑标志的柱式,构成其最主要的特征。四面共有134根高大的圆形廊柱。特别是正门的12根雄伟的门柱,烘托着正门门额上的国徽,大气而又庄严。正如人民代表大会是对西方议会制度的中国式模仿,以西方柱式为主要视觉特征的建筑形式,突出了中国的世界化倾向。

广场东为中国历史博物馆—中国革命博物馆。面积65152平方米,南北面长149米,东西面长313米,一种内院式布局的西式建筑,方形柱式构成主面,与人民大会堂的圆形柱式东西呼应,极为和谐。观念内容,寓意了从传统(中国历史博物馆)向现代(中国革命博物馆)的流动,同时又是对纪念碑上的宏大叙事进行一种更为丰富的扩展。

图1-6 (左)人民大会堂屋檐和顶墙装饰　(右)中国历史/革命博物馆庑殿顶

(资料来源:张法 摄)

整个建筑群体显示了中西古今的完美结合,突出了融汇中西的宏伟气派。结合和融汇的重点和中心是天安门,其展开又是一种广场型的典型西式格局。南北轴线上,正阳门和天安门,中国固有之形式相配合;但又把中国传统进行了画龙点睛一般的现代性点化,体现在天安门上的领袖画像和画像两旁的标语,还体现在楼层两旁面向广场的观礼台上。在东西轴线上,中国历史博物馆—中国革命博物馆和人民大会堂,方形柱式与圆形柱式,体现了西方建筑的普遍形式;但在突出西方形式的同时,又加以中国形式的修饰,体现在人民大会堂上部的屋檐形式、顶墙装饰和中国历史/革命博物馆主体排柱两旁的庑殿顶上(图1-6)。南北东西相交处的人民英雄纪念碑,亦中亦西,化中为西亦化西为中,整个天安门广场用多种建筑形式显示了以独特方式走向世界的中国所创造的一片化境。在天安门体系大功告成之际,大诗人郭沫若慷慨赋诗,写了一首《颂北京》:

坦坦荡荡,大大方方;巍巍峨峨,正正堂堂。
雄雄纠纠,礴礴磅磅;轰轰烈烈,炜炜煌煌。

国风浩浩,文彩泱泱;革命壮烈,历史悠长。
凤城如海,绿化汪洋;丰碑屹立,极建中央。

红旗灿烂,迎风飘扬;五星灼烁,万丈光芒。

天安门上,党声皇皇:多快好省,挺起脊梁。

全民团结,济济翔翔;流金铄石,举国腾骧。
和平共处,有纪有纲,东风永畅,天地低昂。①

天安门的辉煌,自1949年以来,颂词多矣。然而,意味深长的是,新中国成立之初,建筑学界的主流思想,却并不是要建立天安门体系以作为共和国的建筑象征。

"梁陈方案"与天安门体系的理论短长

1949年共产党进入北京,10月1日在天安门举行了开国大典,毛泽东主席宣告了中华人民共和国成立。当新首都需要一个新的建筑象征的时候,1950年,中国建筑学界的权威梁思成与留英而颇具名望的建筑学教授陈占祥(图1-7)一道提出了《关于中央人民政府行政中心区位置的建议》(简称为"梁陈方案")。

图1-7 梁思成(左) 陈占祥(右)
(资料来源:王军《城记》)

该建议保留完整的故宫不动,在北京城外西面另建中心。它东起月坛,西至公主坟,南至莲花池,北到动物园。其具体的平面图如下:

---

① 王继权,姚国华,徐培均.郭沫若旧体诗词系年注释.哈尔滨:黑龙江人民出版社,1984:381—382.

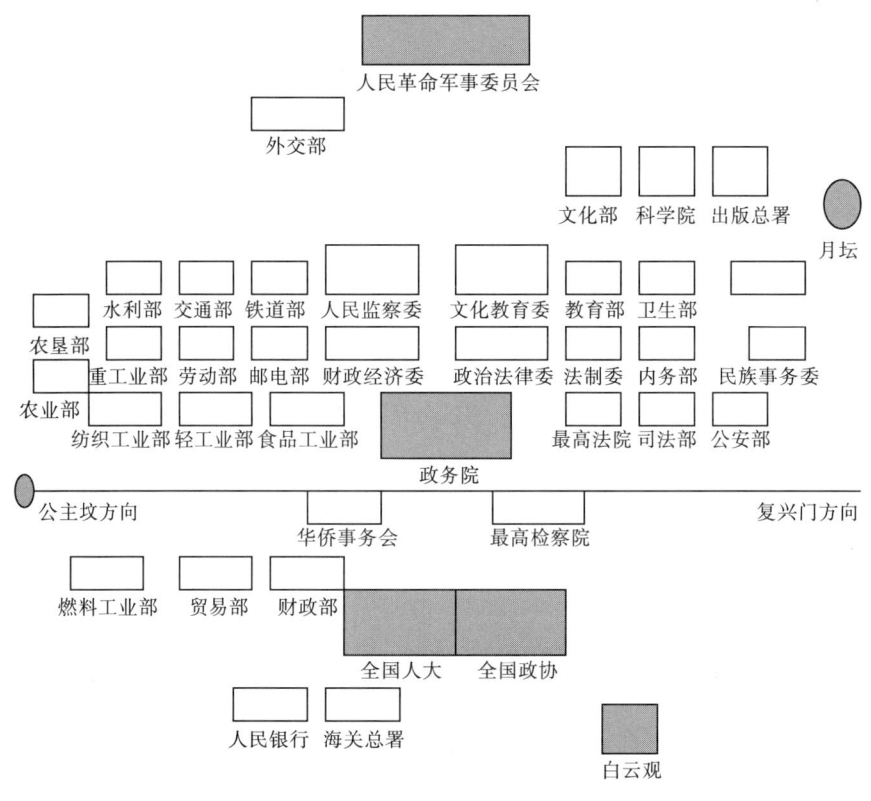

(资料来源:王瑞智编《"梁陈方案"与北京》)

这个由中国建筑顶尖精英提出的方案被政治精英和前苏联专家否决了。[①] 近年来,不少著述表达了对于当年"梁陈方案"被否定的遗憾。这就引出了一个问题:

究竟是天安门体系好,还是"梁陈方案"好?

每当我在课堂上向学生提出这一问题的时候,回答总是不能取得一致。于是我说,好与不好,一是个人的感受,二是理论标准。从审美的角度讲,每个人都可根据自己的爱好说这个好还是那个好,谈到审美无争辩。但对于一个公共空间来说,好与不好,就有一个理论标准。"梁陈方案"主要包含两个方面

---

① 主张天安门体系的有北京市政府请来帮助北京研究规划与建设的前苏联专家阿布拉莫夫、巴兰尼可夫等,以及中国建筑学家华南圭、朱兆雪、赵冬日等。

的内容:一是民族的建筑象征,二是全国的京城模式。前者与全民的政治/文化/美学认同相关,后者与京城的基本结构有关。现在先看第一个方面,民族的建筑象征形式。这里,从理论上说,一般具有三个要素:一是建筑形式,二是政体结构,三是仪式方式。建筑形式一定要符合政体的性质和机构的性质,一定要适合仪式的举行。就建筑形式与政体结构这二者的相合来说,"梁陈方案"优于天安门体系。"梁陈方案"中政府机关整齐有序地集合在一起。由于是新建,建筑形式与政体内容完全可以相符合,看到建筑,就想到建筑里的机构功能,建筑带来的整体感受与建筑政体内容可以做到完全一致。一栋如此,整体也是如此。对建筑的欣赏,由表及里,从形式到内容,呈现为一个完整的有机体。新中国的观念之新,可以由这里完美地体现出来。而天安门体系呢? 天安门是中心,但国务院和中共中央的办公地又在西边的新华门里(图 1-8)。新华门本来没有,那里原是宫墙,墙上有宝月楼,传说乾隆的香妃曾在里面住过。新华门是谁建的呢? 是中华民国第一任大总统袁世凯在此辟墙开门,民国成立之时,根据南北和议,溥仪仍住在故宫里,于是袁世凯的总统府当然不能放在溥仪的"家"里去,于是就设在中南海里,总统府通向外面需要一扇门,于是辟开中南海前面的墙,建了新华门。

图 1-8 新华门

(资料来源:张法 摄)

一 天安门体系与现代中国象征

一旦真正的行政中心不是在太和殿上,而定格在新华门内的中南海里,建筑形式与政府机构之间的关系就变成了正式的"别扭"。当你站到了作为建筑中心的天安门,还要拐过来,才来到行政中心的新华门。本来天安门就不是为新华门而设,而是为正北面的太和殿而置。天安门是引向太和殿的。但后面的故宫又不能拆掉,共和国的最高机构,国务院和中共中央的办公地,就只有无奈地屈居中南海,形成了建筑中心与机构中心的错位。可见,在建筑象征形式三要素中的前二要素中,"梁陈方案"优于天安门体系。

然而,一旦进入第三要素,"梁陈方案"的被否定就可以理解了。象征仪式是建筑象征形式中非常重要的部分。每一个文化都有自己的节庆,文化具有怎样的性质、怎样的理想、如何塑造自己的意识形态和美感结构,都是要由其最重要的仪式来塑形的。武昌起义成功后,北洋政府颁布了新的节庆体系:

1月1日:阳历新年(官署,商号,学校门首悬旗结彩,互相拜节贺庆)

2月12日:南北统一纪念日,各界一律悬旗庆祝

4月8日:国会开幕纪念日,各界悬旗庆祝,各学校开纪念会,讲演民国立国精神

7月3日:恢复共和纪念日,各机关悬旗庆祝

10月10日:武昌起义纪念日,各界悬旗庆祝,各学校开庆祝会,延请名人讲演或开联合运动会。

12月25日,云南起义纪念日,各界悬旗结彩,各学校开纪念会,讲演蔡锷历史,唤起青年学生爱国之精神。

国民党打败了北洋军阀,成立了国民政府,也颁布了自己的节庆体系:

1月1日:中华民国成立

7月1日:国民政府成立

7月9日：国民革命誓师日

10月10日：国庆

11月12日：总理诞辰

五个节日全国党政军各机关与团体、学校、工厂、商店均悬国旗志庆，国庆节党政军各界暨公法团体毕集大会举行庆祝会，会后提灯游行。除国民政府成立日外均放假一天。

3月12日：总理逝世纪念日，全国下半旗志哀，并停止娱乐、宴会，由各级党部召集民众大会，放假一天。

3月29日：七十二烈士殉国纪念日，全国下半旗志哀，放假一天。

妇女节、儿童节（4月4日）、劳动节（5月1日）、学生运动纪念日（5月4日）、教师节（8月27日）、商人节（11月1日），由该关系团体举行纪念大会，由各党部派员指导。

共和国成立，1949年12月23日，共和国政务院公布《全国年节及纪念日放假办法》，建立了新的节庆体系。

3月8日：国际妇女节

5月1日：国际劳动节

5月4日：青年节

6月1日：国际儿童节

7月1日：建党纪念日

8月1日：建军节

10月1日：国庆节

除了这些直接体现新的国体和新的意识形态的节日之外，实际上还包括对中国传统珍视的春节和对世界史潮流重视的元旦，但对于共和国来说，新的节庆体系中最重要的是国庆节和五一节,国庆节更是重中之重。共和国的最重要的观念,就是在最重要的节庆仪式中通过仪式活动感性直观地潜移默化地灌输给广大人民群众。

共和国初期意识形态里最重要的观念是什么呢?

是对一个伟大领袖的形象塑造,这体现在共和国初期一首最为普及也最为重要的歌曲《东方红》里:

> 东方红,
> 太阳升,
> 中国出了个毛泽东。
> 他为人民谋幸福,
> 他是人民的大救星。

我们有一个伟大领袖,只要我们跟着他前进,就无往而不胜,不跟他前进,就要遭曲折、受挫折,甚至失败。民族的建筑象征仪式就是围绕着塑造这样一个战无不胜、攻无不克的领袖服务的。"梁陈方案"的一个重大缺点,就是没有考虑象征仪式的问题。在方案图中,看不到对仪式内容的政治思考,也看不到对政权进行理想性的美学想象。就前一方面来说,尽管"梁陈方案"有很多建筑学上的规划优点,有难能可贵的对于传统的珍视,但缺乏一种与新政权崇尚领袖相契合的哲学和文化的胸怀,正是在这一点上,"梁陈方案"远远不及天安门体系;就后一方面说,只是在政府机构这一层面做文章,尽管这里有对中国传统的中轴线、对称性、节奏感的巧妙运用,但对共和国的理想体会不够。没有对塑造领袖的游行仪式的建筑考虑,包括对领袖检阅群众的建筑位置和游行队伍如何进行的空间规划。在仪式这一因素上,"梁陈方案"既不及天安门体系,也不及国民党的南京首都规划(这一点后面再谈)。天安门体系的最大优点,就是高大的城楼与楼前的广场形成的一种视觉上的俯仰关系:领袖在城楼上俯视游行的广大群众,广大群众游过天安门时仰望城楼上的领袖。正是在这种视觉俯仰关系中,领袖与人民之间建立起了一种心理关系,领袖在人民的心中伟大起来。这种领袖心理的建立,在艺术作品中,得到了更典型的反映,比较一下现实中的开国大典和艺术中的开国大典,可以让我们理解一个时代的现象真实与心理真实之间的关系,现实照片中的开国大典(图1-9),毛泽东站在中央,其他党和国家领导人,以及民主党派人士形成一个弧形围绕着毛泽东,已经突出了一个中心,但由于现实空间关系的局限,毛泽东在人民心中已经有的伟大性还没有得到应有的突出。董希文的油画《开国大典》(图1-10)中毛泽东一人站在前面,对着城楼下的人山人海,其他人排成几排,整齐地、有距离地站在毛泽东的后面。这不符合现实中的真实,但却既符合艺术上的真实,也更符合共和国前期广大人民心理上的真实。这就是共和国前期所需要的关于伟大领袖的真实定位。这种心理真实用一首曾普遍传唱的歌曲来表达,就是:

毛主席登上了天安门,
人民心里亮堂堂。

图1-9 现实中的开国大典

(资料来源:路秉杰《天安门》)

图1-10 艺术中的开国大典

(张法摄于国家博物馆)

由此可知,"梁陈方案"与天安门体系的不同,在民族的建筑象征上,首先是一种建筑学原则与政治学理想之间的差异。"梁陈方案"不仅遭到了政治精英的否定,也遭到了前苏联专家的否定。在新中国成立初期由北京市长聂荣臻主持,梁思成、陈占祥等中国专家和巴兰尼可夫等前苏联专家共同出席的城市规划会议上,巴兰尼可夫提出以天安门广场为中心建设首都行政中心的方案。

> 先改建城市的一条干线或一处广场,譬如具有历史意识的市中心区天安门广场,近来曾于该处举行阅兵式及中华人民共和国成立的光荣典礼和人民游行,更增加了它的重要性。所以,这个广场成了首都的中心区。①

这里透露出了天安门体系与莫斯科红场建筑形式的关联,红场与天安门在两大基本原则上是一样的,一是传统与现代的相互影响,二是领袖与人民的俯仰结构。莫斯科克里姆林宫与东正教堂及红场的关系(图1-11 莫斯科红场),就像故宫与天安门广场的关系一样,构成传统对现代的无意识暗示和影响,现代的领袖与古代的皇帝具有一种心理上的同构,造就了塑造领袖的无意识背景,在这一背景上,视觉的俯仰关系建立起了伟大领袖的现实感性。

图1-11　莫斯科红场(资料来源:张法　摄)

---

① 梁思成,陈占祥等.见:王瑞智编."梁陈方案"与北京.沈阳:辽宁教育出版社,2005:90.

图 1-12　朝鲜塑造领袖的美术作品(资料来源:《朝鲜邮票集》)

"塑造领袖"是在全球现代化过程中后发现代性国家出现的一种具有一定普遍性的现象,有着非常复杂丰富的历史、政治、文化根源,尽管不同文化中各类领袖塑造具有文化背景的多样性,但在现代性的进程中又有相当的同一性,各种文化中的领袖塑造的美学和艺术呈现出了一种一致性。例如,在朝鲜的领袖塑造中,我们同样可以看到一种与中国相似的俯仰表现结构(图 1-12)。

知道了俯仰关系对塑造领袖的重要意义,就理解了一种重要的历史现象。在前苏联卫国战争中,当德国军队逼近莫斯科,前苏联动员了全国力量进行决定性的反击之时,斯大林在红场检阅前苏联红军。一队一队的红军官兵在仰望到伟大领袖容颜,亲睹伟大领袖的挥手之后,直接开赴前线。在"二战"中前苏联军队的死亡人数是最多的。① 他们为什么勇敢战斗、不怕牺牲、前赴后继?一种最为重要的心理原因,就是对前苏联人民伟大领袖的信仰,世界历史的规律早已内在于伟大领袖的头脑中,最后的胜利一定属于由伟大领袖指引着英

---

① "二战"中军队死亡人数:同盟国中,前苏联 8,668,000,中国 1,480,000,美国 292,000,英国 264,000;轴心国中,德国 3,500,000(包括德国军队中的奥地利人和苏台德德意志人),日本 1,850,000,意大利(到 1943 年止)60,000。

图1-13 毛主席在天安门城楼上接见红卫兵(资料来源:"文革"照片)

图1-14 毛主席在吉普车上接见红卫兵(资料来源:"文革"宣传画)

勇前进的前苏联人民。同样,在"文革"前夕,毛泽东要摧毁整个党和政府的官僚体系的主张,很难在当时正常的民主程序中得到支持,但毛泽东在天安门8次接见红卫兵,六次半在天安门城楼上(图1-13),两次半(第5次、第8次和第7次的第2批)是乘军用吉普车,①从当时的照片和绘画中,仍然采用的是俯仰视觉结构(图1-14)。其图像效果和心理效果与在天安门城楼上是一样的。这一政治/美学活动的立竿见影的效果就是,无产阶级"文化大革命"的烈火在全国各地很快熊熊燃烧起来,摧毁了以刘少奇为代表的"资产阶级司令部",打倒了从中央到地方的各级"走资本主义道路的当权派",取得了"以毛主席为首的无产阶级革命路线"的伟大胜利。

天安门体系与"梁陈方案"的另一个重要分歧之处也是被各种论家忽略之处,就是民族象征的中心是放在北京城的中轴线上,还是不放在中轴线上。这一点一方面与民族的建筑象征相关,另一方面又与京城模式相连。正是在这一点上,不放在中轴线上的"梁陈方案",由于有了一种世界城市史的背景而意义非常深厚。这将在以后详细论述。这里还是将之放到民族的建筑象征这一视野来进行讨论。对于民族的建筑象征来说,选择中轴线构成了天安门体系的巨大优势之一。对中轴线的偏爱,不仅是一个地理上和美学上的结构美感,

---

① 张辉灿口述,慕安整理.毛泽东八次接见红卫兵内幕.炎黄春秋.2006,(4).

而且是一个悠久的文化传统和美学传统。在北京城这一大背景上，选择还是不选择中轴线，从京城模式来说，对北京以后的发展影响深远，是一个永远要争论下去的问题。"梁陈方案"的被否定，在当时的争论中，虽然也有京城模式内容，但主要聚焦在建筑象征方面。如果从京城模式的角度看，那么，"梁陈方案"与天安门体系的根本区别，首先是共和国的行政中心是建立在城内还是建立在城外，随着这一问题引出的是另一个更为关键的问题，现代中国的京城模式是建立一个中心还是建立两个中心。从今天北京建设面临的重重矛盾再回头望去，正是在京城模式上，"梁陈方案"优于天安门体系。从更广阔的角度上来看，也可以这样说，天安门体系的后面，是一个具有中国历史眼光的京城模式，"梁陈方案"的后面是一个具有世界历史胸怀的京城模式。关于两种方案代表的两种京城模式的差异，放到以后去详论。这里还是回到民族象征的层面上来。从这一角度看，一个有趣的问题呈现出来："梁陈方案"与天安门体系在一个重要的问题上是一致的。天安门体系除了直接占据了北京的中轴线之外，它自身又形成了一个有三大重点的中轴线：前门—纪念碑—天安门。"梁陈方案"虽然不在北京的中轴线上，但它所结构的一个中央人民政府的行政中心，仍然是一个以中轴线为核心的建筑体系，用"梁陈方案"的话来说：是"新中线的建立"[①]。这一中轴线有三大重点：全国人民代表大会和全国政治协商会议大楼作为中轴线上的第一重，政务院形成中轴线的第二重，人民革命军事委员会成为中轴线的第三重，是一个以三大重点为中心的中轴线。再进一步看，天安门后面的故宫体系，也是一个中轴线。当我们看到，从中国型京城模式着眼的天安门体系和从世界型京城模式着眼的"梁陈方案"都采用了中轴线，具有现代性背景的天安门体系和"梁陈方案"以及具有古代型背景的故宫体系都采用了中轴线。不得不让人想一想：是不是只要中国人来设计民族象征体系，都会给你来一个中轴线？这三个体系不约而同地采用了中轴线结构，应该透

---

① 梁思成，陈占祥等。见：王瑞智编."梁陈方案"与北京．沈阳：辽宁：教育出版社，2005：35

出了一种共同的民族心理方面的内涵。从民族心理的共同性方面考虑问题，不由让我们想到国民党南京首都规划。

国民党南京规划的象征体系

1927年国民政府定都南京，同年10月中华民国进入训政时期，"训政肇端，首重建设，矧在首都，四方是则"①。国民政府命令"办理国都设计事宜"，启动首都规划。在行进过程中，一共出了三套方案，首先是由属于桂系的何民魂市长主导的《首都大计划》，然后，吕彦直撰写了《规划首都都市区图案大纲草案》(1929发表)，最后是由孙科(1891—1973)和墨菲(Henry Murphy, 1877—1954)②主导的《首都计划》。这三个方案在"中央政府区"(当时的术语叫"中央政治区")的选址上各不相同，《首都大计划》的初稿和二稿，将之放在玄武湖西的紫竹林，拟第三稿时蒋系的刘纪民代替何民魂作南京市长，主导定稿工作，把中央政府区放在明故宫前，与吕彦直发表的《草案》选址相同。而由孙科和墨菲的《首都计划》则放在紫金山南麓的中山陵前。三种不同的"中央政府区"的选址，主要体现的京城模式的不同，不在这里讨论。在象征体系上，吕彦直的《草案》是中轴线，《首都大计划》最后定稿与吕的选址相同，应也是中轴线，由孙科主持的首都建设委员会主导，最后由国民政府发布的《首都计划》，最具权威，也是一个中轴线。首都规划后面还内蕴着各种复杂的政治和美学内容，然而，无论怎样，三个规划都用中轴线。这里须提一下制作《首都计划》学术上的主导者墨菲，这位美国耶鲁毕业的建筑师从投入中国的大学校园计划后，就钟爱中国建筑文化，在设计了一系

---

① 何键"题词"见：首都建设，1929—10，(1)
② 在《首都计划》孙科所写的序中，译为"茂菲"，各种建筑著作皆译"墨菲"，这里依照专业书译名。当时聘请的美国建筑顾问，除了墨菲之外，还有古力治。

列中国风格的建筑(如湖南雅礼大学、南京京陵女子大学、北京燕京大学等)之后,对中国建筑的精髓,日益得心应手。因此,他做《首都计划》时,已经完全在中国型的建筑思维里运行,孙科也是城市规划的行家里手,在广州非常国会参议院当秘书期间(1918—1920)就撰写了《都市规划论》(1919),这是中国第一本这方面的论著,他当时很快出任广州市长(1921),以及定都南京后立即进入首都建设委员会主导工作,都应与他的这一才能相关。孙科与墨菲心心相印,而呈出的中央政府区,与吕彦直一样,也是一个中轴线。

虽然从京城模式上看,墨菲的方案把"中央政治区"放在城外,呈现了一个多中心的结构,最具有现代意义,但从象征体系上看,由于孙科把当时的党争内容放进了象征体系,把"中央党部"放到中轴线的顶端,因此,如果从超越一时的党争内容,更纯正地体现具有普遍性的中国的现代性思想来看,吕彦直《草案》有更深的意义,也更符合孙中山的中国现代性路线图。从《草案》中可以看到中华民族在现代性过程中重塑民族建筑象征形式时的一些共性。吕彦直的《草案》里的"中央政府区"以中轴线为主,由南而北有三大高潮:民生塔(或曰建国纪念塔)、中央政府、国民大会。图示如下:

不妨将吕彦直《草案》与"梁陈方案"和天安门体系进行一些比较,从中可以看出一些中华民族由古而来的深层意识和因现代性而来的基本观念。

一、广场作为一种主要元素。南京规划的中轴线上为突出建筑节奏的三大高潮前有一个广场,民生塔前有"极大之广场",中央政府之前有"略成双十字形"的特大经纬路,国民大会之前有"极大之广场",广场成为民族建筑象征形式的主要元素。广场来源于西方文化,有多重内涵,从政治上说,有民众集会表达意愿和领袖向民众公布政见两个方面的政治沟通功能。中国现代性在政治层面自中华民国而来,天安门广场两边的宫墙被拆开,一个只有皇家内部空间性质的古代广场变成具有现代政治沟通性质的政治广场。在这一意义上,可以理解天安门体系为什么要在达到空间和谐的极限上去建造一个世界上最大的广场。广场体现了一种现代性的理想。但同时也有一个并非不重要

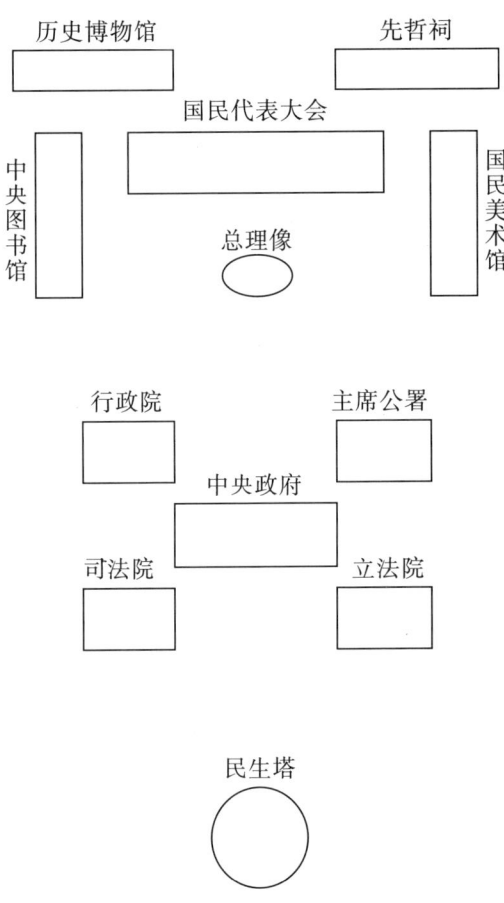

(资料来源:张法按吕彦直文章编绘)

的问题被忽略了:一旦选定一种建筑空间形式,这一空间形式就要按照自己的方式发挥作用,比如,当天安门形成广场之后,学生的游行总是要游向天安门,如果问一问,为什么一定要游向天安门呢?只到北二环路外的动物园地区游一游行不行,学生们一定觉得不行。同样,警察们一定不让学生游到天安门,如果问一问,为什么不让学生游到天安门呢?让他们游一游行不行,警察们一定觉得不行。但为什么不行,学生和警察都不能从理论上讲明白。这就是建筑空间具有自己的作用。正是广场本身的功能,使得中国进入现代性进程以来在北京发生的学潮总要游向天安门广场。从广场的意义去看"梁陈方案",政务院前后虽有广场,但像古代天安门前的广场一样,是封闭性的。这也许可以如前面所解释的,是由于设计者从纯建筑学角度、缺乏对中国型政治的深层次理解和对中国型文化的特殊胸怀所致。

二、国民大会在中国现代性理念中的位置。在《草案》里,中轴线上的三大高潮:民主塔、中央政府、国民大会,国民大会在最后面。中国现代性是世界现代化潮流的一个组成部分,现代性体制结果是民主法治。作为在世界现代化进程中跟进的中国,无论在现实的政治运作中,民主政治进展到哪一阶段,在理论上,都要体现出法治理想。在共和国的宪法里明示:最高权力机关是人民代表大会。在国民党的现代性规划里,是经过三阶段达到目标:第一是军政时期,用暴力推翻清朝(以及后来被认为是反动的北洋政府);第二是训政时期,由执政党运用政权优势把现代性的理念灌输到广大民众心里去;最后是宪政时期,实现现代化的民主政治。因此,三大高潮的最后,是国民大会。在《草案》的对照下,使人不禁要想,如果天安门后面没有一个历史性存在的故宫,人民大会堂会不会设计在天安门的后面? 使人不禁要想,在"梁陈方案"中,全国人民代表大会和全国政治协商会议大楼放到了三大重点的最前面,不也从一个方面透出了梁陈二人仅从操作实用上考虑中央政治结构,而没有从政治理想上运思民族象征形式? 而在这里,吕彦直与"梁陈方案"的距离,也正如吕彦直与孙科的距离,孙科在当时的党争之中,方方面面的考虑都有意识无意识地进入《首都规划》之中,而他与吕彦直《草案》的最大不同,就是把中央党部放在中轴线的顶端。

三、象征形式。在南京规划中轴线的三大基点上,建筑空间结构都具有象征形式。民生塔的广场,"像青天白日之十二光芒射出重路十二,连接都中之各要道"①。这是一种与中华民国国旗相通的象征。中央政府之左为主席公署,之右为行政院,"第一大纬道之两端,左为立法院,右为司法院,相对而立。

---

① 吕彦直.规划首都都市区图案大纲草案.载:首都建设,1929-10,(1)

其经纬路交叉点,扩为园林,建立纪念碑。第二大纬道较短,其两端为考试、监察两院。以虚线将五院地址相连属,则略成五角形,以象五权鼎立之制度"①。国民大会之堂前"立庄严巨大的总理(孙中山)遗像",这就相当于天安门城楼正中墙上的毛主席像。

再看南京规划中的国民大会前的大广场之东的国民美术院、之西的中央图书馆、国民大会之后的先哲祠(东面)和历史博物馆(西面),会让人觉得这种实体设置和整体构思与天安门体系有不少相似。这里当然有很多饶有趣味的问题可以研究,它内蕴着中国现代性的深层次上的一致及表层上的差异性和丰富性,暂不在这里展开。对本节的主题来说,最意味深长的是,在中国现代性中,一旦要创造一种新的民族建筑象征体系,无论是南京规划、"梁陈方案",还是天安门体系,不约而同地都采用一种中轴线的结构方式。

为什么会这样呢?

其他国家营建民族建筑象征体系也是要搞一个中轴线吗?

美国京城的象征体系

一种跨文化的比较会把这一特征显示得更清楚。中国现代性具有重要意义的辛亥革命直接模仿的是美国。南京的《首都计划》的直接模仿对象,也是美国。但美国首都华盛顿特区在民族建筑象征形式的总体结构却完全不同于中国以中轴线为核心的方式。华盛顿特区由法裔美国人朗方(Pierre Charles L'Enfant,1754—1825)设计。其父是凡尔赛宫的宫廷艺术师,他就在其父任教的巴黎绘画雕刻学院学习,于1777年(23岁)到美洲殖民地作为军事工程师参加美国革命,并成为华盛顿元帅的朋友,1790年华盛顿特区成为首都,1791年

---

① 吕彦直.规划首都都市区图案大纲草案.载:首都建设,1929—10,(1)

华盛顿请他做首都规划,同年完成。在象征体系上,朗方的设计是以仁金斯山为基座的国会大厦为中心,虽然沿国会大厦东至安河西岸,西至波河东岸形成一条东西轴线,但两条轴线只有京城结构的意义,而与象征体系无关。朗方的象征体系,是以国会大厦为中心,两条放射线伸向西北和西南,这一对称显示了国会大厦的宏伟,然而国会大厦却并非独尊。在西北斜线上,是白宫①,在国会大厦向西伸向波河东岸的轴线上,是开阔的绿地(后来形成绿茵广场),这样国会大厦和白宫是两个政治中心。国会大厦于1783年动工,白宫1792年动工,二者在1800年同时落成。从而,国会大厦、白宫、绿地,形成了一个三角形,其他各种重要政治和文化建筑安入其间,这是最初的美国京城象征体系。1871年,西普赫德(Alexander Robey Shepherd, 1835—1902)主持华盛顿的建设工作。他的最重要的成就,是完成了在国会大厦向西延伸的轴线与白宫向南延伸的轴线的交汇点上修建华盛顿纪念碑(1833年国会通过建案,1848年动工,因南北战争停工22年后于1876年再动工,1884年建成)。这样,国会大厦、白宫、华盛顿纪念碑,三大标志性建筑,构成了美国京城象征体系的核心,如图1-15。

美国首都的象征体系的核心就由上面的直角三角形所构成。至于以后在华盛顿纪念碑的向西延长线上建了林肯纪念堂(1911年通过提案,1914年动工,1922年落成),在华盛顿纪念碑的向南延长线上建了杰弗逊纪念堂(1934年通过提案,1938年动工,1943年落成),二者与其他的著名总统的纪念堂和纪念物一样,都是围绕在核心三角形四处的配套纪念物,而非核心。象征体系的核心就是三大标志性建筑物构成的直角三角形(图1-15)。直角的上面是白宫,行政中心。沿白宫直线下来,是以华盛顿纪念碑为核心的纪念区,历史上著名的美国总统杰克逊、林肯、罗斯佛的纪念堂或纪念园在这里;著名战争纪念场,

---

① 华盛顿特区的总统府最初不叫白宫,其在1814年为英军损坏,1817年修补时,刷成白色,1902年命名为白宫。

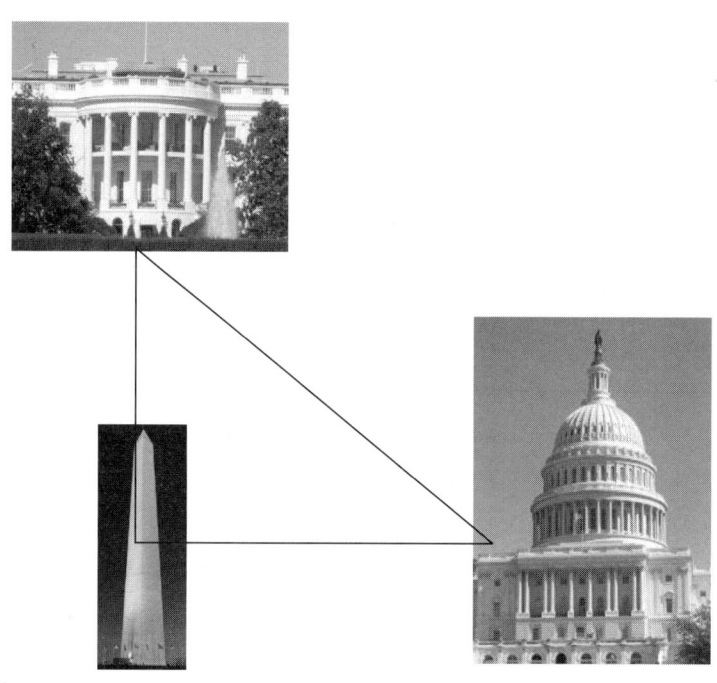

图1-15 美国象征体系(资料来源:张法编绘)

如韩战纪念场、越战纪念场等也在这里。沿华盛顿纪念碑横通到另一端,是美国国会,立法中心。从白宫到国会有一条大道——宾西法尼亚州大道,构成三角形的斜边。每年7月4日美国独立日(国庆)游行,就是从白宫前的小花园出发,沿着宾西法尼亚州大道游到国会。从这个三角形中心既可以发现建筑形式上的象征意义,又可以体悟建筑象征体系的整体意义。我们知道,美国的历史很短。一个笑话说,一个美国人与法国相遇,法国人嘲笑美国人:当你说到你的爸爸的爸爸的爸爸的时候,你就不知道你是谁了。因为那时还没有美国。美国人于是反唇相讥:当你说到你的爸爸的爸爸的爸爸的时候,你就不知道你姓谁了。在一般人看来,浪漫的法国人的婚姻关系有点乱。美国人是没有什么历史,但美国的建筑象征体系却要突出其文化的悠久。国会的建筑主体是意大利文艺复兴的经典——佛罗伦萨主教堂的圆形穹顶,顶上的鹰,是美国的象征。在白宫的建筑形式上,古希腊的柱式成为主要因素。华盛顿纪念碑则是古埃及的方尖碑。西方的现代性起源于意大利的文艺复兴,西方文化的源头是古希腊,古希腊文化是外来的雅利安人与古欧洲人结合的产物,也不算太久,才两千多年,沿着古希腊再往上溯,则是古埃及,在6000年前的古代文明中,古埃及最具有完整性,从而成为西方人叙述历史的一个光辉的起点。文艺复兴所复兴的是古罗马,罗马人对人类的主要贡献是法律,这不就是美国国会的深层内涵?希腊对人类的主要贡献是民主政治,这不就是美国建筑象征的政治底蕴?华盛顿是美国的开国英雄,方尖碑是最古的文化形式,二者的结合给美国这个年轻的国家一种古老的美丽。美国的民族建筑象征在美学形式选择上所表现出来的历史意识、世界胸怀、现代理想,很容易为中国人所理解,这种象征方式在深层的理路上,与南京规划和天安门体系是完全相通的。但中国人也许不易理解的是,美国民族建筑象征形式为什么采用一个三角形基本结构。这可以有很多解释:三角形是一个稳定的结构,象征了一个幅员广大的联邦制的稳定性;又暗通于三权分立的权力制衡,是美国民主政治的一种几何抽象,从古希腊开始,几何形的美就是宇宙美的精华……

当看到美国的民族象征形式完全不同于中国现代性过程中曾经规划过的和已经实现了的民族建筑象征形式的时候,前面提出来的问题就在一种世界意义的背景上以更有哲学意味和更有文化意味的方式,再一次浮现出来:中国现代性以来,从吕彦直《草案》、南京《首都计划》到"梁陈方案"、天安门体系,为什么不约而同地采取了中轴线结构?这里也可以有很多解释,从现代性的历程来说,中轴线的建筑形式与政治结构的一元化领导是相契合的?建筑的美感形式与体制的感受形式相暗通?从文化传统来看,成为现实的天安门体系的中轴线,正重合于古代紫禁城的中轴线。天安门本身就是古代皇城的一部分。作为现代中国的民族建筑象征体系中的天安门,既是古代的延续,又是传统的更新,还具现代的新意。天安门在观念上已经从故宫中切割出来了,但在建筑形式上,仍与故宫连为一体,进故宫仍是通过天安门,通过天安门就进入了故宫。现代的天安门体系与古代的皇城形成了一个层套叠交结构,这又说明,天安门体系来源于故宫。对比一下古代京城地图和现代北京地图,二者的联系更加清楚。从世界文化史的角度看,天安门体系与古代京城模式的联系更加重要。在这一意义上,是古代京城模式决定了天安门体系如是的生成,天安门体系直接来源于古代京城模式。从而对古代京城模式具体内涵的理解,会为我们评价天安门体系的得失提供一个非常有用的参考维度,又对天安门体系何以能成为事实,为方方面面所歌颂,提供一个远比直接从现实去思考的更为丰富更为深厚的历史、文化、观念的观看角度。

从中国京城模式的角度去看"梁陈方案",一方面,"梁陈方案"在京城模式上与世界城市史潮流相契合,另一方面在民族建筑象征上还是采用了中轴线,中国京城模式的中轴线,并不仅仅是一条简单的物理型的地理之线,而是一条具有丰富文化内容的文化之线。可以说,北京的中轴线和华盛顿的三角形,不仅仅是中美京城中的建筑结构,更内蕴了中国和西方两种文化悠长的历史内容,还意味着两种文化的天道意韵。中轴线一方面是线的艺术,另一方面是中的观念;三角形是几何形,几何之美从古埃及到古希腊再到文艺复兴最后到现代化的兴起,是西方美学的核心观念。因此,把中国的中轴线与美国的三角形进行比较,使人把京城的象征体系从现实中超离出来,进入历史的深邃与文化的深邃之中。

当"梁陈方案"的中央政府区的中轴线离开故宫的中轴线,而让北京城显出两个中轴线的时候,怎样把由故宫的中轴线的丰富内容和象征意义纳入自己的体系之中呢?中华民族的伟大传统和现代创新如何在这一建筑象征中体现出来呢?从这一角度去看,"梁陈方案"的表面失败,还内蕴着一种深层的失败。这一深层的失败,就不仅仅是从"梁陈方案"和天安门体系的表层上可以完全洞悉的了。这,让我们不得不从天安门体系上溯到故宫体系。

二 故宫体系与古代中国京城模式的形成史

从高空俯瞰下去,天安门体系仿佛被安置在故宫的怀抱之中。出现这一现象,在天安门体系建立者们的意识层面之后,有没有一种无意识的东西呢?把这种无意识用理性的语言表达出来,可称之为传统对现在的影响。

世界史与中国理性时代的建筑定型

天安门体系来源于元明清京城体系。如果你的手上有一张古代的北京地图,从直观上就可以看到,古代的京城是一个三级层套结构。结合古代观念对这张地图略作加工,进行概念解说,如图 2—1:

由最外面一圈,即由城墙包围起来的整个范围叫京城,京城之中用虚线标出的一个整体叫皇城,皇城之中用实线围起来的一个长方块是宫城,即紫禁城。古代京城就是这样一个京城、皇城、宫城的三层结构。① 在日常用语中,可以用紫禁城来泛指京城,也可以用京城来专指紫禁城,二者可以互换,因为紫

---

① 地图上还可以看出外城(南面)与内城(北面)之分,关涉到历史的具体情况,与本题关系较远,略去。

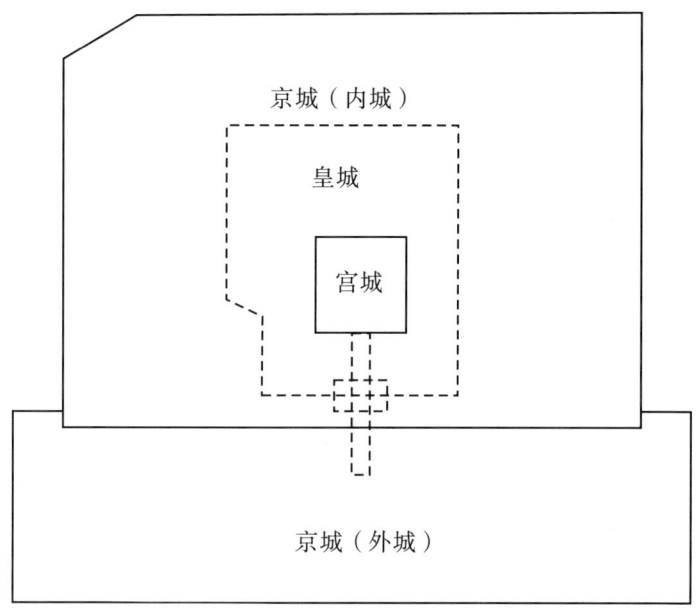

图 2-1　古代的京城（资料来源：张法编绘）

禁城是京城的核心，说紫禁城也就说到了京城的本质，说京城也包含着它的核心紫禁城。在整体的意义上，京城不仅指由外城墙所环围起来的空间，也包括城外的三坛：地坛、日坛、月坛，还包括与天子周期性活动相关的京郊的颐和园、圆明园、承德的避暑山庄和木兰围场，以及北京城之外属于京畿的城镇，如《日下旧闻录》中在城市、官署、苑囿、郊坰之外，还有京畿，列有：通州、三河、清武、宝坻、宁河、蓟州、香河、霸州、保定、文安、固安、永清、东安、涿州、房山、良乡、昌平、顺义、怀柔、密云、平谷，以及遵化、玉田、丰润。因此，古代的京城是在一个京城体系之中，但用墙围起来的京城是核心。

元明清京城体系又直接源于两千多年前的《周礼》中关于中国文化京城体系的理论。在先秦文献中，关于京城，有两种论述：一是《周礼》（主要在其《考工记》与"匠人建国"和"匠人营国"相关的叙述里）；二是《管子》（主要在《度地》、《乘马》、《八观》、《大匡》、《小匡》等的言说中）。前者从文化理想的角度进行了系统的论述,后者从现实功用的角度进行了系统的论述。在外在形制上,春秋以来的城市,多体现了管子模式;在内在精神上,中国的京城,一直在向《周礼》模式靠拢。从京城模式特别是从其中的象征体系来讲,《周礼》是先秦时代的人对周代以来的政治—伦理—文化制度的文字总结,先秦时代,既是一个对中国历史从远古到先秦进行全面总结的时代,又是一个在全新的基础上进行崭新开创的时代。《周礼》对中国文化京城模式的理论叙述,可以被看成中国文化从远古(原始)向先秦(理性)演化的建筑定型在理论上的凝结。这种定型构成中国文化京城模式的关结点,对理解中国文化的关系非常重大,它一方面预示了中国京城从先秦到明清的基本面貌,另一方面又内蕴着从先秦伸向远古的逻辑线索。由于明清故宫较为全面地体现了《周礼》的原则,二者可以进行一种逻辑上的并置,《周礼》是一个标准的理论文本,明清故宫是一个标准的建筑文本,前者始于2000年前,后者终于2000年后;由于有《周礼》,可以把明清故宫作为一种建筑模式提到2000年前;由于有明清故宫,可以把《周礼》作为一种理论模式顺延到2000年后。由于二者具有这种内在的同一性,明清故宫与《周礼》一样,蕴含了三方面的内容:第一,它蕴含了2000年间中国文化的现实内容;第二,它深藏着中国文化从远古到理性演进的历史内容;第三,它以建筑的形式体现中国文化的精神内容。

对中国文化来说,第二个内容具有一种关结点的意义。世界文化的演进,从一般共性上,可以分为五段,首先是从数百万年到公元前3000年的以氏族为主体的原始社会,各种文化基本上相同,神性多以动物植物天文现象为形象,其思想内容,把美洲的图腾(totem)思想略作修改,可以用来指称这一时期[①]。然后是公元前3000年至前700年神庙文化时期,神具有人的形象且居住在宏伟庄严的

[①] 李宗侗《中国古代社会新研》说:图腾实在即我国所谓姓。《左传隐公八年》"天子建德,因生以赐姓",《说文》"姓,人所生也"。姓即生,古代较原始字无偏旁乃其通例,这字同时表现图腾的动作,是动词而为生育、生长主义。(参见:李宗侗.中国古代社会新研 历史的剖面.北京:中华书局,2010:60)

神庙之中。这时,各大文化(古埃及文化、美索不达比亚文化、印度文化、中国文化、前玛雅的奥尔梅克文化)已经开始显出了差异,呈现了各自的特色,这从埃及的金字塔、印度的四边形城堡、商代宫室、奥尔梅克的神庙显示出来。再后是公元前700年至公元前200年的轴心时代,中国、印度、地中海三大文化圈实现了哲学突破,形成了不同特色的文化基型。在中国是以孔子和老子为代表的先秦诸子;在印度,是以《奥义书》、佛陀、大雄为代表的各种宗教思想;在地中海,有希腊的以巴门尼德、柏拉图、索福克勒斯、亚里士多德、欧几里得为代表的哲学、科学、文艺思想;在以色列是以利亚、以赛亚、耶米亚、以赛亚第二为代表的先知运动;在波斯是琐罗亚斯德的善恶二元斗争思想。这些思想确立了各大文化的特殊范型。轴心时代各大文化的文化范型一旦确立。以后的历史发展都是这一思想的丰富、演绎、发展。其中各大文化演化、衍生、影响了一批子文化。在地中海文化中,不但希腊思想和以色列思想融和成了西方思想,而且形成了三大子文化:西方天主教、东方东正教,以及以阿拉伯文化为核心,融和以色列、波斯等地中海东岸文化而产生的伊斯兰文化。中国文化影响了朝鲜、日本、越南。印度文化主导了东南亚、中亚、东亚。轴心时代是现代性以前人类历史上最重要的时代。从轴心时代往回望去,神庙文化不过是走向轴心时代的一个中间站。有的文化永远也没有走到轴心时代,如埃及文化、玛雅文化、凯尔特文化……因而,走向轴心时代的定型就有了一个重要的意义。如果说,人类文化生长在地球这片广袤的土地上,那么,神庙文化和轴心文化一个最明显的外观就是这土地上闪现出来的不同而多姿的建筑,不同的建筑结构和建筑外观内蕴着的,是不同的文化精神。中国文化从原始向理性的演进定型在一种以宫殿为中心的京城模式上,它不同于神庙文化时期的古埃及的金字塔、巴比伦的梯形宫、印度的四边形城堡、奥尔梅克的神庙,也不同于轴心时代古希腊的神庙、古印度的佛塔,还不同于在轴心时代基础上生长出的基督教的教堂和伊斯兰教的清真寺。当我们从如是广阔如此多样的文化视野中来看待中国以宫殿为中心的京城模式的时候,一串一串的问题就会冒出来:

为什么中国文化会定型在这样一种以宫殿为中心的京城模式上呢?

这样一种以宫殿为中心的建筑形式又是怎样从原始文化中一步一步地演变过来的呢?

这样的演变内蕴着怎样的一种文化性格和文化精神呢?

诸如此类问题,让我们的目光从2000年前《周礼》型的京城,投向更为遥远的过去。借着考古学的轻舟,可以荡过千年万年,来到物人两非的远古,从一个遗址溯向另一个遗址,可发现一个令人深思的问题——

中国远古建筑选址的恒常性

考古学给我们提供了一系列关于中国远古遗址的数据:

元谋猿人,170万年前,栖息在元谋盆地。
蓝田猿人,100万年前,栖息在灞河谷地。
北京猿人,50万年前,栖息在周口店。
马坝人,10万年前,栖息在马坝滑石山中盆地。
山顶洞人,18000年前,与北京猿人居住于同一地点。
仰韶文化,6000年前,居住在关中地区。
西周京城,3000年前,居住在关中地区。

以上中国地理境内典型的人类居住地,近200万年中,基本上具有相同的特征,尽管在这一地理环境中的人种有着这样那样乃至根本性的变异①,但一种超越人种的文化继承性和延续性显示了出来,构成了后来由古人总结的风

---

① 根据基因研究,现今人类皆来自非洲,智人走出非洲到达中国的最早时间是六万多年前。

图 2-2 天安门前金水河

(资料来源：北京市规划委员会等《长安街：过去、现在、未来》)

水理论的核基点,今人俞孔坚对这些相同的特征作了一套现代话语的归纳①,拈最重要的说,用四个字概括：背山临水。在这一共有的特征中,积累和发展着的应是一种关于人/建筑/宇宙的统一理论。"背山临水"成为中国理想建筑的基本条件。知道了这一原则,对于故宫体系会有一个更为深刻的理解：天安门前有一条金水河(图 2-2)。这是一条人工河②,为什么要在这里开一条金水河呢？除了其他的理由之外,一个重要的观念上的理由,是要让紫禁城符合建筑的理想模式。紫禁城的后面,有一座景山,这是挖北海的泥土堆起来的一座人工山,为什么要在这里堆一座山起来呢？除了一些具体的功利观念外,③从建筑结构上讲,也是让紫禁城更加符合建筑的理想模式。这种理想模式也显出了中国建筑选址从起源上起,就与西方建筑有完全不同的取向。西方建筑,从古希腊的神庙到中世纪的城堡,大都建立在山顶,具有一种自立于天地间、征服一切、俯瞰一切的崇高。而中国名山中的建筑,一般却不立于山顶,而是安放在山顶下的怀抱中,呈现出受惠于自然、依赖于自然的人与自然合一的心境。如果说,这种中国与西方在建筑选址上的不同,更多地显示了两种文化不同的价值取向,那么,中国远古建筑选址的恒常性在与古埃及文化的比较中则

---

① 参见：俞孔坚.理想景观探索——风水的文化意义.北京：商务印书馆,2000：78—87.
② 虽然金水河来源于北京北西的玉泉山,但从元代的义门(明清的西直门)引入京城,并环绕皇城,流入天安门外金水河和太和门内金水河,仍是人工造型的结果。
③ 明代宫城从元代旧宫向南移动,加建景山,在观念上,有镇压前朝的含义,因此景山又叫镇山。

显出另一种特点,在古代文明中,古埃及最多辉煌、最多创造,又最具稳定性。从辉煌亮相到其悲壮灭亡的 3000 年中,其建筑形式,金字塔和神庙,保持着固有的美学风格。古埃及建筑的恒常性是一种严格的不变性,中国建筑选址的恒常性却具有既恒常又变化的特点。关于中国、西方、埃及建筑文化的比较是一本大书的内容,不在这里展开,这里只是拈出一个结论,这样做,不是为了让人离开本题去追寻对这个结构的证明,而是把这个结论作为一个起点,让人去想象与本题紧紧相关的内容。言归正传,从元谋猿人到仰韶文化,中国建筑选址在近二百万年中的相似中透露出中国思维的两大特点:一是恒常的承传性,再怎么进步,也保存着原来的核心;二是与时俱进性,传统的原点总是在新的形势下进行创造性转换。看到中国建筑选址在近二百万年中的相似,不禁让人去想象那具体细节已经湮没在茫茫的时间中的中国文化从无到有、从小到大的生成线索,不禁让人去想象那具体过程已经隐藏在久远的历史里的中国性格的形成理路。

"共识中国"观念的出现

在中国地理境内,从 18000 年前的山顶洞人开始有了仪式,仪式是文化出现的一个标志,是人具有观念的文物证明。在约八千年前,中国地理境内的各聚落普遍地进入农耕时代,在古籍中以女娲、伏羲、神农为符号,在考古中以磁山、裴李岗、查海、河姆渡文化为代表,出现岩画、彩陶、玉器、乐器,显出了中国与其他原始文化同中呈异的一些特点。公元前 6000 年至公元前 4000 年,在古籍中以炎帝、黄帝、蚩尤或以五帝即黄帝、颛顼、帝喾、尧、舜为符号,在考古上以仰韶文化、红山文化、良渚文化、大汶口文化、龙山文化、屈家岭文化、石家河文化等为代表,这时彩陶、玉器、坛台、城邑达到了艺术上的辉煌。已故的考古学权威苏秉琦指出,中华民族在远古之时,呈现为满天星斗而走向多元一体,这由多元走向一体的演化,在6000年前,也就是传说中的炎黄五帝时代,东西南北各方聚落出现了"共识中国"的观念(即普天之下只有一个中国)。4000年前夏王朝出现之后的夏商周三代,共识中国观念具体化为一个以中央王朝为核心的邦联式的中国。2000年前秦王朝的建立,成了一个具有体制实体的中华帝国。在这幅从共识中国到邦联中国再到实体中国的演进图中,后面两段很好理解,前面一段需要注释。在古籍里,黄帝与炎帝冲突,黄帝与蚩尤战争,黄帝与刑天争帝,争的是什么帝呢?不从现实利益的层面,而从意识形态的层面看,也可以说,在争谁为中央之帝,谁为天下之中,谁为中央之国(城),谁有号令天下的合法性。以考古学的文物实地为基点,苏秉琦先生如是描述:"距今7000至5000年间,源于华山脚下的仰韶文化庙底沟型,通过一条呈'S'型的西南-东北向通道,沿黄河、汾河和太行山山麓上溯,在山西河北北部桑干河上游至内蒙古河曲地带,同源于燕山北侧的红山文化碰撞,实现了花与龙的结合,又同河曲文化结合产生三袋足器,这一系列新文化因素在距今5000年至4000年间又沿汾河南下,在晋南同来自四方(主要是东方、东南方)的其他文化再次结合,这就是陶寺。或者说,华山一个根,泰山一个根,北方一个根,三个根在晋南结合,这很像车辐聚于车毂,而不像光、热等向四方发射。考古发现正日益清晰地揭示出古史传说中'五帝'活动的背景。五帝时代以5000年为界可以分为前后两大阶段,以黄帝为代表的前半段主要活动中心在燕山南北,红山文化的时空框架,可以与之对应。五帝时代后半段的代表是尧舜禹,是洪水与治水。史书记载,夏以前的尧舜禹,活动中心在晋南一带,'中国'一词的出现正在此时。尧舜时代万邦林立,各邦的'讼诉'、'朝贺',由四面八方之'中国',出现了最初的中国概念。"①黄帝尧舜时的万邦到夏禹时的万国,在考古学上,对应着六大区域:从磁山文化、裴李岗、大地湾文化(8000年前)到半坡、庙底沟、马家窑文化(6000年前)到陶寺、齐家、王湾、二里头文化(4000年前)这一从青甘到中原为中心的由仰韶文化而龙山文化而夏文化的文化区;从兴隆洼文化(8000年前)经赵宝沟文化到红山文化(6000年前)到下家店下层文化(4000年前)的燕辽文化区;从河姆渡文化(7000年前)到马家浜、崧泽文化(6000年前)到良渚文化(5000年前)的环太湖为中心的东南文化区;从后李文化(8000年前)到北辛文化(7000年前)到大汶口文化(6000—5000年前)到龙山文化(4000年前)的以山东为中心的东方文化;从彭头山文化(8000年前)到大溪文化、屈家岭文化(7000—5000年前)到石家河文化(4000年前)及三星堆、金沙文化(6000—3000年前)的环洞庭湖和以四川盆地为中心的西南文化;从仙人洞、西樵山文化(10000—8000年前)到石峡、筑卫城文化(7000—4000年前)的以鄱阳湖和珠江三角洲为中轴的南方文化。万邦万国、六大文化区、共识中国,这三个概念的叠加,呈现的就是7000年前至5000年前的中国远古演化中的重要时期。不要忘了,在这一时期,物质技术条件是非常低下的。人类学经过综合测算,认为旧石器时代的采集—狩猎群体平均规模是50～100人,新石器农业群体的平均规模是100～150人,上限可达350～400人。中国文化在8000年前进入农耕社会,这一时期的黄河流域河北磁山遗址的聚落人口是250

---

① 苏秉琦.中国文明起源新探.北京:三联书店,1999:159—161.不过苏秉琦未讲"中国"一词在此时出现的根据。笔者想可能依据《史记·五帝本纪》讲舜为避让尧之子朱丹出走之后,朝觐者和狱讼者不到朱丹处而来虞舜处,于是"舜曰:天也。夫而后之中国践天子之位焉"。但《史记》是汉代作品,目前"中国"一词在文献上最早出现在周代(西周晚期《诗经·大雅·民劳》的"惠此中国,以绥四方"和西周初期的《尚书·梓材》里"皇天既会中国民越厥疆于先王"。还有出土的西周初期铜器何尊铭文中的"宅兹中国"一语)。不过,中国观念的有无应从"立中"这一远古的史实中体会。五帝时代,立中已演化为京城象征体系中的重要部分,从这一意义讲,苏秉琦的论断还是没有错。因此本章只以苏的话为引子,重要的是由之深入到史料之中,找出本有的史实来。

二 故宫体系与古代中国京城模式的形成史

~300人。6000年前仰韶文化姜寨,人口总数是400~500人。从8000年前到4000年前的从图腾时代到神帝时代到夏王朝的这段悠长的时间中,这么小的一个个氏族部落星罗棋布在幅员辽阔的中华大地上,工具低下,技术不高,交通不便,究竟是什么样的一种情况使之达到天下之中有一个中国,而且只有一个中国的共识的呢?在如此恶劣的物质条件和环境条件中,这个"共识中国"的观念是怎么产生的呢?

这是一个非常复杂但又有线索可寻的过程。第一,多元区域的交流和融和的存在;第二,观念在岩画形象、彩陶图案、玉器形制、青铜纹饰上既显地域特点,又有趋同之势;第三,地域文化的象征,既保持自身特点,又形成整体结构,以四灵(青龙、白虎、朱雀、玄武)的演化和演进……在这些经过漫长的时间中才显示出来的多元一体的进程中,什么因素是重要的呢?共识中国在"共识"的形成中,什么样的因素具有最为重要的意义呢?这样一问,会发现:"共识中国"观念,更主要的,不是来自地上,而是来自天上。

文化星相与共识中国

猿成为人之时、成为人之后,天人关系就具有根本性的意义,进入农耕文化,生产方式与天产生了更紧密的关系。在北纬36度左右的黄河流域,天北极高出地面36度,形成一个以天北极为中心,以36度为半径的圆形天区,这是一个终年不没入地平线的常显区域:恒显区。北极只是天球上的一个几何点,无实际天相可以显示,因此,北极附近位置最近而又最亮的星,就被当作北极星。由于岁差的原因,北极在恒星间的位置只在一个较短的时间保持不动,故一个星作为北极星,最多可以占位1000年,一旦其差距在北极2度以上,北极星就要由另一颗更靠近北极的星来担任。根据天文测算,在6000年前至2000年前这一时期,北斗星是北极附近唯

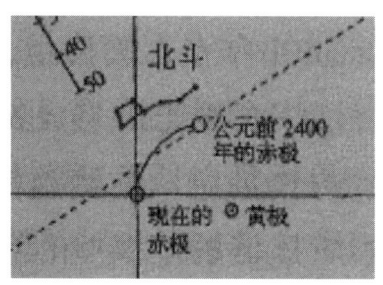

图 2-3 在天极附近的北斗

(资料来源:陈久金《星相解码》)

一最明亮的星座,古人是把极星在内的北斗星作为一个整体来看待的。① 因此,北斗星在当时承担了北极星的功能。(图 2-3)

而且北斗星以其群体的功能,显示了北极星以一种不动之动和动而不动统一,以其不动而占据中央,以其动而昭示宇宙的规律。《鹖冠子》说:"斗柄东指,天下皆春;斗柄南指,天下皆夏;斗柄西指,天下皆秋;斗柄北指,天下皆冬。"呈现的就是北极星与北斗星一体对天地间的指示性作用。北极星/北斗星终年长显不隐,易于观测,成为天天月月年年皆见的时间指示星。随着地球的自转,北斗围绕北极作周日旋转,又随着地球的公转,北斗围绕北极作周年旋转,斗柄或斗魁的不同指向,与四季的变化形成了同构的对应关系。一年四季,天上的星相都在不断地随季节的变化而变化,只有北极星是不变的,不但不变,而且所有的天体都围绕着它旋转,并且在天体有规律的变化中预示了季节的

---

① 束世澂《中国上古天文学发凡》(载:史学季刊.1941,1(2).)说:"北极即论语之北辰,指北斗星言,非后世之所谓北极星。北斗在三四千年前,甚近于北极点,终夜不没,极便观测,且星光弘天,为全天最亮之星,一也。春秋以前所有星名,概为合数大星成象者因以指名,无采用单独一星之例,二也。极星之名,始见于《考工记》,此为晚周之一记载,而北斗见于诗《大东》,三也。古者以天数为七,源于北斗,四也。"关于北极、极星、北辰、北斗、天心、天一、太一的同义,可参见韦兵《北极观与晚周秦汉的黄老之学——兼论楚简"天心"》(四川大学 2003 年硕士论文)中的相关论述,特别是与此论述相关的资料。

二 故宫体系与古代中国京城模式的形成史

甲古文和金文中的"国"字

变化。这样,北斗既"领导"着天上的众星,又影响地上的变化。古人发现,北斗是与二十八宿一起旋转的,只要看到北斗转的位置就可推知二十八宿的位置①。因此,古人在把天体理论化的过程中,就将整个星空分成十二块(以和十二月相应),犹如以北极为中心,天体分为12块片,称为十二纪(星纪、玄枵、娵訾、降娄、大梁、实沈、鹑首、鹑火、鹑尾、寿星、大火、析木)。文献(如《吕氏春秋·序意》)把这一划分方法归于黄帝。当然,由于岁差的影响,不同时代十二纪与节气月份是有着不同的对应关系。由于北斗牵连着十二纪、二十八宿以及节气月份等,逐渐形成了"天上群星参北斗"的观念,换言之,形成了北斗为天之中心、为天上帝星的观念。中国境内的各种氏族无论地居南北东西,各方各族有不同的传统,都在自己对天象的观察中,以北斗为中心,建立起了一个统一的天上世界。正是对天象的共识,造就了地上的共识:天上有一个中心,地上也应有一个中心。这个中心,就是中国,最早的"国"字,如本页上图。是戈加口,即"或"字,戈是声符,兼有执戈守城之义,口表示城邑,春秋时期,四周又加上了外廓"囗",表国之疆界,而最初的"国"是没有明确的疆界的,虽没有明确的疆界,却有明确的中心点,是一个具有中心点的"国"。中国就是处于地上四方之中的那个"国"。正是这种中心的观念,使地上的四面八方的众多氏族部落走向统一,共有天下,合天下为一。中文的"天"就是"人"在"一"下,这个"一"就是统一的"天"。人,无论东西南北,都是天卜之人。

从今天的地理学和天文学来看,这个天上之中是地域的特殊性给人带来

---

① 赵永恒、李勇.二十八宿的形成与演变.载:中国科技史杂志.30(1):110—119.考证中国二十八宿应在公元前5690至公元前5570年之间的120年中形成。

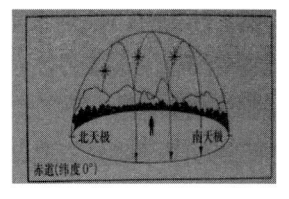 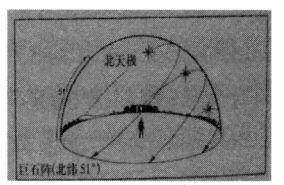 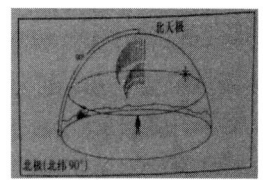

图 2-4 天相三图 A、B、C

(资料来源:约翰·巴罗《艺术与宇宙》)

的结果,从北纬地区(欧洲、北美、中国)看天空,一切天体运动都围绕着天极在运动。热带地区的天空则是另一番景象,星星的运动反映了地球的自转,赤道地区尽管天极消失在地平线以下,但人能看到每一颗星星,星星升起,到达天顶,然后下落,最后没入地平线,很少有天体的水平运动,对于更新时的非洲人来说,天上似乎并不存在明显的天轴,星星好像从头顶而过,他们感觉到自己位于世界的中心。许多大洋洲的文明建立起了标示星球升起的路线的线性星相。当人向北纬地区移动时,星球运动就成了垂直方向和水平方向运动逐渐增多的一种组合。天象的差异从 0 纬度到北纬 50 度到北纬 90 度可以典型地看出来。图 2-4A 是 0 纬度的赤道附近的星相做垂直运行的天空,图 2-4B 是北纬 50 度星相做斜线运行的天空,图中地上是凯尔特文化的巨石柱,其功能之一是天文观测。图 2-4C是北纬 90 度星相做水平运行的天空。

问题的有趣处在于,北纬地区的文化面对的是大致相同的天空,却出现了不同理解,古埃及人将北极星视为通向永生的天道(这是以宗教信仰为主的想象);在斯堪的纳维亚和许多北欧文化中,北极星被称为钉子星,被钉在空中固定不动(这是一个很物质化的想象);在玛雅文化中,北极星是指路星(这是一个以功利为驱动的想象),因其在黑夜中永恒的明亮,它又是启智之神和消灾之神;而只有在中国,北极星与其周围的星相紧密地联系在一起而成为天上的中心。这个天上的中心影响着天上的观念,同时又随着地上观念的变化而变化,当地上各方氏族聚落由本族的酋长而变为氏族联盟的方酋又向规范天下的帝王演进,逐渐成为地上中心的时候,天上的中心在称谓符号上也变成了天帝,那作为天帝的星,就是帝星。围绕着帝星的一片星相,与地上帝王宫殿的形成相对应,变成了天帝的帝宫:紫微垣。这就关系到了故宫体系里紫禁城的名称和意义之来源。天上有紫微垣,是天帝所居之处,是天上的中心;地上有紫禁城,是天子所居,是地上的中心。禁是指这是一处神圣的禁地,一般人等不能擅入。因此守卫京城的部队称为禁军。大家看《水浒传》,林冲就是80万禁军(首都卫戍部队)中的教头。中国古代天相图中的紫微垣的形成,透出一种中国式的思维方式。西方的星座是个体的,中国的星座是群体的。北斗星曾经作为北极星,是一个群体,当岁差变化,不能作为帝星时,它仍在帝星整体群之中,其作为帝的象征意义还在。李约瑟指出,历史上有确切资料证实做过北极星的有:

时间 星名	前2000年初期	前2000年晚期	前1000年前后	汉代
中国星名	天乙(天一)星	太乙(太一)星	帝星	天枢星
西方星名	天龙星3607i	天龙座42或184	小熊座	鹿豹座4339

这些作为天帝的星的时间,正是在中国文化的形成期,天一、太乙正是古籍中的尧舜禹时代,在观念上与哲学的道的概念相关,而帝星正是殷商时期,在观念上与天帝的出现相关。这两种相关讲起来太复杂,不在这里展开。对本节来说,极为重要的是,到两汉时,北斗星已经在紫微垣之外了,但被作为天帝乘坐的帝车放置在紫微垣墙外,等着天帝出巡时乘坐。在图2-5的天文图中已经叠加了历代的天文内容,但北斗帝车清楚地停在紫微垣外。北斗为天帝之车的观念在汉画星里被非常形象直观地表现了出来。(图2-6)北斗星仍然是与天帝紧紧地联系在一起。而这,又正好说明北斗曾为天帝,就是北斗在汉代已为帝车了,但《史记·天官书》对北斗的描述,仍然具有天帝一样的功能:"斗为帝车,运于中央,临制四方。分阴阳,建四时,均五行,移节度,定诸纪,皆系于斗。"这反映的正是北斗作为帝星在中国文化的形成期,对共识中国观

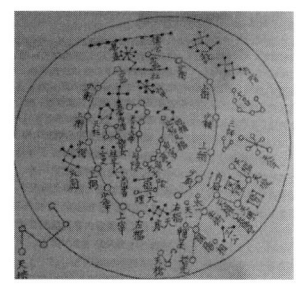 

图 2-5 北斗帝车在紫微垣"墙"外。

（资料来源：陈久金《星相解码》）

图 2-6 汉画像：天帝坐在北斗帝车上

（资料来源：张法翻拍汉画像）

念的形成产生过巨大的作用。考古资料也不断地透露出这一远古的秘密。9000年前山西吉县柿子滩的朱绘岩画，一位头戴羽冠的巫师双臂上伸，头顶上方就是北斗七星（图2-7），这位巫师型的领导人正在与天上北斗进行一场原始观念中的对话。7000年前内蒙古敖汉旗小山遗址中的陶尊上，绘了云彩中的鸟、鹿、猪，这是远古的天空三灵，而其中的猪与北斗相关联。约同时浙江余姚县河姆渡文化黑陶器中绘刻的猪，就是北斗，猪腹正中一颗星，就是天上中心的天极星（图2-8）。6000年前河南濮阳西水坡遗址中，又有人骨作为斗柄的北斗形象。5000年前的红山文化中的猪龙，其天文所指关联的就是北斗。5000年前安徽省潜山县薛家岗遗址的七孔石刀，也是北斗七星。北斗星一直在古代文献和考古材料中出现，它一方面有不变的崇高的地位，另一方面又有不同的具体形象。为什么北斗星会以不同的形象出现呢？远古时代，部落众多，千国万国，各不相属，仰望星空，不同的氏族都能看到相同的北斗星，又都把自己氏族的观念与北斗联系起来，这个氏族的图腾是鸟，北斗就是鸟，那个氏族的图腾是龙，北斗就是龙，另一个氏族的图腾是猪，北斗就成了猪……在远古的形象材料中，北斗的形象，归纳起来可为两类形象，多种关联。所谓两类，一是星的自然之本相，与直观相合，是星相从地上看上去的本来外形；二是

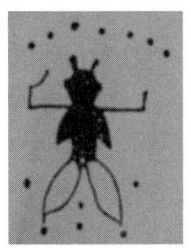
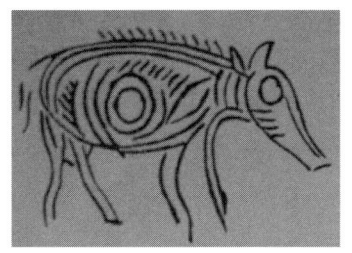

图2-7 巫与北斗

（资料来源：山西省临汾行署文化局《山西吉县柿子滩中石器文化遗址》）

图2-8 猪腹中的北极星

（资料来源：河姆渡遗址考古队《浙江河姆渡遗址第二期发掘的主要收获》）

动物形象（比如猪形），是想象中的形象，与地上的氏族观念相关。所谓多种关联，是指北斗与地上的重要器物相关联，比如与武器相关联，有刀形中的北斗和斧形中的北斗，表明了武器之所有神力的神圣来源；又比如与乐器相连，乐器中的北斗形象，表明音乐之所以有神效的本质来源……在这两类形象和多种关联里，有两点对于理解中国思维特别重要。

一、北斗的形象可以是多种多样的，但北斗的神圣性却是一样的。正如马克思主义是多种多样的，有前苏联型马克思主义、中国型马克思主义、越南型马克思主义、古巴型马克思主义、西方型马克思主义……但马克思主义是真理却是一样的。

二、在北斗星的形象里，自然本相与想象形象的同时存在，说明中国人对神的观念的特性，神体现为星的自然本相或其他形象，但这形象不是神本身，神在这些形象之后，并决定着这些形象的变幻。中国思想的一个根本特点，就是通过可见之形象去思考形象后面的东西。正是这一观念决定了北斗形象的变化，决定了后来关于"道"的哲学的产生。

北斗在远古成为天极星，又终而成为天帝，对中国文化一直有着深厚的影响。两千多年前的先秦时期，孔子有言："为政以德，譬如北辰，居其所而众星拱之。"（《论语·为政》）显出了北极星的神圣性和权威性。一千多年后的唐代，杜甫有诗："北极朝廷终不改，西山盗寇莫相侵。"仍然用天上北极的永恒权威来

支持地上中央朝廷的权威永恒。又一千多年后的共和国初期,一首广为流传的歌(《红军战士想念毛主席》)这样唱道:

> 抬头望见北斗星
> 心中想念毛泽东
> 想念毛泽东
> 迷路时想您有方向
> 黑夜里想您照路程①
> ……

把革命领袖毛泽东比喻为天上的北斗星,支持着如是比喻的,仍然是这一悠久的传统思想。

北斗作为天上之中,影响了地上之中的形成。在人类文化初期,每一种文化曾都认为自己的所在是宇宙的中心。在古希腊人看来,宇宙的中心是奥林帕斯山,宇宙主神宙斯就住在这作为宇宙中心的山上。在印度人看来,宇宙的中心是须弥山,印度教、佛教、耆那教的神们都居住于此。伊斯兰教认为,宇宙的中心是麦加的天房,世界上所有的清真寺,无论建筑在什么地方,是东是西是南是北,它们的门,都朝向麦加,于是全世界的清真寺,像众星环绕太阳一样,围绕着麦加,构成了一种特殊而宏伟的全球建筑景观,这一建筑景观又保持和增强着全球伊斯兰教徒的凝聚力。然而,虽然所有的文化都曾认为自己是世界的中心,却只有中国把自己命名为中国。在这一意义上,中国不是西方人最早通过波斯人接触到某一朝代的称谓:Cini(秦),也不是由这个词几经梵文、希伯来文、阿拉伯文辗转成为希腊文、拉丁文,最后到英文的"China",②最终汇聚到"瓷器"的语义中。虽然在西方人看来,瓷器(China)这一具有中国特

---

① 音乐舞蹈史诗东方红导演团编.音乐舞蹈史诗东方红歌曲集.北京:人民音乐出版社,1977:17.
② 参见:周放.关于"中国"一词阿文译名词源考证的疑辩.寻根.2006,(4).

二 故宫体系与古代中国京城模式的形成史

色的器皿可以代表中国,然而可以代表中国的器物多矣,在 Cini(秦)的流转中,丝绸进入这一词义的内涵张力之中,希伯来文 Sininm、阿拉伯文的 Sin、希腊文 Sinai、拉丁文 Sinae,都与"丝绸"有这样那样的扯缠,丝绸仿佛更能代表中国,然而,这些最具中国独特性的东西却不能完整地经典地反映出"中国"作为天下之中的这一观念,最主要的,是不能反映出"中"这一概念中所包括的具有中国性的意识形态内容。对于宇宙之中,中国文化具有超过其他任何文化更为强烈更为丰富的观念。其他文化虽然有天上中心——天堂,但基本上是想象出来的。而中国文化的天上中心,抬眼可见,确确实实。天上之中的确立,当然是非常重要的,但一样重要的是地上之中与天上之中的对应,以及这种对应在物质形态和观念形态上的特性。这就牵涉到了"中国"观念的起源。

中杆与远古意识形态

中国之"中",在古文字里为:

中的起源是立杆测影。远古中国的仪式,在方方面面的生存实践中,具有多种多样,如《尔雅·释天》中就讲了祭天、地、山、川的区别("祭天曰燔柴,祭地曰瘗埋,祭山曰庪悬,祭川曰浮沉")。《礼记·祭法》中讲了祭天、地、时、寒暑、日、月、星、水旱等的区别(燔柴于泰坛,祭天也。瘗埋于泰折,祭地也。用骍犊。埋少牢于泰昭,祭时也。相近禳祈于坎坛,祭寒暑也。王宫,祭日也。夜明,祭月也。幽宗,祭星也。雩宗,祭水旱也)。但在种类众多的仪式中,立杆测影的"中",在形成中国远古的意识上,具有核心的作用。上面古文字的"中"字里中间的一竖,是中杆,为中的核心,竖上的一个椭圆或长方形,在不同部落里有不同的内容和功能,这些内容和功能是附在中杆这一核心意义上的,不在这里展开①。在地上立一杆柱,太阳是立杆测影的主要对象之一②,且以之为例。当太阳从东方升起之时,投影在杆柱上,图中第二字和第三字杆上面两划和下面的两划,意义之一是太阳在杆上的两种不同投影的写照。随着太阳的升高,杆柱的投影也跟着变化。这样太阳从早晨到中午到黄昏的变化,完全在杆柱上反映出来。在一年四季的变化之中,太阳每天从东方天边升起的地点是不同的,从而在杆柱上的投影也是不同的。一日之中,日影的变化在杆柱上的反映,可以形成一日12时辰规律,特别是正午之时,影子最短,而且形成正南正北的直线。一年之中,日影在杆柱上的往复变化,可以总结出四季的规律。正午之时的最短的杆影,又是随季节而变的,夏至之时最短,冬至之时最长。这样杆柱与天文之间形成了一种对应的关系。天在远古是神性的,杆柱也因而具有神性。因此,反映天文现象(神的信息)要通过杆柱,因此这杆不是现代的物理意义上用这样那样的材质做成的杆,也不是现代科学工具意义上用来观测天文的杆,而是神的意志的反映,是神的规律的体现。它反映的是以神的形式和神的观念表现出来的宇宙的规律。因此,这杆是中杆,它矗立在原始村落的地理之中,也是原始文化的观念之中,站在中杆,仰望天空,天似穹庐,笼盖四野,中杆在感觉上也是天地之中。立杆测影仅是从现代的天文观测这一角度去定义中杆,如果还原到远古的观念氛围,中杆就是与天帝对应地上之中,因此可以知道,重要的原始仪式就是在中杆前举行,当原始部落的领导人(巫)站在中杆的前面,他就取得了天神的信息,得到了天神的恩宠,具有作为最高领导者的合天性、合神性、合法性。因此,站在中杆就中,说出号命也中,不在中

---

① 对"中"的字源学及其解释有兴趣的读者可以参阅:萧兵.中庸的文化省察.武汉:湖北人民出版社,1997.
② 李约瑟说:"在所有天文仪器中,最古老的是一种构造简单、直立在地面上的杆子,至少在中国可以说是如此。这杆子白天可用来测太阳的影长,以定冬夏二至,夜晚可用来测恒星的上中天,以观测恒星年的周期。"中国科学技术史.北京:科学出版社,1975.

杆,就人也不中,话也不中。身份地位行动说话,中与不中,就在你在不在中杆,与神(宇宙规律)有无本质性的关联。因此,中杆就是图腾柱。图腾的形象、徽号、图案,就镂绘在中杆上。由此可以知道,图腾柱的权威不仅来自于神学观念,本身就内蕴着科学的和社会的内容。

中杆之"中"字里,中间的口或者O是什么呢?有人说是"鼓",即在中杆下举行仪式歌舞时进行音乐指挥。鼓在原始仪式中确有非常重要的作用,直到今天,遇到最高兴的事,我们用的词还是"欢欣鼓舞",鼓让欢欣达到最高点;我们要发动人去做某事,用的词还是"鼓励",用鼓才能达到激励的最好效果。这里强调在中杆下的原始仪式中音乐的作用。从音乐在远古意识形态中的核心地位来看,有一定道理。另有人说是器皿,在举行仪式时用来把仪式者的血放在里面,绑在杆上,以对天发誓,正如"盟"是一个盛血的器皿,对天发誓一样。这里强调了在中杆的原始仪式中,以歃血为盟的方式体现众人一心的心理规训的重要作用。第三种说法,这口或O相当于"亞",是指竖立中杆的空间,表示日影的范围。前两说强调主观心理,第三种说法,则强调把客观的观测结果规律化。还可以把口或O解说成平面图,呈现的是立杆于其上的仪式空间,类似于"亞"与"式"的字义。也许,在远古的万国林立中,不同部落的中杆仪式,强调的重点不同,本就具有多样性。但这些不同的重点都服务于"中"的核心思想。

由于各个部落具体的观念不同,中杆表现得丰富多彩,中杆之杆的形式是多样的,中杆的名称也是多样的。在古文献里,与中杆性质相同的字就有:杆、柱、木、表、圭、槷、臬、髀……与中杆基本性质相同之物,还有树,这树的名称也甚为多样:扶桑、扶木、若木、建木、秩树、三桑、桃都……这些各种各样的杆和各种各样的树,又都是与天文观测相关联的。考之于古籍,中国境内的东西南北的远古先人,曾发明了各种观测天文的方法:山头观测法、房屋观测法、固定地点观测法、立杆测影观测法、月亮圆缺观测法……有各自为重点的观测对象,以太阳为重点、以月亮为重点、以北斗星为重点、以二十八宿为重点、以五星(金木水火土)为重点、以九星(天蓬、天芮、天冲、天辅、天禽、天心、天任、天柱、天英)为重点……又有两个(日和月)或两个以上(日月星)的多重点并置……在各自的天文观测中,建立起了不同的律历,《汉书·律历志》记载了六种历,依次是黄帝历、颛顼历、夏历、殷历、周历、鲁历。刘明武从《帛书周易》《尸子》里,发现存在着比黄帝历更早的伏羲历,这些不同的律历内容,皆可回溯到远古,反映的正是东西南北中多种多样的天文观测。在这里,重要的不是这些天文观测的多样性,而是这些多样性的天文观测在相互的交流、融和、演进中,都集中到了"中"这一观念之中。北斗为天上之中而中杆为地上之中,这一关系使得"中"具有神圣性、观念性、政治性。这使得中杆在性质上类似于美洲的图腾柱。二者的相似性可以让我们从现在还存在的北美的图腾柱去体会中杆的性质、功能、形态。但中国远古文化显出的特殊之处,在于中杆是旗帜。上引古文字中的第四个"中"字,是人的手举着旗帜。为什么是旗帜呢？立杆测影,影的动态表明,天神是以动的方式显示自己的。同样能显示天神动态的是风,在古文字中,风与凤是同一个字,风就是凤,凤就是风,作为神的凤通过风表现出来,凤的行动需要乘风,风就是凤就是神,甲骨文里有四方风,也有四方神。而最快地反映风之到来的就是旗帜,旗动就意味着风来,旗的方向就意味着风的方向,旗的高低疾徐显出了风的强弱和速度。如果说,中杆之影反映了神的可见可感的一面,那么旗上之风则显示了神的不可见而可感的一面,旗的飘动把神的不可见的性质用感性的方式显示了出来,具有与中杆同样重要的意义,因此旗杆一体,旗在杆上,成为中国远古思维的具体凝结。杆上要镂绘氏族的神圣性图案,大概旗帜与中杆的关系极为紧密,而且中华圈内的各族各氏皆认同于这一关联,因此,旗也显得极为多样,从文字上反映出来,与旗相关的字就有：旗、旌、旄、旂、斿、旟、旜、旛、旐、旖、旒、旞、旆、斾……这些字的不同在于建者的等级不同,使用的功能不同,从而形成旗的样式不同,然而,不同的旗在远古却有共同的性质。即旗上要绣绘神圣性的图案,从而旗帜就是神的标志,也是得神意的巫(王)之标志,同时也象征着在巫(王)领导下的人民。远古中国,先民聚落组织的演进,可以从如下的汉字反映出来,姓、氏、族、宗、国、邦。姓是血缘组织,姓即生。《说文》:"姓,人之所生也。"点到姓的血缘核心;《左传·隐公八年》:"天子建德,因生以赐姓",讲到血缘集团;《白虎通·姓名》:"姓者,生也,人禀天气所以生也",从天地大环境讲姓;总之,其核心都是血缘生命,由生命而来的血缘集团。在甲骨文里姓即生,为:

徐中舒《甲骨文字典》说:"象草木生出地上之形。"① 这是自然描述,如果从思想上来定性,就与木制的中杆或墠与坛上的圣树相关联,血缘生命是由之获得性质的。在古文字中,姓、性、旌,都由生而来,李宗侗说,三字"实皆出于一物"。② 因血缘之姓而获人的本质(性),而这一本质的获得在中杆的旗帜(旌)下面获得的。氏是由多个姓聚合的地域集团。上博简《容成氏》讲:"容成氏、尊卢氏、赫胥氏、乔结氏、仓颉氏、轩辕氏、神农氏、祝融氏、伏羲氏之有天下也,皆不授其子而授其贤。"这里的领导接班,不在血缘姓中进行,而在地域的氏中进行。《国语·晋语》讲黄帝之子二十五,得其姓者十四,与黄帝同姓者二。黄帝的二十五子构成地域集团。《国语·周语》讲到夏禹时,说"(尧对禹)赐姓曰姒,氏为有夏"。夏是地域集团,姒是这一集团中核心的血缘集团。《史记·夏本纪》讲:"禹为姒姓,其后分封,以国为姓,故有夏后氏、有扈氏、有男氏、斟寻氏、彤城氏、褒氏、费氏、杞氏、缯氏、辛氏、冥氏、斟氏、戈氏。"明显是氏的地域集团。不同血缘的集团聚合在同一地域而为氏,是什么将之凝聚起来的呢?氏,甲骨文为　　　金文为

丁山说,氏就是示,示就是立杆以祭天③。即氏作为地域集团,其凝聚力由

---

① 徐中舒.甲骨文字典.成都:四川辞书出版社,2006:687.
② 李宗侗.中国古代社会新研/历史的剖面.北京:中华书局,2010:30.
③ 丁山.甲骨文所见氏族及其制度.北京:中华书局,1988:3—4.

中杆而来。蔡英杰进一步讲，氏，不是作为一般的示，也不是作为一般的中杆，而是作为旗帜的中杆①。因此，与姓相同，氏的核心也是作为中杆的旗帜。姓与氏是从血缘与地域两角度讲远古文化单位的形成。族则从军事上讲文化单位的形成，在远古时代，抢占资源和防止资源被别人抢占，靠武装力量，在为资源而战中，血缘部落或地域部落在战时就形成为军事单位。体现在文字上，这就是"族"。如果说血缘之姓与中杆有关，地域之氏与中杆有关，顺理而推，武装之族，当然也与中杆有关。下面是甲骨文和金文里的"族"字：

在古文字中，族字有两解，一就是人站在同一旗帜之下，二是用箭（矢）来代表的人类单位站在同一旗帜之下。后一解释是文字学家们的主流。因为族字中突出的是"矢"这一军事特征。但二说相通，远古社会，人平时是生产和生活之人，战时是军事之人，而军人的凝聚力和自信心是从旗帜中获得的。总之，从遥远的古代开始，旗帜就在中国文化的观念中有了重要的意义。前面讲，姓、氏、族、宗、国、邦代表了远古人群的文化演进，宗、国、邦对于姓、氏、族来讲，有了一个不同于远古中杆的质的飞跃。现在，仅从姓、氏、族的演进，可以看到，作为旗帜的中杆在中国文化的远古演进中起了巨大的核心的作用。旗帜是中杆多样性的表现之一，这种形式所包含的思维特性对中国文化的特质的形成具有重要作用，而进入中杆的主体内容之中。中杆还有更多的内容。比如，与中国思想最为相关的《周易》就是与中杆相关联的。

---

① 蔡英杰.从"氏"的本义看氏与姓，氏与族之间的关系.中州学刊，2013，(3).

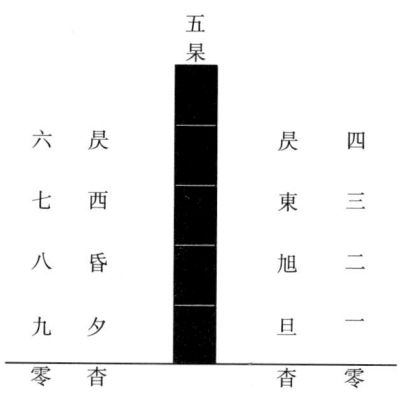

（资料来源：王大友、王双友《图说太极世界》）

《周易》说，创立作为太极图理论基础的八卦而进行的仰观俯察是由巫师型首领包牺（伏羲）来实行的。王大有、王双有《图说太极宇宙》讲了立杆测影与八卦的关系。立杆，为日表，观日影，在表上刻上太阳运行的记号为"卜"。把日表分为东阳西阴各四个刻度，就是"圭"，在圭上加卜，就是卦。怎样由杆而圭而卦而太极图呢？假定地平线作"一"，建木于上，与之垂直。以建木为坐标，太阳在树下，称为"杳"；太阳升起，离开地平线，称为"旦"；八、九点时，太阳升到一定高度，叫做"旭"；十点时，日在木中，叫做"東"；十一点，日向树干东侧斜靠近，叫"昃"；正午十二点，日在树顶，叫"杲"；十三点，日西斜，仍叫"昃"；鸟归巢时，栖于树，叫"西"；日再下沉，光耀无力，叫"昏"；将落山时，叫"夕"；太阳沉没之后，归于原点，日在木下，叫"杳"；这时进入夜晚。"杳"是原点、起点和归宿点，可视作 0；杲是极点，物极必反，是阴阳两极的临界点，也是 0。杳为地极，杲为天极，把太阳的上述运动表述出来，就是：

杳——旦——旭——東——昃——杲——昃——西——昏——夕——杳
0　　1　　2　　3　　4　　5　　6　　7　　8　　9　　0

于是杳＝杲，1 与 9 同，2 与 8 同，3 与 7 同，4 与 6 同，5 与 0 同，将其抽象化就是"圭"。以上是以一天而论，如果以一年而论，太阳的运行轨迹和在地平线上出没的方位是以有规律的方式变化的。春分秋分时,太阳在地平线的正东正西出入,建木与地平线垂直,上南下北;夏至时太阳从东北升起,从西北落下,日影最短;冬至时太阳从东南升起,东北落下,日影最长。于是,二分二至四立出现。图中可呈出三种太极曲线:一是夏至线(阳)与冬至线(阴)相交为∽,二是立春、立夏、立秋、立冬为卍,简化为×,三是春分、夏至、秋分、冬至为卍,简为"十"。因此,八卦是太阳在建木(日表)上的8个时间位移的计量标志。依四阴四阳在建木上的分布规律,其识读和运算的顺序是:阳部自旦向下,(1—4)到杲(5),再越过中轴(杲)到阴部,自杲向下(6—9)到杳(0)把杲和杳都视为0,将太阳在天上的圆运动与在圭表上的反映结合起来,就成了太极曲线。①

　　这还是一种理论推导。田合禄先生在太极图是立杆测影这一思想的指导下,复原了太极图:"将圆盘二十四节气分成二十四个等分,每分显示十五天中日影盈缩情况。再将圆盘用六个同圆的半径分成六,每等分代表四个影长单位,表示一个月的日影盈缩情况。将二十四个节气的日影长度点用线连接起来,阴影部分用黑色描绘出来,即成太极图。"(图2-9)

　　图中大圆圈表示太阳黄道视运动(实际上为地球绕太阳公转的轨迹),圆

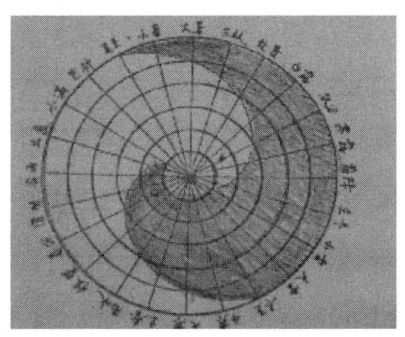

图2-9　太极图

(资料来源:吴桂就《方位观念与中国文化》)

---

① 参见:王大有、王双有.图说太极宇宙.北京:人民美术出版社,1998:39—43.

盘逆时针方向移动,表示太阳周年视运动的右行,顺时针方向移动,表示太阳周日视运动在一年中移位的轨迹(实际上是地球自转的轨迹,称为赤道)。黄道与赤道之间的交角,叫做黄赤交角,即两条鱼尾角。这个交角现为 $23°26'21'$ (黄赤交角随年代有微小差异)。由此造成太阳直视点在地球上相应的南北往返运动,称为回归运动,使地球表面出现四季,以生万物,所以太极曲线是生命曲线,太极图表示太阳回归年的阴阳周期。[1]

以上今人的解释,是把周易与中杆和天文现象联系起来,讲一种中国思想的特色,但在古代文献中,更是把周易和中杆与天文现象的核心即北极关联起来。《后汉书·张衡传》注引《乾鉴度》郑注:"太乙者,北辰神名也。下行八卦之宫。每四乃还于中央。中央者,地神之所居。故谓之九宫。天数大分,以阳出,以阴入。阳起于子,阴起于午,是以太乙下九宫,从坎宫始,自此而坤、而震、而巽,所行者半矣,还息于中央之宫。既又自此而乾、而兑、而艮、而离,行则周矣,上游息于太一之星,而反紫宫也。"

以上例子主要是说明,中国文化的古代观念的形成,是与中杆之"中"相关联的。立"杆"而知天,"杆"也就具有一种神性,与神相关的"示"字,前面讲了,丁山把"示"解释为"设杆祭天"。天的中心是北斗,北斗在地上的重要关联就是中杆,作为图腾柱或挂有图腾旗的中杆,凝聚了最多最大最高的原始观念内容。由于有了中杆,图腾(祖先、神、帝)正降临于此,显灵于此。因此,"帝、神、灵"这些字,都是与中杆相关联的。"帝、神、灵"就是中,求中,就是天人合一。这种天人合一在物体上合一于中杆,在主体上合一于站在中杆下的人,这人就是原始部落的最高领导人——巫(王)。原始社会里的最高领导人会议,表现为一种巫术舞蹈,古文字里,"巫"、"舞"、"无(無)"是一字,"无"关系到中国哲学和中国文化的非常重要的内容,下面再讲,这里先讲"巫"与"舞"二字相通的意义。"巫"通过"舞"而获得政治和知识的权威,在中杆下的舞蹈达到的就是天人合一,这种天人合一在原始时期表现为"神人以合"(《尚书·尧典》)。原始仪式舞中的"神人以合",就是巫在舞中成为帝、神、灵。巫能通神,舞能通神,就是指

---

[1] 吴桂就. 方位观念与中国文化. 南宁:广西教育出版社,2000:60—61.

的这一原始文化中的"重要会议"的情况。

巫在舞中成为神,除了已成的观念内容,服装面具的载体等精神特质内容,与中杆上图案和感性中的天地相一致相配合之外,还有一个实质性内容,就是巫作为原始社会的最高领导人所具有的特异功能:气功的作用。在历史的进化中,世界上只有两个文化,中国和印度,把气功系统成功保存了下来并继续发展着,而在其他文化里,或者被结合到一些神秘体系之中,如犹太教中的可贝拉、伊斯兰教里的苏菲派,或者被压抑在文化的隐层,然而在原始文化时期,气功却是一种普遍的现象。在苏美尔神话中,宇宙被分为三部分,上面是天,下面是地,中间是气。在埃及神话中,除了太阳神之外有一位既是空气之神又是阳光之神的苏(Shu)。在巴比伦神话中,有男女气神,男气神恩勒(Enlil,)掌管人的命运,他的配偶女气神妮丽(Ninlil)负责庄稼,可见此时人们的观念,人和植物的生长都要靠气。在理性的文化中,我们还是可以看到气的巨大作用的痕迹。在古希腊文化里,艺术创造需要灵感,灵感在古希腊文中的含义,就是神的气息。在《圣经》里,上帝造人是怎么造的呢?拿起泥土,做成人型,吹一口气,泥人就成了真正的肉身,人类的始祖亚当就是这样诞生了,也可以说是气造就了亚当的生命。有了对气的普遍性认识,就可以回到中国远古。巫师型的最高领导人是怎么能够感到自己与神合一呢?靠气功,现代医学测定,当气功师处于发功状态时,其心电图呈现为类似太极图的图形(图2-10)

头脑中浮现的图像与立杆测影抽象出的图像是合一的。"人神以合"具有一种生理上和心理上的确认。在中杆之下的巫之舞与中杆上的图腾(神、灵、帝)图案的联系不仅是外在的,而且是内在的,巫体会到了宇宙(图腾、神、灵、帝)的本质。巫舞仪式又巩固着中杆的观念。从本质上说,中杆的建立,意味着(1)天上(天)与地下(人)关系的建立、(2)四方空间的建立、(3)四季时间的建立。这三方面共同构筑了远古文化的天下概念,它包括中央与四方的空间意识、四季循环的时间意识、人在天地之中的天人关系意识。同时,在中杆下仰望天空,还构成了一个生动的感性直观,使中杆成为天地之中。人生天地时空

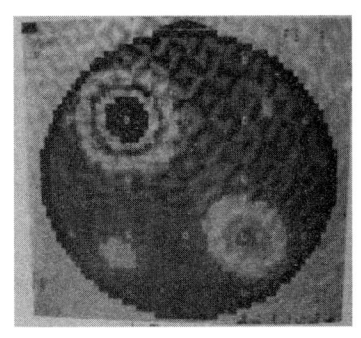

图 2-10 大脑丹象图

(资料来源:束景南《中华太极图与太极文化》)

之中的观念因中杆而具体化、感性化、神圣化了。在这一意义上,6000年前开始出现的"共识中国"是建立在生存实践(农业)和天象观察基础上,通过集人、神、天地为一体的"中"产生出来的。因此,中,从中杆始,就是宗教、政治、地理、心理之中的统一,也是时间、空间、天上、地下的统一。人处天地之间,从感觉上,大地任意一点,都像是"中",通过一些"技术",都可立中。因此远古的神帝们相互"争帝",也都相信自己的所在是宇宙的中心。从理论上,何为中,在满足一些感性条件(如从山中之高山,无山的平原中的高台)、技术条件(立杆测影的相关理论)和观念条件(用仪式确信它为宇宙中心)之后,都可以建立起自己的"中"。但地理、技术、观念这三个方面又与历史、现实、观念、政治、利益交织在一起,呈现为非常复杂多样的"中",然而无论多复杂,又都围绕着几个共同点。这些共同点不时从后世的文献中透露出来:第一,它是与北极的观念相连的——"北极之下,为天地之中"(《隋书》卷十九"天文志"),从这里引出了一套一套的关于天文和地理的理论和想象;第二,它是与中杆相连的——"建木之下,日中无影,呼而无响,盖天地之中也"(《吕氏春秋·有始览》),从这里引出了一套一套关于工具之杆与测量之术的理论和想象;第三,它是与政治相连的——"建木在都广,众帝所自上下"(《淮南子·地形训》),从这里出现了一套一套的关于帝王立中居中而达到天人合一的现实政治的观念话语。在这多方面的交织中,文献上曾出现了三个地理之中的话语:昆仑、洛阳、阳城(河南登封)。洛阳与阳城为地理之中,都与周公联系在一起,周公为理性化的初始,过多地强调政治条件,称洛阳为天地之中;过多地看重技术条件,称阳城为天地之中。然而,从周公到先秦到秦汉,"中"的最重要的因素,不是地理形胜和天文观测技术,而是最高领导者所居的首都,而这一观念,是与周公更早的昆仑为天地之中的观念相连的。虽然在文献中,有"昆仑者,高山皆得名之"(毕沅)的现象,然而,昆仑于地理上在西北,与从西北而王天下的黄帝族相关联,最后这一被文化书写的地理被典型化为最高领导人祭天布政的建筑形式——明堂。在文献里,黄帝、昆仑、明堂是结合在一起的①,在这三位一体的现象后面,正是以"中"为核心的思想在远古中华的演进。总而言之,中国之中,一开始就不仅是一个物理空间的地理之中,而是内蕴更多内容的天下之中。远古文化的立"中"以及由此而来的观念构成了中国文化中的一种情结。

"中"对于中国文化的形成起了巨大的作用。在世界文化史上,美洲是一个世界,在这一世界里我们看不到一个中心观念,于是有文化的不断变迁,从奥尔梅克文化到玛雅文化、阿兹特文化,再到印加文化;地中海是一个世界,在这个四面围着海的世界里(图2-11):万国林立,文化多元,建立统一文化的愿望可谓久矣,从亚述帝国到波斯帝国、从亚力山大帝国到罗马帝国、从拜占庭帝国到阿拉伯帝国,谁都想统一,但始终未能统一,在未能产生天下"只有一个中心"的观念的地中海文化,斗争哲学具有支配的地位,你争我斗,变去变来,到现在也还在剧烈斗争着,心灵解不开那个"斗"字结。而中国文化却在只有一个中国的共识下,不断地走向融合与统一,千国万国形成了一个"中国",千族万族融成了一个中华民族,由小到大,不断发展。中华民族形成的过程,体现在政治和建筑上,就是在天下一体的观念基础上的京城的建立过程,所谓"择天下之中而立国"(《吕氏春秋·慎势》)。建立京城意味着有了一个天下胸怀和

---

① 齐昀.黄帝与昆仑同源考.青海师范大学学报,1996,(2).

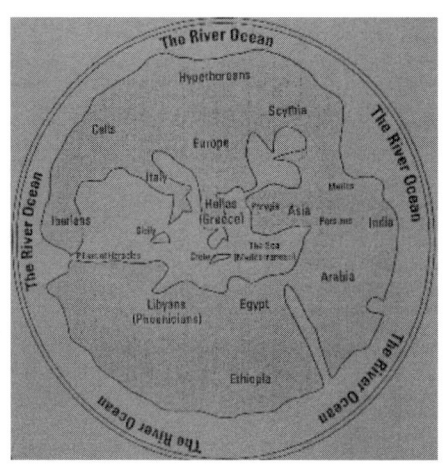

图 2-11 古地中海地图呈现的世界

(资料来源:杰弗里·马丁《所有可能的世界:地理学思想史》)

天下的观念,京城的建立就是中国观念的现实实现,这样,中国(中央之城)即京城经过了几千年的演变而最后形成。京城的形成过程同时也是从观念上的"共识中国"到实际上的"现实中国"的形成过程。从某种意义上说,中国文化的文化性格就是在这一漫长的从原始氏族的村落到中央王朝的京城的演进中形成的。因此,描绘这一演进历程对于理解中国文化具有非常重要的意义。

走向天下之中的京城模式的逻辑三站

中国文化的京城模式是怎样产生出来的呢?在远古的考古遗址中,可以发现有三种建筑样式经常出现:一是空地,以仰韶文化在6000年前的姜寨遗址为代表,这里建筑群以空地为中心;二是坛台,以6000年前北方的红山文化和南方的良渚文化为代表,这里的建筑群以坛台为中心;三是大屋子,以仰韶文化在5000年前的大地湾四期文化为代表,这里的建筑群以大屋子为中心。这三种建筑形式就好像提供了三类样式,来竞标在共识中国观念中必然要出现的京城模式。现在已经知道了,最后是大屋子(宫殿)取得了实际上的胜利,以宫殿为中心的京城模式成为中国文化的建筑象征。从这一现实结果回头望去,三种建筑样式在中国大地上星星点点漫散开来,在现实中生生灭灭,在数量上多多少少,在演进中既你进我退,又互相融合,呈现为一幅多姿多彩的壮丽历史画卷。为了不让本质的认识为繁复的现象遮掩,不妨把这曾经出现的三种样式,作为走向京城模式的逻辑上的三站。从内在的理路突出其历史演进中的逻辑关结,让中国文化京城模式从无到有的演化,以一种清晰的逻辑形式呈现出来。①

逻辑第一站:空地中心。以姜寨为代表。作为祭祀中心的空地在文献中被称为"墠"。郑玄注《礼记·祭法》和杜预注《左传》对"墠"的解释相同:"除地为墠。"对空地进行具有神圣意义的清洁处理之后,就是"墠"。《说文》曰:"墠,野土也,从土,单声。""野"即没有经过人文处理的空地。"单",《说文》曰:"大也,从吅。"远古,天称为大(《论语·泰伯》曰:"唯天为大"),效法天的圣王也称为大(《论语·泰伯》"大哉,尧之为君也")。"单"的字形,如下:

甲骨文 ѯ ѯ　金文 ѯ ѯ ѯ

"单"与"美"、"善"、"義"等字形类似,突出了头部上方的装饰。可以讲以多种方式显示了墠作为仪式空间的性质。把空地(墠)作为京城模式缘起的逻辑第一站,从技术层面看,它的建筑构形最简单;从观念方面看,它的起源最远久。姜寨村落遗址中已经是一个从原始空地演进成了具有成熟观念内容的建筑构型,但原始的基本内涵仍在。正如下图所示的那样:(图2-12)

姜寨居住区的房子共分五组,每一组都以一栋大房子为核心,其他较小的

---

① 这样做当然会遮蔽远古社会的精神样式和政治样式上的多样性、丰富性、复杂性。比如,《礼记·祭法》就讲仪式和地点的多样样:"燔柴于泰坛,祭天也。瘞埋于泰折,祭地也。用骍犊。埋少牢于泰昭,祭时也。相近禳祈于坎坛,祭寒暑也。王宫,祭日也。夜明,祭月也。幽宗,祭星也。雩宗,祭水旱也。"《尔雅·释天》也讲了不同的祭祀对象用不同的祭祀方式:"祭天曰燔柴,祭地曰瘗埋,祭山曰庪悬,祭川曰浮沉。"但由于我们是以京城模式为主题,把这远古文化整体演进的多样性暂时放下,是为了突出主题。

二 故宫体系与古代中国京城模式的形成史

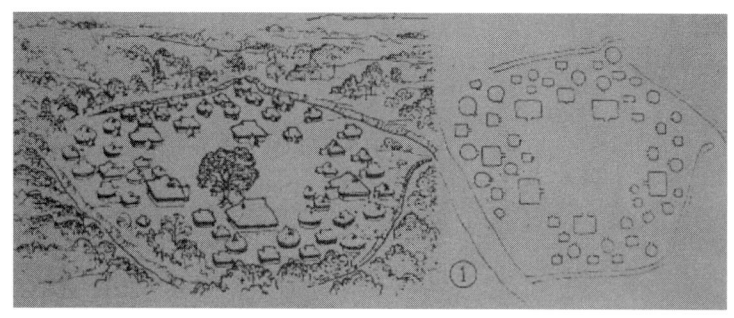

图 2-12 姜寨

(资料来源:刘敦桢《中国古代建筑史》)

房屋环绕着大屋子,而五组以大屋子为核心的房屋群又环绕着中间的空地,村落布局明显有一向心意图,一种中心观念,这个中心就是空地。从中杆的观念看,这个中心应该不是真正的空地,而是立中之处。只是这个"中"立在空地之上,就像天安门广场中人民英雄纪念碑立在广场空地之上一样。立中于空地,直接面对苍天。空地用最少技术就可以形成,从而具有最古的历史。儒家因为讲究带有较多文化因素的礼,他们追溯史前的圣王,到唐尧为止,道家师从朴素的小国寡民,因此庄子对传统的追溯,从唐尧到黄帝、伏羲再到神农,最后到混沌。那无物无形的混沌就是无,就是空。道家在先秦时代创造了中国哲学的根本概念——道,但能够创造这样一个伟大的概念,又在于吸取了最久远的历史资源。"道可道,非常道。"(《老子》一章)道就是空,就是无。"天下万物皆生于有,有生于无。"(《老子》四十章)复杂来源于简单,有来自于无。空地有最悠长的历史,人在悠长的历史中体悟空地,空地之中杆,与天相连,天上之中,有日月星辰的转动。如果远古中国也像世界上很多文化那样,把日月星辰的运转看成天神们乘着天车在天上围绕北极运行,那么,地上之中的空地就有了更深的文化意蕴。《老子》(十一章)云:"三十辐,共一毂,当其无,有车之用。"正因毂中是空,车轮才能转动。这车既是日月星辰运行的天车,又是远古人依天行政,存乎心中的"地车",村在宇宙之中,遵循宇宙之道。空地和空地中的中杆,因其历史的久古和观念的关联而具有无穷的意味,让人产生无限的遐想。也许可以说,共识中国(即天下之中)的观念是从空地上的仰观天象开始的,中国人的哲学思维是从空地上的沉思开始的。前面说过,"巫、舞、無"是一字。"巫"通过舞,达到的是"無"。通过"無"这一观念,可以从更哲学的层面理解前面讲的北斗星在远古文化中以各种形象出现。对远古中国来说,天上星辰是有神性的,但这神性不仅是想象出来的形象,什么猪、龙、鸟、虎,也不仅是直观望去天上星辰呈现的本相,这类想象形象和直观形象之后还有一个东西,是这个东西让星辰呈现为直观形象或想象形象。这个后面的东西就是无,无不是没有,而是无法说出,不能限定。这一点,也是中国文化关于神的观念,与其他文化不同的特征之一。有了这一认识,可以知道,中文的"神"是一个"示"旁,一个"申",所有与神关联的字都有示旁,示是立杆祭天,神是与天相关的。天的本质不是具体的形象,而是具体形象后面的东西,申,在古文字中,就是"S"型,可以说是闪电,天的具体体现之一,闪电以其出现又消失体现了中国宇宙的显隐关系,是中国人体会神的一种较好的形式;也可以说是天地在一年中的有规律的变幻,这种变幻以一种无形的线表现出来,同样,日月星辰在天空中运转,也有一种看不见的线决定着它们的规律性。S形在原始彩陶图案中有多种多样的表现,是对中国艺术精神的最初闪耀;S形后来成为太极图中的阴阳相合之线,是对中国之"神"的一种更有哲学意味的理性提升。因此,中国的神是以显的形象和后面的无这一结构呈现出来的,而最重要的是后面的无。因此,在天坛的祈年殿里(远古明堂在后来的演变),天帝没有形象,只是一个牌位,写着:昊天上帝。因而,从最后的根本上说,神是无。远古文化中人是通过中杆观天,细观日月星辰的运行来体悟神意的。因此,中杆一方面是有形象的,它表现为杆柱上的图案,另一方面又是无形象的,杆柱上的形象只是无形的宇宙之神的一种显现。理解了远古文化中"巫、舞、無"的同一,就能理解空地中心的深厚的文化意蕴。从这样一种简单朴素的空间生发出来的是丰富而深刻的思想观念创造,老子和庄子一再赞叹的"无",就是这样的一个非常朴素、非常简单、非常自然,又非常丰富、非常深邃的空地中心。

逻辑第二站:坛台中心。且举红山文化6000年前牛河梁的祭坛为代表。坛台从材料和景观的角度看,是对空地的一种精致化和观念化。郑玄释《礼记·祭法》曰:"封土曰坛。"《释名》曰:"台,持也,筑土坚高。"空地基本上是由自然场地形成,坛台则具有一定的物质形式和技术含量,它是用建筑形式来围起一个带有观念外观的空地,空地没有明显边界的,坛台则用一种明显的建筑形式提醒,这一建筑形式不但由尺度比例形成一种象征体系,而且具有一种明显的边界,正如现在天坛和地坛里的墙和门栏。当人跨入这一建筑边界,会明显地意识到,你已经从一个世俗的空间进入一个神圣的空间,建筑边界帮助你进入圣地时完成了应有的心理转换。牛河梁的三环圆坛和三重方坛,象征天圆地方。圆坛的拱式外形是天穹的象征,三环表现了二分二至的日行轨迹,三个同心圆则分别表示分至日的太阳周日视运动的轨迹。石坛的三衡由淡红色圭状石柱组成,是古代表现黄道的惯用象征。牛梁河的圆方二坛,其象征手法与《周礼》及以后的文献关于天地二坛的规定多有相合,也与明清北京的天地二坛多有相合(图2-13)。

可知祭坛是作为宇宙的象征形式出现的,祭者来于坛上,犹如行于宇宙之

图2-13　北京天坛(资料来源:张法　摄)

中,与天沟通,得到天命。沿着远古的逻辑理路,可以推知,空地中心是中杆在空地之中;坛台中心,中杆在坛台之中。坛台远古应为一体,先秦以后分化,坛保持其神性,因此所有与神相关的都叫坛;台则现实化,一方面与政治/军事相关,有拜相台、点将台,另一方面与游乐审美相关,这就是从先秦理性化后出现的各种台和魏晋以后形成亭台楼阁后体系中的台。坛台之所以作如是的分离,又与坛台本来合一的功能——求神功能/行政功能/科学功能/美学功能——在历史演进中的分离相关。中国文化一直是实用理性很强的文化,远古之时,虽然坛台一直同与神交往相关,但与神交往的目的不是为了与神交往而与神交往,而是为了现实政治而与神交往。对于坛台,古文献里,更常提到的是台:女娲有璜台,伏羲进行"仰观俯察"以"通神明之德,以类万物之情",也应是在台上。黄帝有轩辕台,与黄帝争帝的共工在昆仑山有以自己命名的共工之台。唐尧有帝尧台,传说中五帝之一的喾有帝喾台,尧之子丹朱有帝丹朱台,尧所传位的舜有帝舜台。夏王朝建立者夏启有钧台,其最后一位终结者夏桀有瑶台。如果把女娲、伏羲看成8000年前中国农业文化产生时的象征符号,以黄帝为代表的五帝和与其争帝的众多竞争对手看成6000年前"共识中国"观念产生时的象征符号,那么,从8000年前到6000年前再到4000年前,台的不断出现正说明其重要性和中心性。台在远古的功能,可以从古籍中的三句话来体会:第一句是"登之乃神";第二句是"登之乃灵";第三句是"登台为帝"。①以今天的理性来解说远古的叙述,可以作如是观:"登之乃神",就是当部落巫师型的最高领导人穿着神的服饰面具在台上举行仪式,在巫术仪式的狂热歌舞中,他感到神降临到自己身上,自己由于神的降临而为神。巫的合法性和权威性就由这"登之乃神"而获得普遍的认同。"登之乃灵",因为登上台这一人神交往的圣地,人仿佛成为神,心特别地灵,举手、抬足、发声、说话,都有了如神的魅力。远古台的神圣,好像今天的经典著作的神圣。比如,我只是我,但我读了

---

① "登之乃神"和"登之乃灵"出自《淮南子·地形训》,"登台为帝"出自《吕氏春秋·古乐》。

马克思著作,马克思的思想进入我的心中,我就不再是昔日之我,而成为一个马克思主义者。这是"读之乃灵"。而在远古的台的神秘氛围中,是"登之乃灵"。登台为帝,犹如今天的美国总统举起手,对着圣经,庄严宣誓,从这时起,他就成了美国的某届总统了。登台为帝不过是远古巫师型领导人在台上举行他的就职仪式罢了。从"登之乃神"、"登之乃灵"、"登台为帝"三句话,可知台的神圣性和中心性,从这三句话中的三个关键词"神"、"灵"、"帝",既可以知道台上仪式活动的性质,也可以想象仪式活动的样态。这种性质和样态具体怎样,已经无法复原了,但台的建筑形式,却呈出了这种仪式的中国特色。

台用建筑形式形成了一个边界,突出了神的专有性;台高出地面,与平地形成了俯仰关系,由台下望台上,突出了台上的崇高,因此台用一种建筑形式区分出领导与群众,并以台上台下的建筑关系塑造了领导的权威;站在台上,感到比在台下更接近天空,领导人与神交往得到了一种感性的强化。台以台上天上的关系结构强化了领导的神性。台作为一种中国特色最突出的一点就是:在与天的关系上无顶而空,在与地的关系上四面皆空。无顶而空,表明了中国人在天人关系上的特色,在世界文化史上,以色列人建通天塔没有成功,但其要建通天之塔,表明其对能通天信心的确定,上帝让建塔之人相互语言不通,塔就没法建了,但这传说表明的仍然是对天为如何上帝为如何的确信。巴比伦人的环形而上的塔,是对天堂的模仿,显示的也是一种对天的确切掌握。希腊神庙是封闭的,基督教教堂是封闭的,伊斯兰教的清真寺也是封闭的。这种封闭形式,显出了世俗与神圣的井然划分,暗示了神的具体性和确定性,表明了对宇宙的确切而明晰的掌握。中国的台无顶而空显出的是对天的一种独特的深邃理解。对天的理解不仅是对神性的星空,而在于理解星空之后,而且这个"之后",不是一个具体的可名的东西,而是"无"。四面皆空,表明了中国人在人地关系上的特色,地既是大地,人之所由生,又是地上的子民,四面皆空,既突出了领导人与大地的亲和关系(对风水的强调),又表明了与子民的亲和关系(对血缘和地域的强调),无顶而空与四面皆空的两个空,表明了天地之间的亲和关系。从某种意义上说,中国文化的演化方向和思想特色,都已经包含在台这一种建筑形式里了。

台,在后来的演化中,沿两个方向变异,一是保持着与神交往的功能,仍为按时祭祀的场地,在这里台成为坛,坛就是把台中关于与神交往的功能传承下来,这就是京城里的天坛、地坛、社稷坛一类。但其外观形式与神灵在整个理性文化中的地位相一致,变得矮小,与皇宫一道构成天下之中的京城体系的一部分。二是台向着理性化和审美化方向转变。在《公羊传》里,还保留着台的分化的痕迹:"天子有灵台以观天文,有时台以观四时施化,有囿台以观鸟兽鱼鳖。"(许慎《五经异议》引《公羊传》)春秋战国时期大量建造的台就是这一方向的产物。齐有桓公台,楚有章华台,赵有丛台,卫有新台,秦穆公有灵台,吴有姑苏台,鲁庄公一年之内连筑三台……《荀子·王霸》说,天子的威风,除了"饮食甚厚,声乐甚大,园囿甚广"之外,就是"台榭甚高"。春秋战国之台,追求的是"崇高肜缕"之丽。台作为一种审美/享乐设施具有两方面的效果:一是以下观上,观赏者与高台形成大与小的对比,从纯心理/生理层面看,在以下观上中,人由于内模仿活动,在感觉上一下就被提高了;二是以上观下,站在台上,仰可观天,俯可察地,既可触发一种深邃的宇宙人生意识,也可产生一种人在天地中的亲和感受。台四面皆空,人在台上,可以移动观看,游目四面,"楚王登强台而望崩山,以临彷徨,其乐忘死"(《战国策·魏策二》)。这种台的观赏在以后的历史发展中精致化为亭台楼阁观赏体系。中国文化与其他文化在建筑美学方面的重大区别之一,就是由台演绎而来的亭台楼阁体系,其基本原则仍为以下观上和登高的仰观俯察。王羲之登兰亭"仰观宇宙之大,俯察品藻之盛。游目骋怀,以极视听之娱,信可乐也"(《兰亭集序》)。王勃在滕王阁上"披绣闼,俯雕甍。山原旷其盈视,川泽纡其骇瞩……天高地迥,觉宇宙之无穷"(《滕王阁序》)。欧阳修的醉翁亭上,"若夫日出而云霏开,云归而岩穴暝,晦明变化者,山间之朝暮也。野芳发而幽香,佳木秀而繁阴,风霜高洁,水落而石出者,山间之四时也。朝而往,暮而归,四时之景不同,而乐亦无穷也"(《醉翁亭记》)。这些,

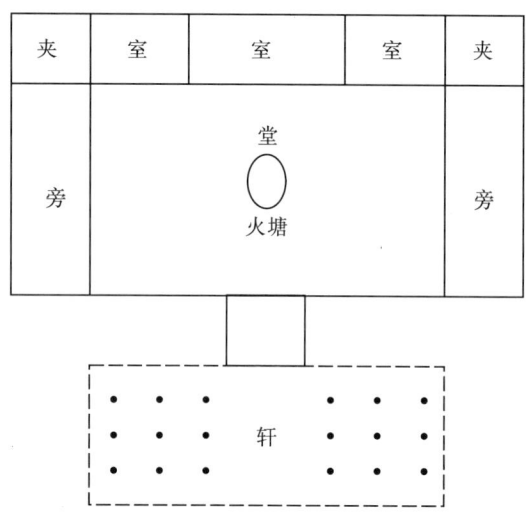

图 2-14 大地湾平面

(资料来源:杨鸿勋《官殿考古通论》)

就其观赏方式而言,不就是包牺氏的仰观俯察吗?只是神秘意味全然消退,审美愉悦充溢盎然。

逻辑的第三站:大屋子。仰韶文化大地湾的大房子是较成熟的庙堂的范例(图2-13)。大地湾遗址共分五期,从8000年前到5000年前,大房子出现在5000年前,正是中国文化形成的五帝时期。

整座房子有290平方米。前有殿堂,后有居室,左右各有厢房,前堂有三个正门,堂内有左右对称直径90厘米的大圆柱,正中有直径超过2.5米的火塘。距前堂4米左右,有两排立柱,柱前有一块青石板,增加了进入堂内的威严。该大房子坐落在近千平方米的广场上。比较建筑三基形,可以知道,空地是一个面向天空的核心,在空地上可以立柱或杆或旗,成为姜寨类型;也可以建坛台,成为类似牛梁河但应比它更典型的一种类型。也可以建庙堂,就成为大地湾型。大地湾的大屋子是作为三种竞争中心象征的建筑形式之一而出现的,当屋宇从三大候选而成为真正中心的时候,其与坛台的逻辑关系就会在建筑上表现出来。考古上发现夏商的宫殿都有一种高台化原则。这就是重要宫殿建筑"都位于高台之上,在建造宫殿之前,先在拟建宫殿地带建造一夯土台基,再在台基上建宫室"①。二里头宫殿台基高80厘米,偃师商城4号宫台基高约25~40厘米。故宫的三前殿后三宫,也是建在高大的台基之上。大屋子在建筑中心竞争中的胜利使之普遍化和定型化对于中国远古文化的演进具有非常重要的意义。在体会大屋子的重要意义之前,先讲一个当今世界史上与其在逻辑上相似的实例。

从20世纪80年代初始,中国和前苏联—东欧集团先后开始了走向以市场经济为导向的与国际先进接轨的全面改革。在改革开放的过程中,前苏联和东欧集团最后是否定了马克思主义,而中国却始终坚持马克思主义。为什么会这样呢?这是一个令历史学家困惑不已的问题。里面当然包含了非常复杂的原因,可以从多方面进行研究。但从民族性来看,可以说,这里很难说是中国对前苏联错或者前苏联对中国错,而是中华民族与俄罗斯民族不同的民族性格和民族思维方式导致二者改革开放上的相同目标和不同道路。

现在可回到远古大屋子的本题上来了。远古的中心演进,从空地到坛台,一直是坚持直接面对天的基本原则,当大屋子成为中心,情况是怎么样呢?以前是在空地和坛台举行最重要的仪式(最高领导人会议),现在得在大屋子里面举行。这也可以算做一次与空地和坛台完全不同的"改革开放"的重大举措。在大屋子里举行仪式,从感性形式上,就是违反了直接面对天的基本原则。从中国文化最后定型在以宫殿为中心的建筑形式上看,从坛台到屋宇的"改革开放"势在必行,但从中国文化演进的逻辑看,政治人物的基本思路是,既要走从坛台到屋宇的改革道路,又要坚持直接面对天的基本原则。怎样才能同时做到这两点呢?在历史的谜底没有呈出之前,可能会伤透不少学者的脑筋,有些人会想,可以在房子里开一个天井(但开了天井,房子就不是完整的

---

① 张国硕.夏商时代都城制度研究.郑州:河南人民出版社,2001:179.

房子了),有的人会想,可以在房顶绘一个天相(但中国的天是流动的,不能凝固为某一时季之相)……当然如果想不出更好的方式,这两种方法都可以采用。而一旦看到真正的谜底,才觉得既简单又智慧。战国后期出土的一件铜质建筑模型为此提供了一条珍贵的线索,呈出了远古政治人物是怎样解决这一政治难题的。此模型"通高17厘米,平面接近方形,面宽13厘米,进深11.5厘米。面宽和进深均为三开间,正面明间稍宽。南面敞开,立圆形平柱两根,东西两面为长方格透空落地式立壁,北墙仅在中央部位开一长方形小窗。屋顶为四角攒尖形,顶心立一棵八角形断面的柱子,柱高7厘米,柱顶卧一大鸟,柱各面饰S形勾连云纹。"①(图2-15)

这个房顶正中的大柱,从现代建筑学看,没有任何结构上的理由,从远古的文化逻辑看,却正是一个立杆测影的"中"。柱顶的鸟,正是远古的图腾象征,是中国文化关于神灵的具象表现,柱上的S纹饰,是中国文化关于神灵的抽象

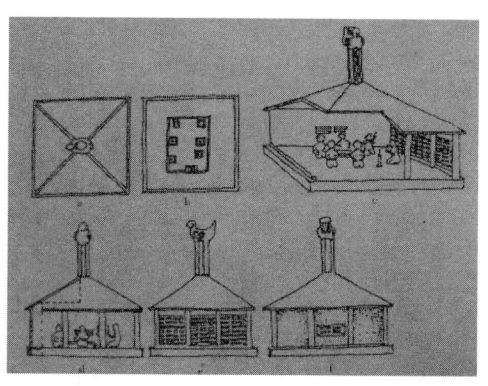

图2-15 战国建筑模型

(资料来源:王鲁民《中国古典建筑文化探微》)

---

① 王鲁民. 中国古典建筑文化探微. 上海:同济大学出版社,1997:51.

认识,柱面的八角形代表的是八方,与在坛台上能够进行的仰观俯察相同,是一种传统的天地人关系结构。这个房顶上的大柱,就是空地上的中杆,也是坛台上的中杆。把这代表直接面对天的基本原则的中杆放到屋宇的顶上,其功能就是要表明对于这个历来就有的直接面对天的基本原则的坚持。屋顶上有了这样一个虽然了无建筑结构理由,但却有重要政治理念意义的大柱,最重要的仪式(最高领导人会议)就可以在屋宇里面去举行了。这样,把最重要的仪式(最高领导人会议)从坛台改到屋宇里去举行的"改革开放"成功了,又没有放弃直接面对天的原则。中国文化从原始到理性的演化最后定型在以宫殿为中心的京城模式上,达到这一最终目标,从坛台到屋宇的转变是最为关键的。怎样走这一步,又是最能体现一个文化的文化性格的。

把中杆放到屋宇顶上,还只是从建筑这一角度解释了已经湮没在历史中的这一关键转变。在历史上,从坛台中心到屋宇中心具有非常关键的意义,包含了多方面的复杂内容,其中与建筑形式转变相关联而又具有重大意义的一个方面,就是中国人关于神的观念。

神的观念与祖庙中心

在神的观念上,中国文化不同于其他文化之处,主要有两点:第一点前面已经讲过,是关于最高神的性质,它是在具象后面的无,这一点与宇宙观测有关,它使中杆成为中国文化的特点;第二点涉及人神关系。远古文化,鬼神并列,人死为鬼,中国文化最重血缘,鬼是逝去的祖先成为神。鬼神在性质上有区别,鬼由人而来,神由天而来;在功能上无区别,鬼神具有相同的力量,对具体的氏族来说,鬼比神更重要,鬼是自己的祖先,保护自己是鬼祖的义务,因此人有事需要求神的时候,首先求的是自己的祖先神(鬼)。一般人的祖先能力有限,有些大事办不了,这时他们会去求一个更高的神,这就是初民观念中的天上之"无"或无形之"天",以及先秦哲学中的宇宙之道,也可以是具体的神,如山神、河伯、土地公之类。因为同一观念,一般人有了成就,首先是光宗耀祖。但是对于帝王之类的最高领导人,他之成为帝王,是天之所命,天命如此,因此帝王的祖先具有最大的神力。殷商时代宗教氛围最浓,大事小事都要求神问卦,他们向谁问、向谁求呢? 是自己的祖先神。他们认为自己的祖先神就在天帝之旁,其功能与天帝一样。由于中国之神首先是祖先神,特别是在万国并立的远古,有的强起来,有的弱下去,有的灭亡了,起主要作用的,是自己的祖先神。亲(动词)亲(名词)是现实中人人都体验着的心理事实,也是观念中人神之间必有的心理事实。祖先神是可以在屋宇内的,这屋内就是祖先曾经生活和行政过的地方。因此,只要在屋内供上祖先的牌位,最重要的仪式(最高领导人会议)就可以在屋内来举行了。中文里,"宗教"之"宗"是什么意思呢? 就是把具有神圣性的"中杆"缩微为祖宗的牌位(示),放到屋子(宝盖)里。同样,丁山讲,氏,作为中杆,就是"示",示因与天神相通,表明正确(则),乃为"是",因此,"示、是、氏三个字在古代是音同字通的"①。示放进屋内成了"宗",同时"是"放进屋内成了"寔"。不从中杆(示)和正确(是)的角度,而从集团整体的角度,则是由在中杆(示)之下体现集体理念的神圣性的"氏"转换成了在大屋子内的祖宗牌位前体现集体理念神圣性的"宗"。前面讲了,姓、氏、族、宗、国、邦六字暗含了中国远古的演进逻辑,而姓、氏、族代表了演进的前一阶段,即以中杆为核心的阶段,而宗、国、邦则象征了演进的后一阶段,即以把中杆(示)变形为牌位放进宗庙里去的阶段。而宗庙的出现,是以城市(国)的出现为前提的。国,从字形看,前面已讲,是由对军事性的戈的强调而来,承接的是族字,姓与氏进行具有军事特征的组织,成为族,把这 军族的组织从实际空间进行提高就是国(城)。国(城)具有明确的物质界线(城墙),但城墙只是划出了聚落的核心界围。国(城)内的居者(国人,统治者与工匠),要与城外的耕作者(野人)分

---

① 丁山.甲骨文所见氏族及其制度.北京:中华书局,1988:4.

工合作,而构成人群的整体,这一包括城内与城外的整体,就是邦。

邦,古文字里:

甲骨文 🔳　金文 🔳🔳🔳🔳🔳

邦的古义是栽界石于地,以划定边界,界标可石可木(无论石与木,都与中杆有关联),而且,边界的竖石或竖木,都是中心的中杆,以及中杆所象征的神性向四周的延伸。因此,《释名》曰:"邦,封也。"《周礼·地官》注曰:"封,起土界也。"是就其实体而言;徐锴就《说文》的"封,爵诸侯之土也,从之从土从寸"注了三条:一是"各之其土也",讲封作为界的意义,二是"寸守其法也",讲由政治规制而来,三"从圭所执也",讲由圭授权的神圣性。邦就其为边界这一词义而言,义同于国,因此《说文》曰:"邦,国也。"从国由实物性的城墙而划定,强调团体的中心性,邦指向了城外的领界,强调团体空间的整体性。因此,《周礼·天官》注曰:"大曰邦,小曰国。"如果说,姓、氏、族,可以从最初的小型聚落而产生,那么,邦、国则是较大的空间集团。集团的地域越大,原则上可以共有的天(神)地(祇)的支持的观念力量在减弱,而神圣祖宗的支持的观念力量在增加。正是在这一天神地祇人鬼的重新配置中,这祖先神的力量越来越大,祖先活着时是居住在室内的,其活得美好而威风也应是居住在室内,其降临也希望是在室内。因此,地域空间从村落到邦国的扩大,神灵力量由祖先在天神地祇人鬼的三结构中的重要性的增强,政治中心由坛台向宗庙的转变就是必然的了。

从直面天空的台坛中心到大室子的宗庙中心这一空间形式的转化,在现实中更为复杂多样,总的说来,表现为两个互进的方向:一是无顶的台坛自身向有顶的室庙转化,这就是由坛台而明堂而宗庙的进程;二是居室自身经神化而转为宗庙。这就是《尚书·帝命验》注中的:"唐虞谓之天府,夏谓之世室,殷谓之重屋,周谓之明堂,皆祀五帝之所也。"[1]这里的由"天府"而"世室"而"重

---

[1] 赵在翰辑.钟肇鹏、萧文郁点校.七纬(上).北京:中华书局,2012:221.

屋"而"明堂",唐虞时的"天府"主要是祭五帝的,五帝应是天上五方(东西南北中)的区划,突出的是天,而世室、重屋、明堂,则落实在建筑形制上,突出了台走向有顶而无墙的形制,透出了由坛台转为宗庙的中间环节就是明堂。明堂的有无和明堂为何形式,一直是历史学上的公案,但从明堂的多种多样的形状和功能的描述中,联系从坛台到宗庙的演进,可以看到:一种明堂无四壁,只是有顶,这就是在台上加一个顶,成为转变的中间类型。然后又有了墙壁,成了大室,最后大室的空间进一步随功能而细化,于是有了关于明堂的多种空间结构类型。但在意识形态的进一步演化而整个建筑形式产生了新的结构之时,明堂就消失了,给后人留下了无穷的谜团。在功能方面,孔颖达《礼记正义》引的"《明堂月令》"说:明堂在国之阳,三里之外,七里之内,丙巳之地,而祀之就阳位;上圆下方,八窗四闼,布政之宫。周公祀文王于明堂,以配上帝五精之帝。太微之庭,中有五帝座位"。这里,明堂在城南,与天坛同,是礼天的,而《仪礼·觐礼》中的"方明坛"被认为就是明堂,礼天之语很为明显。同时,《明堂月令》明讲是作为"布政之宫"(这是宫殿的主功能),同时,也讲是祀文王(祖先)的(这是宗庙的主功能)。正因为这些功能在后来的演进中有了新的分化,从而整个建筑象征体系有了新的结构,明堂作为过渡阶段的中间类型的出现和消失,这是一个很长很乱的故事①,不在这里展开。可以点一下的是,在明清京城体系里,明堂就是天坛结构中的祈年殿,天坛结构包括三大主体:圆丘、皇穹宇、祈年殿。祈年殿在建筑形制最接近古代文献中关于明堂的后期描述,但却没有了远古明堂所拥有的宫殿和祖庙功能。

还是回到远古建筑演化的逻辑上来。

从空地中心到坛台中心到屋宇中心,是远古建筑中心象征走向宫殿的三大关结点,但走到屋宇中心的这个屋宇(如大地湾的大房子),不是宫殿,而是庙宇。坛台中心能让位于屋宇中心,是祖先神观念起了重大的作用。因此,这

---

① 参见:张一兵.明堂制度源流考.北京:人民出版社,2007.

个屋宇中心是祖庙中心。《吕氏春秋·慎势》谈到京城模式时说："古之王者,择天下之中而立国,择国之中而立宫,择宫之中而立庙。"这是一个三级层套结构的京城。最外面是国(城),国(城)之中是宫,宫之中是庙,庙居于三级层套结构的中心。《墨子·明鬼》曰:"昔者虞夏商周,三代之圣王,其始建国营都,必择国之正坛,置以为宗庙。"既讲了宗庙在正坛上建置,更强调的是京城中的宗庙中心。《礼记·曲礼》云:"君子将营宫室,宗庙为先,厩库为次,居室为后。"这里的君子,用于古义,包含朝廷之君即天下之王,诸侯之君即列国之主,大夫之君即宗邑之主,士之君即家族中之主,因此,这句话讲出了从中央到地方上上下下东西南北中天下各类建筑群都是宗庙中心,可以说,代表了一个时代的建筑特征,以及这一建筑物征所内蕴的文化内容(图2-16)。因此,从坛台中心到屋宇中心,表述得更精确些,是从坛台中心到祖庙中心。从坛台中心到祖庙中心的转变,在中国远古文化中具有重要的意义,它意味着血缘关系在一种新的文化高度上重新确立了中心地位,意味着祖先神在整个文化的意识形态中具有更为重要的地位。从一般世界史和特殊中国史的统一上,可以看到这一现象的耐人寻味之处。

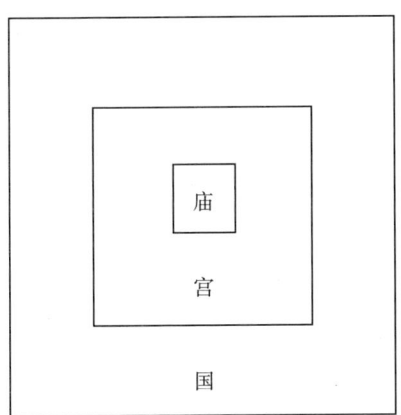

图2-16 国—宫—庙三层结构

(资料来源:张法绘制)

在世界史的普遍性上,从原始到理性的过程是从图腾到宗教的演化,图腾是一种具体的动物或植物或气象形象,图腾与氏族人有血缘关系,从而图腾既是人的祖先又是宇宙之神。在图腾那里,天人本就是合一的。图腾进化到神,神是以人体为主的形象,它只是宇宙之神,而不是人的祖先,天(神)与人分离开来了。在世界文化中,从埃及、巴比伦、玛雅、阿兹特克到希腊、罗马、波斯、犹太、伊斯兰,神都不是人的血缘祖先,虽然神是人的祖先也还从神话里有所透露,如古埃及的法老就是神,古希腊的一些英雄是神人结合的产物,如此等等。但血缘在人神关系中已经没有重要作用,一种宗教的信仰具有决定性的作用。在中国史的特殊性上,共识中国的出现,谁是地上的中国,谁与天帝真正相关,就成了一个问题。伏羲、黄帝、唐尧、虞舜、夏禹、殷商,相继称王,时代不同,血缘各异,谁是天帝的亲子?第一个王朝可以说自己是,并让天下各族相信他是,但改朝换代后的第二个王朝又怎么能让人相信呢?因此,上古的一个观念具有重要的意义,这就是"绝地天通"。《尚书·吕刑》和《国语·楚语下》都讲到了这一上古史上的关键点①。这里的"地",是地上诸族,这里的"天"是北极天帝。"绝地天通"包含着多方面的内容:一、天帝不直接与人相通,而与祖先神相通;二、谁在地上获得了力量,意味着谁的祖先在天上获得了天的宠爱;三、在地上获得力量的皇族独占了与天相通的垄断权。其他各族完全被断绝了与天沟通的权利,只有通过服从于具有与天沟通权利的中央王朝。以上三点在有关殷商的资料中得到了充分的显示。这三点又包含了中国文化从原始向理性演化中的一个特色:对血缘的保持和提升。由于祖先与天帝相通,祖庙的神圣

---

① 《尚书·吕刑》曰:"乃命重黎,绝地天通,罔有降格。"孔安国传:"重即羲,黎即和。尧命羲和世掌天地四时之官,使人神不扰,各得其序,是谓绝地天通。言天神无有降地,地祇不至于天,明不相干。"《国语·楚语下》曰:"及少皞之衰也,九黎乱德,民神杂糅,不可方物。夫人作享,家为巫史,无有要质。民匮于祀,而不知其福。烝享无度,民神同位。民渎齐盟,无有严威。神狎民则,不蠲其为。嘉生不降,无物以享。祸灾荐臻,莫尽其气。颛顼受之,乃命南正重司天以属神,命火正黎司地以属民,使复旧常,无相侵渎,是谓绝地天通。"

性、中心性显示了出来。人类的宗教性在中国具体化在血缘家族上。"宗"是把代表神性的"示"放在代表"家"的宝盖之中,而"示"能放在家中,在于祖先具有"示"的地位,同时具有神的功能。祖先的牌位(示)在家(庙)中,就是以前中杆所代表的神在家(庙)中,从而祖庙在文化中承担起了以前空地和坛台的功能。祖庙里的牌位(示)承担起了空地和坛台中的中杆的功能。因此,从坛台中心到祖庙中心的转化标志了两大重要内容:一是血缘成为中国文化的基础,也是中国型的宗教的基础;二是中国政治/宗教观念出现了两分,天神与中心之族,中心之族与四方各族。在以后的进一步演化中,完善着三个方面的内容:一是祖宗神的塑造,二是天子的塑造,三是天的塑造。这三个方面的塑造,从西周到先秦基本完成。

中国人的祖宗(鬼)具有其他文化里的神的作用。在古希腊的特洛伊战争中,天神们分为两派,一派支持希腊,一派支持特洛伊,打得不可开交。但神支持谁的根据在于保护与被保护关系,以及一些私人感情。在中国文化中,祖宗们支持着各自的子孙,他们支持子孙的理由很自然很当然。对祖先的神化,使中国文化中的庙是宗庙。祖宗牌位的功能,就相当于其他文化中神的像位的功能。由于祖先的宗族性,它不是普适的,因此要编造一种祖先神与天帝之间的关系。夏的观念如何,尚缺证据。商的观念,祖先神在天帝左右,可以代天帝行政。周的观念,地上之王成了天子,一方面是祖宗有德使之获得天命,一旦获得天命,就成了天之子,与天有了一种使命上的血缘关系。这样,普天之下,东西南北各族之人靠自己的祖宗成就自己的命运,天子靠祖宗成为天子,天子独揽了与天沟通的大权,有了号令天下的权威。由于中国文化不是否定血缘关系,而是在血缘关系基础上进行文化的创新,在建筑形式上就表现为从坛台(以天为主)向屋宇(以祖先为主)的演化。这种演化内蕴着非常丰富的内容,其中之一就是血缘祖先的神性得到了强化。一种实实在在的可以讲述的氏族史被神化了,这种被神化了的祖先神成为意识形态的中心,成为每一代史书中最前面最核心的"本纪",这一中心的建筑凝结就是祖庙(图2-17)。

图 2-17　故宫中的祖庙

(资料来源:张法　摄)

从祖庙中心到宫殿中心

宗庙中心也只是远古建筑中心漫长演进中的一个环节,这个演化的最后一步,是由宗庙中心到宫殿中心,这时,中国文化的建筑象征得到了最后定型。宗庙中心与宫殿中心有什么本质上的不同呢?宗庙中心意味着宗庙占据了政治的核心,一切事务,无论大小,都要向祖先神请示汇报,就像在殷商甲骨文中所看到的那样,这是一种理性化程度较低,宗教性氛围很浓的政治形式。有时从常识看到明明应该这样做的事,占卜下来却说不能这样做,这样行事当然是少不了要出错的。宫殿中心意味着,帝王与大臣构成了政治的中心,一般的事无论大小,只要是人的智慧和能力处理得了的,就由这个政治中心商量着就处理了。只有遇上人力无法应付的事,如大地震发生了,大天灾发生了,大叛乱发生了,才向祖宗神请示汇报,甚至向天帝检讨。因此,宫殿中心意味着一个理性化程度较高的政治体制和行政机制。中国远古建筑中心的演进最后定型在以宫殿为中心的京城模式里,具有非常重要的文化意义,包含了非常丰富的

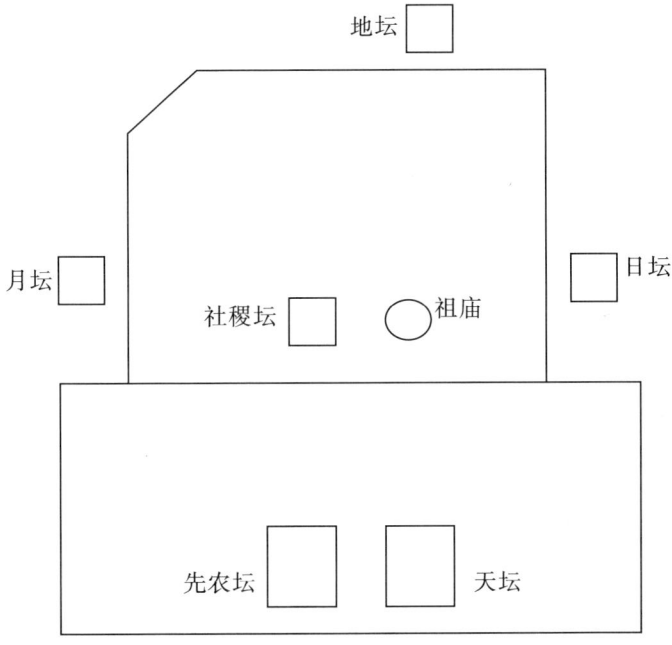

图 2-18 北京城的祖庙与坛台(资料来源:张法绘制)

文化内容。

中国建筑中心最后定型在宫殿中心上,但宫殿中心并不否定宗庙的神圣性,而是对宗庙保持最大的尊敬,宫殿中心仍然坚持祖宗神圣、宗庙神圣的基本原则,它绝不否定这一原则也绝不放弃这一原则,而是在这一原则的基础上,予以发展,与时俱进。从宗庙中心到宫殿中心的演变,其方式与从坛台中心向屋宇中心的转变基本上是一样的,这里又一次显示出了中国文化在历史发展中的一种带有文化性格的特点,这就是,发展不是要否定前人和传统,而是对前人和传统保持巨大的尊敬和敬畏,维持前人的尊严和神圣,但在对传统和前人保持尊敬和敬畏、维持其尊严和神圣的同时,又要与时俱进,勇于开拓。由于中国文化的这一性格,当京城模式定型于宫殿中心时,我们仍然能够看到在历史上曾经处于中心的建筑形式存在着,并且以一种神圣的地位存在着。

在北京这一京城体系中,天子临朝的太和殿是中心,在天安门的东面,立着庄严的祖庙。这个曾经是建筑中心的祖庙仍然具有最大的神圣,受到定时的祭祀,帝王们在遇到政治上困难的时刻,还会到里面去请罪或请示,以求其保佑(在电视连续剧《康熙大帝》里,就会看到这样的情节。康熙面临巨大困难,自己搞不定了,就到祖庙去求告祖先了)。坛台也仍然存在着,南有天坛、先农坛,北有地坛、东有日坛、西有月坛,天安门的西面与祖庙对称的,是代表天子拥有天下的五色土的社稷坛。坛台仍然是庄严神圣的(图 2-18),要定时祭祀,遇上与各坛相关的危急时刻,帝王还要专门前往,与神沟通,天灾了,到天坛请罪,地震了,到地坛求情。既然在历史上起过重大作用的祖庙、坛台仍然在京城体系中,那么,最早的空地上的中杆也一定应该在京城体系中有自己的神圣位置。是的,这就是天安门前后的两对华表(图 2-19)。华表的上方是一团云,这是远古的与天相连的标志,华表的柱上盘绕着一条龙,这是中华民族的图腾,是中华民族的象征。在定型的京城里,不但有巍峨的太和殿,也有肃穆的祖庙,亦有神圣的天、地、日、月坛,还有高耸的华表,所有历史发展中起过重要作用的标志,都神圣地置于其中。中国文化的民族建筑象征定型在以宫殿为中心的京城模式上,但这一最后的结果在结构里却内蕴了它的整个历史进程。正是在这里,一种文化性格和民族性格呈现了出来,而中国京城在世界的特独性也在这里呈现出来。

把漫长的历史简化,略去枝蔓和反复,作为仪式地点的中国建筑演进可以作如下的归纳:从空地中心到坛台中心再到屋宇中心,屋宇中心又从宗庙中心到宫殿中心。从这一建筑形式的演变中,也可以看到仪式人物的演化,从以神为主体的巫师/首领到以鬼(祖宗)为主体的巫师/首领,再到以人为主体的帝王。在这一转变中,天神、祖鬼、人主是三个主项,远古的理性化过程,虽然是这三个主项的重心转移过程,但这种转移并不是一个否定一个,而是每当后一个取得中心地位后,还是对前者保持着最大的尊敬,并且依靠前者来加强自己的权威。而这又是与文化的扩大发展相联系的,空地、坛台、屋宇、宗庙中心和宫

图 2-19 天安门前的华表

(资料来源:张法 摄)

殿中心的发展,同时就是从家到家族到宗族、从氏族到酋邦到国家、从古国到方国到朝廷、从村落到宗邑到王城的发展过程。作为获得中心地位的家、族、国,既要靠自己的智慧和力量,又要靠祖宗的历代积累,还要靠天命的保佑,因此,在天(神)、祖(鬼)、(人)王的三合一中,既要突出现实的力量,又要强调历史(祖)的积德,还要有天命(神)的眷顾。可以说,天/祖/王的历时演变关系和共时权威结构,构成了中国文化的一大特色,而这一特色就体现在王朝的京城模式之中。

三　京城模式与古代文化自我定义

京城模式的定型

中国文化的京城模式的理想定型,在《周礼》中理论地表述出来。这一理论表述,虽然与春秋战国时代(乃至以后)的现实京城,还有一定的距离,但却显示了先秦哲人面对从中杆到宫殿的漫长演化,从理论高度和理想高度,对中国文化应该有怎样的京城作了理论性的概括。《周礼》的京城模式一经确立,便对现实的京城结构产生巨大的影响,秦汉三国两晋南北朝隋唐五代元明清的 2000 年间,产生的京城可谓多矣,然而其演进的方向,一直在向《周礼》的京城模式靠拢,到古代社会最后的明清之北京,产生了与《周礼》的京城模式最为接近的现实京城。换言之,《周礼》的京城模式在明清的北京得到了最完美的现实体现。这里内蕴着理论京城与现实京城之间的一种奇妙互动,这里体现了中国文化的内在特色。每当我在京城中穿行,望着明清的旧迹,东一处西一处出现,有那么一些时候,思绪骤临,在古今之间来去往还,从当今的北京漫向明清,弥向先秦,散入远古,又由远古飘回到今天。定下来想一想,从《周礼》的理论话语到明清京城的现实结构,所共同呈现的京城模式,可以用三点来予以概括:一、居天下之中的宇宙胸怀;二、以宫殿为中心的帝王气象;三、天下样板的法度之中。

居天下之中的宇宙胸怀。

京城来自于远古的中杆。因此,京城之中,首先是宇宙学上之中,与天上以北极星为中心的紫微垣相对应,具体为以太和殿为中心的紫禁城,再扩为整个北京城。然后是地理之中,但这地理,包含了三个内容,是实际地理、政治地理、文化地理的合一。具体说,这"中",首先是中华核心区(即政治制度上由王朝直接管理的郡县制区域和地理上的农业区域)的中心;其次,是华夏核心区外古人用"四夷"(东夷、南蛮、西戎、北狄)来称谓的各少数民族及周边民族的中心;最后,由可知之夷漫向远处的夷,即由陆上丝路和海上丝路所通之夷,姑且用"八荒"来代表。因此这一地理之中,是华夏四夷八荒所形成的天下之中。这华夏四夷八荒之中,不是科学的地理的物理尺度,而主要的是政治文化地理学上的天下胸怀。前所引《吕氏春秋》的话,已经说明了京城要建在天下之中。而这天下之中,由远古的中杆到夏商周王朝特别是西周的京城,明显地具有天下之中的观念,西周铜器何尊铭文上有"宅兹中国"之句,"中国"即京城,《逸周书·作雒》、《国语·郑语》、《史记·周本纪》、《汉书·地理志》①皆论述了周代京城在天下之中,既便于华夏核心区四方的贡赋,又有利于对诸侯、四夷的控制和与八荒的交流。这也是先秦思想家的普遍观念。《荀子·大略》说:"王者必居天下之中,礼也。"《韩非子·物权》说:"事在四方,要在中央。圣人执要,四方来效。"这里的"礼"、"事"、"要",都是从多重因素的统一来讲,是由天下胸怀

---

① 《逸周书·作雒》:"周公敬念于后曰,予畏周室不延,俾中天下,及将致政,乃作大邑成周于中土。城方千七百二十丈,郭方七十里。南系于洛水,北因于郏山,以为天下之大凑。制郊甸方六百里,因而土方千里。"《史记·周本纪》讲洛邑"此天下之中,四方入贡道里均"。《汉书·地理志》说:"昔周公营雒邑,以为在乎土中,诸侯蕃屏四方。"《国语·郑语》具体讲:"当成周者,南有荆蛮、申、吕、应、邓、陈、蔡、随、唐;北有卫、燕、狄、鲜虞、潞、洛、泉、徐、蒲;西有虞、虢、晋、隗、霍、杨、魏、芮;东有齐、鲁、曹、宋、滕、薛、邹、莒。"

结合具体的政治文化地理形势来讲的。因此,从具体的现实看,作为天下之中的京城,夏商周三代不同,秦汉三国魏晋南北朝隋唐五代两宋元明清有异,而都可以为中,反映的是不变的天下胸怀与变化着的具体形势的结合。比如,秦汉唐的京城在长安(秦之咸阳与长安基本重合),在其天下胸怀与现实关注里,西域具有重要的地位。通使西域、和亲西域、讨伐西域成为朝廷的重要国策。我们看到,蒙恬、卫青、霍去病的军旗在大漠中飘扬,王昭君、文成公主的花花车队于风沙中在高原上穿行。元、明、清选都北京。其天下胸怀和现实关注里,广大的北方地域,包括内外蒙古、东北以及乌苏里江以东和黑龙江以北,都有其重要的地位。选都于洛阳和开封的王朝,如东汉和北宋,对中原以外的地区,在现实中略乏驾驭的实力。选择南京的王朝,更多的是无可奈何的偏安,如三国之吴、东晋、南朝的宋齐梁陈,以及南宋。然而,无论京城具体在什么地方,王朝的现实能力怎样的相对弱小,仍然具有天下的胸怀。京城的建筑仍以这种天下胸怀的模式而建出,其理念和形式都体现出一个"中"字,京城也都因有这种天下胸怀而成为天下之中。因此,不但从西安到北京在地理上的巨大距离并没有影响人们对之视为天下之中,就是在定都开封和南京这样的势弱时代,也没有影响京城中的领导者以天子自居的天下胸怀。因此,京城作为一种观念形态,保持着天下之中的理想,虽然现实中的实际选择,要考虑多方面的实际因素。而这二者的结合,最后凝结成一种京城模式,一个既是观念的又是感性的文化空间。京城模式以一种建筑形式,体现着天下之中。这就关系到了——以宫殿为中的帝王气象(图3-1)。

中国京城模式的基本元素和结构组成,由《周礼·考工记》的理论和明清京城的现实一道体现出来,具体为:前朝后寝,左祖右社,前官后市,坛台四环①。帝王临朝的宫殿放在中央,前朝(从大清门到太和殿)体现君臣关系,后

---

① 前朝后寝,左祖右社,前官后市三项为《周礼·考工记》中的具体规定,后一项即坛台的具体位置,先秦文献无清晰描述,汉代开始探索,各代位置不一,明清得以如是定型。

寝的三宫六院体现的是帝王与自己皇室成员的家庭关系。前朝后寝是家/国的统一，居住/政治的统一。左祖右社，左祖是帝王能够拥有天下的最接近的保佑者：祖宗（血缘基础），以天安门东面（左）庄严宏大的祖庙体现出来；右社是帝王已经拥有天下象征形式，即天安门西面（右）五色土形成的社稷坛，以东方青土，南方赤土，西方白土，北方黑土，中央黄土，象征天下一切土地。天地日月四坛和先农坛是帝王拥天下的宇宙保佑体系。作为帝王行政的官署在天安门外对称两侧。王侯、大臣、市民的住宅则在皇宫之外的城中，集市在皇城的北面，现在的地安门一带。整个京城把中国文化天/地/人，神/祖/王，君/臣/民的结构关系以一严整的建筑形式表现了出来。皇城以南北纵轴线为中心对称排列，左祖右社，前朝后市，构成了一个有起伏有节奏而又严谨肃穆的整体。这是一个严格地体现了中国文化秩序和文化观念的建筑整体。这样，京城建筑本身就成了天下样板的建筑法度之中。

图 3-1 以宫殿为中心的帝王气象

（资料来源：《长安街：过去、现在、未来》）

中,凝结为皇城的建筑形式之后,无论建于何地,都是"中",一个重要的原因,在于它是天下的建筑形式之"中",即天下建筑的样板。《考工记·匠人》将城邑分为三级:一级为王城(天子的首都),二级为诸侯城(秦以前是诸侯封国的首都,类同于秦以后的省城、府城、郡城),三级为"都"(秦以前是宗室和卿大夫的采邑,类同于秦以后的县城)。王城以下的城邑,依爵位尊卑或等级高低,以王城为基准,按一定的差比依次递减。如城墙四角处(城隅)高度,王城九丈(雉)①,诸侯城七丈(等于王城的宫城城隅的高度),都五丈(等于王宫的门阿②的高度)。这就是所谓王宫"门阿之制,以为都之城制,宫隅之制,以为诸侯之城制"。又如道路宽度,三级城邑东西向和南北向的正道(经纬涂)的宽度为:王城九轨(两辙之间的宽度为一轨,八尺,九轨,共宽七丈二尺),诸侯的城七轨(五丈六尺),大夫的都五轨(四丈)。也可以这样说,诸侯城的正道的宽度相当于王城的环城道路(环涂)宽度,卿大夫采邑(都)的正道的宽度相当于王城城郭外的道路(野涂)的宽度。以此类推,各级建筑的各个部分和细节都有严格的礼制规定。这种等级的递减原则,与职位服饰图案的原则是配套一致的。秦以后,只是把诸侯、大夫之地换为州、府、县而已,严格的等级性并没有改变。由于等级规定,在整个华夏核心区,即直接治理的郡县区域,城市和建筑都统一化、标准化,构成错落有致而又尊卑有序的整体建筑网络。无数小的众星拱月图汇聚成一幅大的全核心区域的众星拱月图。整个区域内的一切建筑以有尺度的等级形式围绕着"中"——京城。这样,无论走到一个什么地方,仅从建筑形式,就可以知道,是州是府是县,同理,一到京城,其建筑形式就让你知道,这是天下之中。先秦时期的荀子提出了帝王之威的整体模式,宫屋之巨丽是一个重要方面。话说楚汉之争,刘邦和项羽在前方争战激烈,萧何在后方建了未央宫,甚为壮丽,刘邦回来看了很生气,大骂太浪费,萧何回应说:"刘邦大人,您是什么人,您是天下的最高领导呀! 别人怎么知道您是最高领导,怎么一看就从

---

① 贺矩业《考工记营国制度研究》(北京:中国建筑工业出版社,1985)说:雉,一般指高一丈长三丈的版筑墙。计算长度时,等于三丈,计算高度时,等于一丈。
② 门阿即门的屋脊,指宫城城门的屋脊标高。

感性上尊敬您这个最高领导,是要靠一整套美学形式的。"用文献上的话来说,是"非壮丽无以助威"(《史记·高祖本纪》)。天子的尊贵和威风是靠京城宫殿的壮丽显示出来的。约一千年后,唐人骆宾王《帝京篇》诗中表达了同一思想:"山河千里国,城阙九重门。不睹皇居壮,安知天子尊。"到宋代,苏辙文讲了京城的美感教育作用:"至京师,仰观天子宫阙之壮,与仓廪府库、城池苑囿之富且大也,而后知天下之巨丽。"(《上枢密韩太尉书》)又1000年之后,人们对民族建筑象征同样有这样崇高的感受,一首曾经广为流传的歌这样唱道:

> 从草原来到天安门广场
> 高举金杯把赞歌唱
> 感谢伟大的共产党
> 祝福毛主席万寿无疆
>
> 英雄的祖国屹立在东方
> 像初升的太阳光芒万丈
> 各民族兄弟欢聚在一堂
> 庆贺我们的翻身解放
>
> ——音乐舞蹈史诗《东方红》中的"赞歌"①

从这一《赞歌》中仍可看到一系列关于中央/四方、天/人,君主/臣民的痕迹和一系列的中国式修辞方式,只是融进了现代的政治/心理/地理观念。

京城,对于华夏核心区的建筑来说,是样板和尺度,对于四夷和八荒来讲,则要显示出中国作为天下之中所拥有的"远来人""服四方"的天下气魄。四夷和八荒之人,只要来到京城,一定要由此感受到天下之中的壮丽和伟大。北京为什么有一个世界最长最壮丽的中轴线,因为这是由一个天下胸怀而来的京城的建筑形式,它要想获得的,不仅是华夏核心地区之中的感受,还是四夷和

---

① 音乐舞蹈史诗东方红导演团编.音乐舞蹈史诗东方红歌曲集.北京:人民音乐出版社,1977:44.

图3-2 帝王冕服

（资料来源：周锡保《中国古代服饰史》）

图3-3 （左）掷铁饼者 （右）维纳斯

（资料来源：张法翻拍古代图片）

八荒之中的感受。这就是前面骆宾王诗中讲的作为天下之中心的"皇居壮"与作为天下之天子的"天子尊"的关系，中国的京城模式是以一种天下胸怀和天下观念来设计的，是为"九天阊阖开宫殿，万国衣冠冕旒"（王维）的胸怀和现实来设计的。只有理解了京城不仅是华夏之中而且是天下之中，才真正理解中国京城的意义。

帝王与京城模式

京城是用建筑形式对文化的定义，同时也是对京城的居住者——帝王的定义。因此，理解帝王，构成了理解京城的一个重要方面。图3-2是身着冕服的帝王。从帝王形象上，可以体悟中国文化关于人的定义，图中最明显的就是宽大而独具特色的衣冠服饰。中国文化是可以用服饰来代表的，文化之"文"在古文字里就是文身。可见一开始文化就与身体上的氏族符号紧密相连。到6000年前的黄帝时，原始文身演进为具有文化关结点的"华夏衣冠"。《周易·

系辞》说:"黄帝、尧、舜垂衣裳而天下治。"为什么有了标准化的"衣裳",天下就大治了呢?是因为衣裳使人的本质具有具体的规定,并让这一规定得到了外在的显现。中国服装具有很多可以细说的特点。但一眼可知的,就是宽大。宽大的服装,一个最明显的功能,就是遮盖了人的自然形体,而突出了服饰所标志的社会性质。由此可知,中国文化中人的本质不是由人的自然形体来决定的,而是由人的社会性质来定义的。试想,如果人人都不穿衣服,人人相见都呈现自己的自然形体,帝王的自然形体不一定比其他人健美,甚至可能比其他人略差,这样的话,人们又怎么能从感性上产生对帝王的尊崇和敬畏呢?而有了宽大的冕服,帝王由文化规定而来的崇高性,立即从感性上体现了出来。一看见身着冕服的帝王,就知道他是真龙天子,尊崇之情和敬畏之心油然而生。为了深入理解中国服饰的宽大性对中国文化的重要作用,不妨比较一下古希腊的人体形象。在世界文化中,有两种文化,裸体成为一种公共的欣赏对象,这就是希腊文化与印度文化。这里以希腊为例(图3-3),他们的裸体之为公共性欣赏是由什么样的文化条件造成的呢?在方方面面的原因中,有三点是较为重要的:一、在政治制度上,古希腊是民主制,人人平等,美不美不在于社会地位,而在于天生丽质,社会等级没有本质性的意义,肉体本身是美丑的一个根本性的标准;二、在美学理论上,古希腊的美是一种以几何美为基础的美,讲究尺度比例,而人体的比例最典型地体现了宇宙美的基本比例。古罗马维特鲁威《建筑十书》讲了神庙、绘画、雕塑都是按照人体比例而来:

> 自然按照以下所述创造了人体:即头部颜面由颚到额之上生长头发之处是十分之一;又手掌由关节到中指端部也是同量;头部由颚到最顶部是八分之一;由包括颈根在内的胸腔最上部到生长头发之处是六分之一,由胸部中央到头顶是四分之一。颜面本身高度的三分之一是由颚的下端到鼻的下端;鼻由鼻孔下端到两眉之间的界线也是同量;颚部由这一界线到生长头发之处同样成为三分之一。脚是身长的六分之一;臂是四分之

一；胸部同样是四分之一。此外，其他肢体也有各自的计量比例。①

因此，希腊人在欣赏裸体的时候，看到的不仅是裸体，而是美的本质，理解了这一本质，就可以理解宇宙间的一切美。三、从人体学上讲，希腊人认为，美的灵魂寓于美的肉体。在希腊神话、荷马史诗、希腊悲剧中，一个坏人一定是在身体上有缺陷的人，当瑟息替斯是斜眼跛腿时，他的内质也就被决定了。以这些理论为基础的希腊观念多方面决定了希腊文化何以能对美的裸体进行公共性的欣赏。而在中国文化中，人是不平等的，是有等级的。在一个等级文化中要达到社会的和谐，当两个人碰面的时候，一个最为关键的问题，就是要知道，是我给他磕头还是他给我下跪。怎么才知道呢？靠服饰衣冠。中国文化中的人是用服饰衣冠来定义的，服饰衣冠造就了中国文化的社会和谐。一看见服装，就知道了他是什么样的人，同时就知道了我对他应该有的态度和行为。中国服装是宽大的，宽大形成了一种平面感，平面有利绘制图案，也有利于呈现图案，图案有利于识别。中国文化是官本位的，你能当上官，就说明了你的本质不一般，《儒林外史》中范进一中举，平常瞧不起他的老丈人马上认定他是文曲星下凡。历朝历代，不同等级的官服有不同的图案，就是为了便于不同等级的本质识别，帮助相互间身份认定，造就社会的安定和谐。当然中国服装还有一系列作用和功能。比如，宽大服装充满了变化，长袖善舞，宽衣善变，一举手，手就变成一个巨大的面，如果双手舞动，则为两个大面的叠加，形成一种气势。一行走，上体之袖、下体之裳飘动伸展开来，同样显为宽大的气象。这些效果既是美学的，又是政治的和文化的。总之，高冠宽衣大带使中国服饰本质得到了很好的体现。帝王冕服是中国服饰的最高级，是用服饰对帝王进行的文化定义。冕服之冠，冕板扩大和增加了人头的视觉效果，而那用五彩串、五彩玉做的十二冕旒长垂于肩随人之走动而晃动，其效果是为了增添头部的权力魅力，正像原始幻面具有巫术魅力一样。只是这有魅力的头部是正常的人头，而不是怪相鬼面。前者说过，在古籍里，中国服饰由黄帝所创，但黄帝创垂衣裳

---

① （古罗马）维特鲁斯.建筑十书.北京：中国建筑工业出版社，1986：63.

图3-4 (左)巴比伦四面神　　(右)印度四面梵天

(资料来源:张法翻拍古代图片)

治天下之时是什么模样呢?黄帝四面,有四个脑袋,由此可知,黄帝临朝,举行远古的政治高层会议,戴的是面具。四个面孔,可以看见四方,威临四方。在印度神话中,印度教的主神梵天、毗湿奴、湿婆都有过四面的形象。巴比伦的神也有过四面的形象(图3-4)。

而从黄帝四面演进而来的理性化的帝王,却是以真人的面孔出现,头上的冕旒装饰虽然让人感到远古的神秘意味,但其主体感受在理性化的进程中已由远古的巫师神性转为等级秩序中的帝王威仪。

图3-5 (左)秦始皇　　(中)唐太宗　　(右)乾隆皇帝

(资料来源:张法翻拍古代图片)

三　京城模式与古代文化自我定义

冕服之身,上面绣绘着 12 章(图案):日、月、星、龙、山、华虫、火、宗彝、藻、粉米、黼、黻。这些图案装饰是王者拥天下的象征。冕服上还有一系列佩饰:芾、革带、大带、佩绶、舄,这些佩饰由原始仪式中巫师的通神佩器(如石刀玉斧之类)演化而来。正像原始服饰面具使穿戴者取得一种神性而拥有最高权力一样,冕服的穿戴者也因此而获得王性而拥有最高权力。朝廷冕服来源于原始巫装的服饰面具,但又将之帝王化。但正如帝王的君权神授一样,仍有神的遗迹,只是把这神迹融进理性的可理解性中,这种理性,就是把巫师服饰中定义为与神有本质关系的东西转为一种与天地万物的象征关系。具体地表现为冕服各部分的象征意义,12 章就是这样的一个象征系统:"日、月、星,取其照临光明,如三光之耀。龙,能变化而取其神之意,象征人君的应机布教而善于变化。山,取其能云雨或说取其镇重的性格,象征王者镇重安静四方。华虫,雉属,取其有文章(文采),也有说雉性有耿介的本质。表示王者有文章之德。宗彝,谓宗庙之郁鬯樽,虞夏以上取虎彝、蜼彝,虎取其猛、蜼,取其智,或说取其孝,以表示有深浅之知,威猛之德。藻,水草之有文者,一说取其洁,象征冰清玉洁之意。火,取其明,火炎向上有率土群黎向归上命之意。粉米,取其洁白且能养人之意,若聚米形,象征有济养之德。黼,即画金斧形,白刃而銎黑,取其能割断之意,斧与黼音近,或通用,黻,作两己相背形……谓君臣可相济,见恶改善,同时有取臣民有背恶向善的含意。"①这里不在于具体的解释对与否,而在于由原始的巫装变为朝廷的冕服之后,必须根据各个时代的意识形态体系进行理性化的象征诠释而得出与帝王定义相符的象征体系。这是一个与京城的建筑形式相配套的帝王冕服。

以上是一种在先秦理性化过程中建立起来的一般理论,每一个朝代又会根据具体的条件和形势加以改变,这样,我们就看到了汉、唐、宋、明、清各大朝代中同中有异的帝王冕服(图 3-5),这些不同的帝王冕服又有着共同的文化

---

① 周锡保.中国古代服饰史.北京:中国戏剧出版社,1984:15—16.

性质,都服务于同一种意识形态建构。正如希腊的裸体欣赏服务于希腊文化的意识形态建构一样。

京城与文化空间

冕服是用一种服饰样式对帝王进行文化定义,京城是用一种建筑形式对帝王进行文化定义。正像冕服上的一切重要元素和视觉材料都不仅是物理质料,而是具有特定的文化含义,京城里的一切形式元素和空间样态都不仅是物质属性、物理空间,而且内蕴着文化本质,是一个文化空间。中国文化的空间,是按照中国哲学的观念——气、阴阳、五行、八卦——来体认的。图3-6的九宫图是中国文化空间观念的直观而又典型的体现。九宫图是一个正方形,体现的是天圆地方之方,地之方形划成九格,是九州象征,更在于各个方位的文化意义,从哲学层面来说,就是具体空间与阴阳、五行、八卦的关系。只有理解了中国哲学阴阳、五行、八卦与空间方位的内在联系(如图上所示的木与震在东,火与离在南,金与兑在西,水与坎在北,等等),才能理解中国空间的组织方式和具体含义。九宫图是一种便于理论识认的哲学抽象,以此为指导,可以知道,《周礼》中的王城图就是一个九宫图(图3-7)。

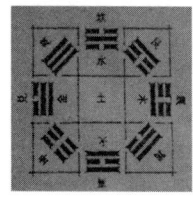 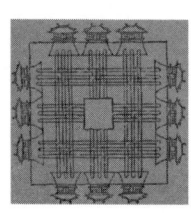 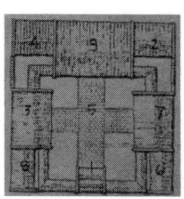 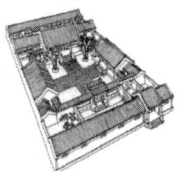

图3-6 九宫、八卦、五行　　图3-7 《周礼》中的王城　　图3-8 四合院

(资料来源:刘敦桢《中国建筑史》)

三　京城模式与古代文化自我定义

同样,紫禁城太和殿前的空间也是一个九宫图,北方民居四合院还是一个九宫图(图3-8)。总而言之,天下之内,大到京城,小到民居,无一不以九宫图的文化空间原理贯穿其中。从这一角度看,你懂得了紫禁城就懂得了四合院,反之亦然。也可以说,紫禁城是四合院的扩大版,四合院是紫禁城的缩小版。先看看四合院的空间意义。作为这家庭居舍的四合院,看看图3-8的图形,猜猜父母居住在什么地方?北面中央的正屋。儿子呢?厢房。哪边厢房?东边。只能是东厢,而不能是西厢,西厢是女儿住的。为什么儿子住东厢、女儿住西厢呢?因为东面属阳,西面属阴。所以王实甫的《西厢记》改成《东厢记》就错了,就变成搞同性恋了。最南面的房间,就是仆人女奴辈住的了。正因为观念规律与建筑秩序是一致的,你走进一个民居院落,到了什么地方,你就知道你会遇上什么样的人,同时知道了应该以一种礼貌的方式与之打交道。因此,可以说,只要你住在一个中国人的府第、院落、民居里,并不需要从理论上告诉你应如何如何,这种建筑形式本身就在"教"你应该如何如何。一座四合院就是从建筑形式方面对中国文化的家庭模式的定义,中国家庭的长幼尊卑的伦理秩序已经在四合院的建筑形式中规定下来了。同样,整个京城就是关于朝廷本质的建筑定义。比如前朝后寝,前朝是以建筑的形式对君臣关系的定义(使君成为文化规定之君,使臣成为文化规定之臣);后寝是以帝王的皇家内部(帝王与其诸后、妃、嫔、皇子,及其服务人员,宫女太监)的定义。再如左祖右社,祖庙是对帝王与祖宗关系的定义;社稷坛是对帝王与拥有天下的定义。又如坛台四环,天坛、地坛、日坛、月坛是对帝王与宇宙神灵关系的定义。

现在先举京城的"前朝"建筑群来看建筑形式是怎样具体地在天下的意义上定义君臣关系的。太和殿是前朝的中心,也是宫城最大的殿,在举行大朝会时使用,如皇帝登基即位,向天下发布政令和诏书,新年元旦和皇帝的生日在此接受朝臣的祝贺,每年冬至在此坐朝。皇帝"在太和殿受贺时,庭院中陈设卤簿和范金铸的官员品级山图,文武官员按照文东武西品级次序排列成行,面向殿座跪拜及行三跪九叩礼。一般只有王公、阁相才能在台上,其他官员只能在庭院、低级官员则在太和门外。朝拜时殿廊下设中和韶乐,大朝门设丹陛大乐,太和殿露台上还固定设有日晷、嘉量。日晷是测日影的仪器,制定历书公布发天下,名为授时;嘉量是用它制定度量衡以颁发天下,象征立法。象征长寿的铜龟、铜鹤,在龟、鹤腹中点燃香檀木,由口中喷出袅袅香烟,弥漫宫廷。在举行典礼时金钟玉磬齐鸣。从 8 米多高的三重台阶下仰视高 35 米的大殿,充分体现空间高低对比及建筑艺术的恢宏。这一切都是用来衬托皇帝之尊",[①] 同时也用来定义君臣关系。当我们把视线从朝贺之时拉开,从臣子到太和殿去谨见皇帝的动态过程去观察,更能体悟到"前朝"的建筑整体是如何为定义君臣关系服务的。我们就不从中轴线的最南端永定门讲起了,从正阳门开始吧(图 3-9)。

当一位臣子从正阳门走入大明门进入千步廊。这是一个狭长的走道,有 1000 步长。然后是天安门前的横向广场。千步廊的狭长,是为了让走近天安门时感受到天安门前广场的宽大,就好像颐和园里从长廊上崇丽阁,进入牌

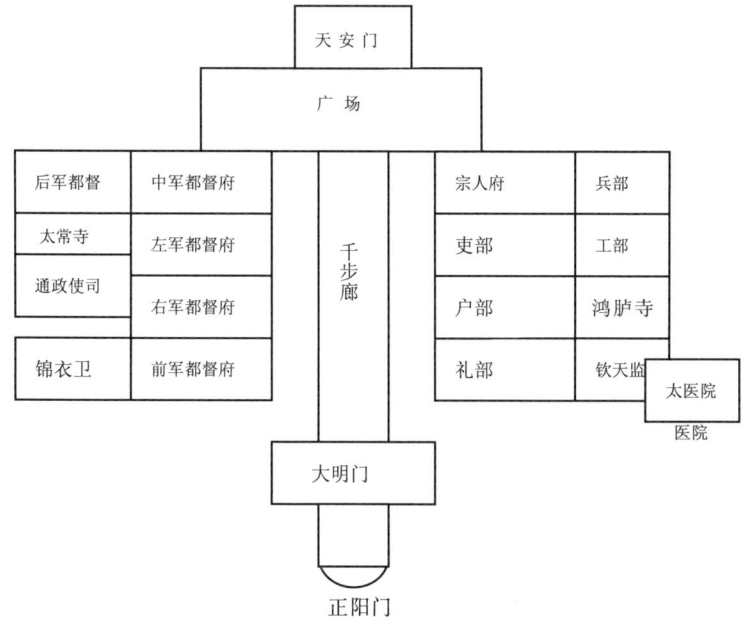

图 3-9　明代的"前朝"图　(资料来源:张法绘制)

---

① 单士元.故宫史话.北京:新世界出版社,2004:19—20.

三　京城模式与古代文化自我定义

楼后从两旁的石廊拾阶而上,这石阶很狭小,只能上一人,廊顶也不高,如你有1米8还怕把身子挺直,为什么把石阶弄得这么狭小局促呢?这是艺术原则中的"欲放先收",为了让你登上崇丽阁后感受昆明湖的阔大,先来一个狭小的过道,让你在心理上有一个比较。千步廊之狭长,也是为了欲放先收,要突出天安门前矩形广场的宽大和天安门城楼的阔大。在西方人的理论里,建筑是凝固的音乐,他们把建筑看成一个纯粹的空间艺术;在中国人的理论里,建筑是一个时空合一的艺术,只有在时间的流动中,建筑才展开自己的特性,人才能体悟建筑的性质,建筑与人在时间的流动中进行对话,在对话中达到统一,完成文化对建筑的体认,也完成对人通过建筑而得到的自我确认。

当你穿过大清门,远望天安门,皇城城楼庄严辉煌。皇城建筑,正如中国的所有礼制建筑一样,左右对称。对称的形式有什么功能呢?要你严肃起来。皇城建筑墙面壁面的颜色是红色,红色的作用是使人兴奋,但这红色不是鲜艳的,而是深暗的,使人感到压抑。严肃、兴奋、压抑,这就是京城前朝建筑形式让臣子谨见皇帝时应有的心理。当你走在暗红色的对称建筑中的时候,建筑形式自然而然地潜移默化地培养着一个臣子晋见皇帝时应有的心态。试想,如果见皇帝的过程就像今天的很多办公室职员见领导一样,一开门就见到了。没有时间调整心理,你会保证对皇帝有崇敬的心态吗?从正阳门进来后,道路悠长,其功能之一,就是让建筑形式在不知不觉中帮助你调整心态。到天安门后,是不能从中间门洞进去的,这门是天子进出专用,他人擅用,是杀头死罪,只能从最东面的门洞进去。这是让臣子对其身份的一次提醒性自认。进大清门望天安门,城楼面阔九间,重檐歇山顶,红墙黄瓦,城台开五大券门,门前有白玉栏杆的金水桥,桥两旁有华表、石狮,景观如此辉煌。不由得让人感到,这就是天子所在了。到了天安门之后,才知不是,这是一次期待落空,由此产生了一种对皇帝的更大期待。到端门,又不是;到午门,还不是,到太和门,天安门前出现过的白玉栏杆金水桥又一次出现了。这次是不是呢?自己的期待一次一次地被否定,自己的判断一次一次地出现错误,自身见识一次一次地显得渺小,这时已不敢自作聪明了,陷入一种惶惑心态。一进太和门,突然大放光明,一个巨大的广场,广场上白玉栏的大台阶,台阶上巍峨的太和殿(图3-10)。终于到了,文化所需要的臣子心态经过一系列的建筑教育,也已基本完成。对臣子心态的最后的定格,就是沿着中间雕刻着龙的白玉台阶拾级而上,这是一种俯仰关系,面阔11间的太和殿在上面俯视从下面上台阶的臣子,臣子从下面上台阶仰望巍峨雄伟的太和殿。由高与低形成的视觉俯仰关系反映的正是文化结构中处于高位的君主与处于低位的臣子之间的关系。因此,进了太和殿,皇帝坐在高高的龙椅上,又一次视觉上俯仰关系的重复,对君臣关系进行了最后定格(图3-11)。

总之,从正阳门到太和殿,整个建筑的美感形式就是为了定义君臣关系而设计出来的,正像朝廷的冕服体系是为了定义君臣关系而设计出来的一样。

太和殿上的皇帝是天子,他拥有的是天下,因此,前朝的建筑样式不仅是对华夏地区的臣子进行身份认同教育的,还是对四夷八荒整个天下进行寓思想于其中的美学教育的,前朝的"九天阊阖开宫殿"也是为"万国衣冠冕旒"而设计的。一个最生动的事例就是乾隆对英国人的接见。乾隆五十八年(1793年),英国特使马戛尔尼率团来华,要来晋见乾隆,谈通商事议。这时的英国正处于扩张

图3-10 太和殿

(以上资料来源:张法 摄)

图3-11 太和殿内

世界的兴盛期,现代化以来的不断胜利使其无比骄傲。一个新兴强国和自认为天下之中的中国二者之间的观念冲突在所难免。马戛尔尼从在天津上岸始,就在晋见皇帝的重要仪式之一的跪拜问题上,与中国官员开始争执,中国一定要他按中国之礼跪拜中国皇帝,他坚持要按英国之礼不跪。我们知道,清王朝作为中国古代一个容纳各民族为一体的中央王朝,处理蒙古西藏新疆等边疆民族事务多是在承德。最初是在木兰围场,后来在建成后的避暑山庄,这里的建筑景观安排,既有汉文化型的宫殿,又有边疆民族宴乐方式的场所。这是对夷夏景观进行了完美结合的皇帝行宫。清朝对蒙古、西藏、新疆等上层领袖以及四夷使臣的接见一般都在这里举行。如乾隆十九年(1754年)乾隆在此接见新疆内附的杜尔特部三车凌,乾隆四十五年(1780年)乾隆在此接见六世班禅。因此,对马戛尔尼的接见也安排在避暑山庄。而双方关于跪拜之礼的争执从天津到通州经北京到承德,一路进行着。但最后到了承德,马戛尔尼还是跪了。为什么跪了呢?除了一些其他因素之外,建筑形式应该说起了重大的作用。马戛尔尼被乾隆接见了两次,跪了两次。第一次是八月初六在万树园的宴乐活动中。万树园一直是皇帝举行蒙古王公贵族喜爱的大蒙古包宴乐之地,参加的还有各族的上层人物以及远方使节,这一活动往往是避暑山庄系列活动的高潮,也体现"普天之下,莫非王土,率土之滨,莫非王臣"的观念。可以想象在众多各族领袖对乾隆的行礼中,马戛尔尼不得不随众下跪。但这次他大概还处在内心的矛盾挣扎之中,因此用的是单腿跪。第二次乾隆正式接见马戛尔尼在自己83岁生日这天(8月13日)于宫殿区的主殿澹泊敬诚殿,这里是举行各种隆重大典之地。承德避暑山庄的宫殿区,可以说就是紫禁城的前朝的缩小版。使臣到澹泊敬诚殿要经过丽正门、午门、阅射门,有一个相当长的距离,而在这一距离之中除了建筑形式还有各种仪仗排列两旁。可以想象,经过这样的一个美学形式的暗中规训,马戛尔尼进入正殿之时,心理起了巨大的变化,他再次下跪了,而且应当是双腿下跪。当时负责接待官员中有一位军机章京(即军机大臣的僚属)叫管世铭,写诗一首描述当时的情景:

献琛海外有遐邦,

生梗朝仪野鹿腔(讲的是叽哩呱啦的英语)。

一到殿廷齐膝地,

天威能使万心降。

"齐膝地"即双腿跪拜。尽管对于这次马戛尔尼的跪拜是单膝还是双膝,有不同记载①,但从澹泊敬诚殿内的装饰样式看,产生的作用应是如管世铭写的那样是双腿跪拜。这是一个与建筑样式相和谐的身体样式。美学形式往往会在一瞬间产生神奇的效果。乾隆对此次朝见也非常满意,特赋诗一首以记之:

博都雅昔修职贡,

英吉利今效荩诚。

竖亥横章输近步,

祖功宗德逮遥瀛。

视如常却心嘉笃,

不贵异听物诩精。

怀远薄来而厚往,

衷深保泰以持盈。

骄傲不已的乾隆皇帝接见马戛尔尼之后一口拒绝了他的住京和通商要

---

① 在马戛尔尼著,刘半农译,林延清读解《1793 乾隆英使谨见记》(天津人民出版社,2006)中,马戛尔尼自己记载,两次都是单膝跪(该书第 100 页和 101 页),据《清史稿·高宗纯皇帝本纪》,他行了三跪九叩礼(该书 242 页)。根据林延清的读解(见 245 页):"最后,双方的妥协方案是这样:在万寿节前的八月初十日,在万寿园的招待宴会,乾隆皇帝召见英国使臣时允许行英国礼。而在八月十三日于澹泊敬诚殿举行乾隆皇帝万寿盛典时,英使向乾隆皇帝呈献国书并行中国三跪九叩礼,乾隆皇帝批准了这一方案。"

求。这一在中国史和世界史上都算做重要的接见,引起了历史学家们多种多样的议论和思考。从本文的角度看,主要是指出,承德宫殿区都可以起到这样的效果,如果是在比承德更大的紫禁城接见,那天子之威的效果就更是可想而知了。紫禁城的意义正是在这里透显出来。

再来看京城的"后寝"建筑群,从建筑形式上怎样具体地以天下的意义对皇帝和后妃的关系进行定义的。在世界历史中,中国京城里有一个最为庞大的后宫。中国皇城成为世界最大的皇城,皇城的中轴线成为世界皇宫最长的中轴线,也是与皇城中宫城里有这样一个庞大的后宫相关联的。宫城中以乾清门为界,门外南面为前朝,以前三殿(太和殿、中和殿、保和殿)为核心;门内北面为后寝,以后三宫为核心。后三宫的乾清宫是皇帝的寝宫,坤宁宫是皇后的寝宫①。以坤宁宫为中线,东西两面对称地排列着东六宫和西六宫,构成了建筑结构上宫城中后寝的核心结构,如图:

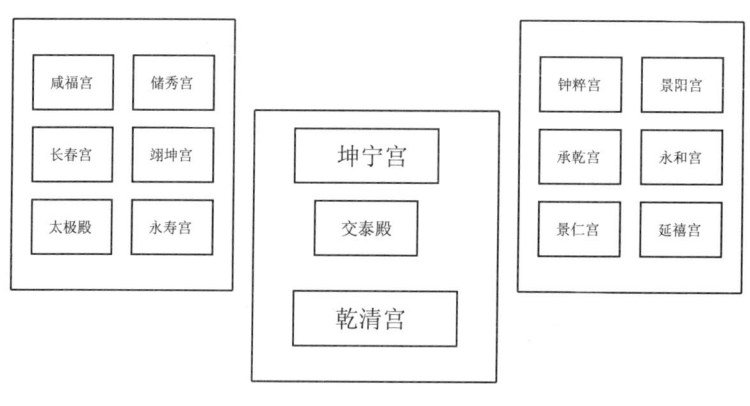

(资料来源:张法绘制)

---

① 明朝从永乐至崇祯的历代皇帝及清朝的顺治、康熙二帝都以乾清宫为寝宫,雍正帝始皇帝寝宫移至乾清宫西面的养心殿,但乾清宫仍是礼制上的正寝,大小节日的内廷礼仪和赐宴都在这里举行,如清代康熙、乾隆、嘉庆三朝举行的四次千人以上的大宴皆在此举行。同样明朝历代皇后和清顺治、康熙朝皇后住坤宁宫。雍正移寝养心殿,皇后也移出,选六宫中某一宫住,但大婚期间在此居住。但无论实际怎样,乾清宫和坤宁宫是作为皇帝和皇后的寝宫而设计的,因此从理论上要作为皇帝寝宫来看。

在中国文化的关键词中,六宫成为皇城内皇帝后宫的代名词。在《周易》爻辞中,九代表阳数,六代表阴数。在宫城建筑中,六既是阴数,又为阴的概数,东西六宫既为建筑之实,体现后宫的整严与秩序,又为内容的虚,象征众嫔妃。实际上也并不是每宫住一名重要的嫔妃,而是既可一名,也可多名。从天地的整体象征讲,乾清宫代表天,坤宁宫代表地,乾清宫前面的两旁,东有日精门,西有月华门,在这天地日月的天地象征中,东西六宫可以象征天上的十二星辰。从后寝的体系讲,东西六宫则成为以坤宁宫为中心而展开的后宫。严整与秩序,是中国文化的后宫制度的建筑体现。

一个以坤宁宫为中心,以东西六宫为基础,再向东西北三面展开的庞大的后寝结构,包含着十分丰富的内容,而最为突出的就是中国文化的后宫制度。当中国文化进入定居农业时代,产生父权家族,出现天下观念时,具有中国特色的以天子多妃为中心的一夫多妻制就产生了出来。虽然《后汉书》卷十的"皇后纪序"中说:"夏殷以上,后妃之制,其文略矣。"而《通典》讲:"天子娶十二女即夏制也。"但这"十二"大概应与故宫的东西六宫合为十二相同,是一个以圣数来象征的概数。而从商代的甲骨文中,已经有妃、娣、嫔、妾等字,表明王宫中嫔妃已有多样的分类和秩序。甲骨文材料显示商王武丁的妻妾就有妇好、妇妊、妇嫘、妇妹氏等四十余位。《礼记·昏礼》云:"古者天子后立六宫、三夫人、九嫔、二十七世妇、八十一御妻,以听天下之内治,故天下内和而家理。"古者即西周,四类相加共120人。① 春秋战国后宫规模进一步扩大,到秦朝,后宫嫔妃的等级有皇太后、皇后、夫人、良子、八子、七子、长使、少使的多级体制。西汉,后宫除皇后外,按外朝官员的等级和爵位分为:昭仪、婕妤、娙娥、华容、美人、八子、充依、七子、良人、长使、少使、五官、顺常,以及同一等级仅为类别的无涓、共和、娱灵、保林、良使、夜者,已经非常复杂多样。以后各代,在等级和名称上各有加减和改变,清朝自康

---

① 郑玄注《礼记·檀弓》正是以西周为基点向上追溯,描述了从远古到西周的后宫人数:远古的帝喾、帝尧皆4妃,帝舜有3夫人;三代以后,夏代12人,殷商39人,周120人。

熙时确定为:皇后1名、皇贵妃1名、贵妃2名,妃4人,嫔6人,以下有贵人、常在、答应三级,人数不定,共八级。古代历朝,嫔妃等级名称时有变化,但内容基本相同,而嫔妃的总人数却惊人的庞大。秦代被后人推算为数千,西汉时武帝以后,是"掖庭三千","三千后宫"也成为描述后宫佳丽的固定词汇。以千为单位是大致平均数,明代有九千多人。更多些的,如《文献通考·帝系考》说,晋武帝和唐玄宗的后宫上万人,少些的,如清代康熙时约四五百人。后宫嫔妃无论是以数万计,还是以数千数百计,对于皇帝一个人来说,都是一个庞大的队伍。而在注重龙种承传和血统纯正的中国,为了保证这数百数千上万的女人属于皇帝一人,不被他人指染,除了一个庞大的宫女服务队伍之外,更为重要的是还要有一个庞大的太监服务队伍(明朝的太监人数为历代之最,号称十万)。因此,中国皇帝的后宫首先是众多的嫔妃围绕着一个皇帝,然后是更为众多的宫女和太监,围绕着皇帝和嫔妃。从而三大人群,嫔妃群、宫女群、太监群,形成一个庞大群体,当然需要庞大后宫建筑群来予以安排。宫城之中,从东面的皇极门、奉先门、左内门到正中的乾清门,到西面的右内门、慈宁门一线之北,就是这样的一个用来安排这三大人群的后寝建筑群。而以坤宁宫为中心,以东西六宫为两翼,以东面的皇极殿、乐寿堂、景祺阁、奉先殿、斋宫,西面的养心殿、慈宁宫、寿康宫、寿安宫,后面的北五所、御花园、戏台、重华宫、延春阁、英华殿等为展开的整个后宫,是这三大人群围绕皇帝而进行衣食住行的活动和休息范围。后宫的建筑井然有序,正是要给这三大人群以秩序的规范。把中国的紫禁城的后宫与土耳其奥斯曼帝国的托普卡帕宫的后宫进行比较,紫禁城的后宫不仅庞大得多,而且有秩序得多、美丽得多、情趣得多、文化得多。中国的政治、文化、美学,正是在这里灿烂地体现出来。紫禁城的后宫之大,是因为有这数量庞大的三类人群,这三大类人群数量之所以如此庞大,是为了体现皇帝一人的伟大。荀子关于帝王之威的理论已经讲得很清楚了:

　　天子者,势至重而形至佚,心至愉而志无所诎,而形不为劳,尊无上矣。衣被则服五彩,杂间色,重文绣,加饰之以珠玉;食饮则重大牢而备珍怪,期臭味,曼而馈,伐皋而食,雍而彻乎五祀,执荐者百人侍西房;居则设张容,负依而立,诸侯趋走乎堂下,出户而巫觋有事,出门而宗祝有事,乘大路趋越席以养安,侧载睪芷以养鼻,前有错衡以养目,和鸾之声,步中《武》、《象》,骤中《韶》、《护》以养耳,三公奉軶持纳,诸侯持轮挟舆先马,大侯编后,大夫次之,小侯、元士次之,庶士介而夹道,庶人隐窜,莫敢视望,居如大神,动如天帝。(《荀子·正论》)

夫为人主上者,不美不饰不足以一民也,不富不厚不足以禁暴用悍也。故必将撞大钟,吹竽笙,弹琴瑟以塞耳;必将雕琢镂刻黼黻文章,以塞其目;必将刍豢稻粱,百味芬芳,以塞其口;然后使众人徒,备官职,断庆赏,严刑罚,以戒其心。使天下生民之属,皆知己所愿欲之举在于是也,故其赏行;皆知己之所畏恐之举在于是也,故其罚威;则贤者可得而进也,不肖者可得而退也,能不能可得而官也。若是则万物得宜,事变得应,上得天时,下得地利,中得人和。(《荀子·富国》)

这里讲帝王通过拥有天下各个方面最美最好的东西而显示出自己拥有天下。正是通过对天下最美最好东西的拥有而让天下之人在感性上知其为帝王,对天下最美最好的东西的拥有是在整个皇城中体现出来的,而对天下的最好的色声味的拥有则从皇城中的后宫体现出来。在后宫中,皇帝拥有天下最美的女人,而且可以拥有远远超出人的性能力所能承受的数目庞大的美人。问题的实质不在于皇帝作为血肉之躯的个人是否能真正实际上拥有这些东西,而在于要让天下的人看到他已经拥有这些东西。中国文化为了天下一统,对天子进行了文化上的形象建构:在宇宙论上,他是天之子,独拥与天地鬼神沟通的能力,以天地日月坛体现出来;他是地上之王,拥有天下的一切,从社稷坛和前朝建筑中体现出来;在生理上,他拥有最强的性能力,从拥有后宫三千佳丽上体现出来;而有能力拥有三千后宫,又是与家族的繁衍与承传相关联。

而最后这两项,就体现在后宫的建筑上。后宫建筑意味着帝王拥有三千佳丽,帝王可以而且能够拥有三千佳丽是帝王之为帝王的必不可少的一个组成部分。尽管由此产生出了中国历史上很多五彩缤纷的传奇、荒诞、诡异、悲剧故事,但从孔子、老子到董仲舒、淮南子到王弼、何晏到韩愈、柳宗元到二程、朱熹到王阳明、李贽到戴震、章学诚等,从来没有追问过中国帝王的能力的合理性和关于这一能力的建筑体现的合理性。正因如此,紫禁城中后宫通过建筑形式对皇帝与嫔妃关系进行的定义,对嫔妃、宫女、太监三大人群的设置与规训,以及包含在这一定义、设置、规训中的政治、文化、性别、美学的内容,显得特别的意味深长。

有了上面两例中前朝与君臣关系和后寝与君妃关系的建筑定义的解说,其他的方面,左祖右社,坛台四环,也可以同样照此办理。然而,从实用的角度看思想观念与建筑形式之间的关联,只是京城建筑功能的一个方面。京城作为一个文化的建筑体现,它是把整个文化的内容和文化的精粹,都纳入自己的空间样式之中,并以空间的和视觉的形式呈现出来。因此,面对京城,可以更进一步地去体会——

京城与文化观念

北京能够成为中国的首都,首先在其风水形势。有唐以来,历代的风水理论家,从唐代杨益、宋代朱熹,到元代巴图鲁、明代李时勉、清代吴长元等,都论述过北京的形胜。北京的地形,西和北高,东和南低,西部西山,是太行山脉,北部军都山,是燕山山脉,二者均属昆仑山系,这意味着什么呢?这是好风水的一个重要特征——龙脉悠远。太行、燕山两山脉在北京的南口会合,形成向东南巽方展开的半圆形大山湾,桑干河、洋河在此汇成永定河,形成好风水的另一重要的特征——山环水抱。从更宽广的视野看去,北京为重重案山围绕,乃藏风聚气之地:嵩山为前案,淮南诸山是第二重案,江南诸山为第三、四重,五岭是第五重。加之西有华山为北虎,东有泰山为青龙。黄河在其前,鸭绿在其后。这是符合中国文化关于京城选址理论的理想之地。具体到京城本身,又对具体的建筑空间进行了理想化的构筑。比如前面讲过的景山为紫禁城的"镇山"体现了建筑的理想形态,金水河自乾方(天门)入而从巽方(地户)出,并在武英殿、太和门前凸成"金城怀抱"(冠带形)之势。金水河西北入而东南出,又正好形成S形,呈现出京城建筑的理想形态。总之,京城整体内蕴着中国建筑选址的理想结构。

京城又是要与天上相应的,天上的帝宫是紫微垣,地上是紫禁城,天上地下的象征和比附有一些说法,如前三殿象征三垣;三大殿下设三层台阶,象征太微垣下的三台星;后三宫加上两旁的东六宫、西六宫,共十五宫,与天上紫微垣十五星同数。不管这些说法有多少花样,还可以有多种展开和变异,总之都围绕着一个基本点:地下与天上的相应和互动,地下是天上的象征。这一天地象征先凝结成哲学思想,再将之体现为空间结构。按阴阳学说,南阳北阴,景运门、乾清门、隆宗门形成的一条东西中轴线将宫区分为南北两区(图3-12)。外朝在南,属阳,内寝在北,属阴。前者为国,后者为家。前三殿是前朝的最高峰,也是整个故宫的最高峰,呈现为阳之极,也就是帝王之最尊。后三宫属阴,但又是皇帝的居家之家,是后宫之极。这样,前三殿与后三宫一阴一阳,又以家国合一的方式和谐地成为一个整体。这个整体的形成依据的是中国哲学中一个极具深意但又为非中国思想很难体会的观念。太和殿在最前,面阔十一间①,深开五间,是皇帝登基以及举行各种大朝会典和大型仪式之地,为阳中之阳(太阳);保和殿在最后,面阔九间,是举行殿试和宴会之处,为阳中之阴(少阳);中和殿在中,平面呈正方形,面阔、进深各为3间,殿四面开门,正面三交六椀槅扇门12扇,东、北、西三面槅扇门各4扇。屋顶为单檐四角攒尖,屋面覆黄

---

① 太和殿面阔,明代面宽9间,清代左右各加修夹室,夹室前面无门。康熙时仍记为9间,乾隆朝嘉庆朝记为11间。盖采用的是满族的数理哲学,以11为最高。

图 3-12 乾清门

（资料来源：张法　摄）

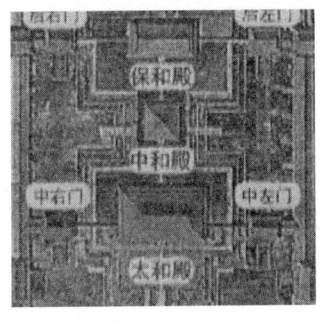

图 3-13　前三殿与后三宫

（资料来源：王镜伦《故宫富民》）

色琉璃瓦，中为铜胎鎏金宝顶，是皇帝在太和殿行礼时休息处，形制取自《大戴礼记》中的明堂，是阳里面的阴阳之和，为中阳（阳明）。内廷三宫，乾清宫最前，坤宁宫最后，皆面宽九间，是皇帝和皇后正式起居之室。乾清宫名取自乾卦，《象传》云："至哉乾元，万物之始，乃统天。"《象传》云："天行健，君子自强不息。"此宫是阴中之阳（厥阴）；坤宁宫名取自坤卦，《象传》云："至哉坤元，万物资生，乃顺承天。"《象传》云："地势坤，君子以厚德载物。"此宫是阴中之阴（太阴）；两宫之间的交泰殿，取名于泰卦，意味天地交泰，阴阳和平。此宫是中阴（少阴）。前三殿和后三宫的建筑结构（图3-13）体现了中国哲学的多种内容：

前三殿，太和、中和、保和，以"和"一以贯之，突出了中国文化的最高理想。后三宫，乾清、交泰、坤宁，阴阳之和、乾坤交泰，呈出了"和"的基本元素及其理想的结合状态。

前三殿面阔十一、三、九，显为一种阳刚动态，后三宫面阔皆为九，显出一种阴柔的静态。

前三殿属阳，后三宫属阴，然而前三殿的最后一殿（保和殿）为阳中之阴，后三宫的最前一宫为阴中之阳（乾清宫）。这里有了太极图阴阳平衡的运用，特别包含了其他文化很难理解，而对中国文化来说又尤其重要的基本原则：阴中有阳，阳中有阴。正因为乾清宫是阴中之阳，因此，它虽然在内寝的整体空间之中，却又是明清两代帝王处理日常政事之处。前三殿和后三宫从空间结构上是严格对称的，从命名上看，又把它作为太极S形来看的，形成了视觉形式与心理感受之间的二重调和模式。

按阴阳学说，东阳西阴，从午门到神武门形成一条南北中轴线把宫城分为东西两区。东方是日出之处，属阳，太子住东区，南三所为太子宫室，文华殿原为太子讲学之所。西方是月出之处，属阴，皇后和宫妃居住的寿安宫、寿康宫、慈宁宫都在西区。东即左，西即右，男左女右，阳左阴右，宫廷朝事大典百官排列，文臣在左，武将在右，因此太和门两旁，文华殿在左即东区，武英殿在右即西区；太和殿丹陛上，左陈日晷以司天，定天文历法，右置嘉量以司地，定制度量衡（图3-14）。同理，内城之南，左边是太庙法阳象天，右边社稷坛法阴象地，天安门外，与生命生成相关的吏部、户部、礼部在左（属阳），与惩处罚杀相关的都察院、刑部、大理寺在右（属阴）。

图3-14 （左）日晷 （右）嘉量

（资料来源：张法 摄）

从五行学说讲,东,不但是日出处,而且属木,主春、生、文、仁等,因此,从紫禁城内东区可以看到万春亭、文华殿、体仁阁等;城门有朝阳门、建国门(生)、安定门(仁);城外有日坛。西,不但是月出处,而且属金,主秋、收、武、义等,因此,从紫禁城内西区可以看到千秋亭、武英殿、宏义阁等,城门有阜成门(收)、宣武门、德胜门(义);城外有月坛。天南地北,南面是天,属火,主夏、礼等,因此,南面有太庙、社稷坛,有天安门、正阳门、永定门;有天坛、先农坛。北面是地,属水,主冬等,有玄(神)武门、地安门,城外有地坛。

紫禁城的色彩也有五行学说的理论根据。主色是红与黄,宫墙和殿柱用红色,红色属火,在南,天南,天朝之色,火,又喻光明正大。屋顶用黄色,黄属土,属中央,皇帝居中,皇城为天下之中。在红黄主色之内,又要把紫禁城的五行的丰富性显示出来,皇宫东部屋顶用绿色,东方木,属春,绿色。皇城北部的天一门,墙色用黑,北方水,属冬,黑色。单体建筑,其设计也参考阴阳五行的基本理论。藏书的文渊阁,是黑瓦黑墙,黑为水,以克火,利藏书。

走在紫禁城里,随着空间形式的出现和转换,展现的是一套中国的思想体系,反过来,只要你知晓这套中国文化的思想体系,甚至可以不用去看,一听所命之名,就可猜知它在什么地方。比如阜成门,一定是在西边,因为与秋收相关。又比如,体仁阁与宏义阁,肯定是一东一西。为什么呢?因为仁属阳而义属阴,义为什么属阴呢?仁是爱人,义是杀人,仁是用爱的方式去实现社会的正义,义是用杀人的方式去实现社会的正义。当人民拿起武器造反,叫做"起义",如果说"起仁"就错了。当有人讲哥们义气,一般都意味着要动刀子,或者是需要牺牲什么的。因此,可以说,懂得了紫禁城,同时就懂得了中国文化,反过来,只有懂得了中国文化,才能真正懂得紫禁城。

数理,也是文化思想的一个重要方面,当然也成了紫禁城中不可或缺的一个方面。在世界各文化中,都对数字进行祸福凶吉的编排。因此理解一个文化的数理,就从数的这一方面理解了此文化的规律。明清小说无论故事本身需要多少章回,小说的章回结构总是倾向于把故事总体定在一个完满的数目上。《西游记》、《金瓶梅》、《水浒传》皆一百回,完满之数。《红楼梦》、《三国演义》、《水浒传》(另一版本)皆一百二十回,完整之数。小说不是整数,一般都有其所依凭的深层意义。《红楼梦》据考证原为一百零八回,与三十六和七十二一样,是九的一个具有重要意义的倍数,也是组织群体时运用频率较高的数。被腰斩的《水浒》是七十二回。在数字的意义上,已使它成为一个完整系统了。《儒林外史》五十五回,五行之数。如果你写一本小说,来个六十七回这样莫名其妙的数字,大家就不知道你要干什么,肯定是有问题的了。人物群体也是靠数字显出一种文化的整体性。刘、关、张三结义,贾、王、史、薛四大家族,唐僧师徒四人、三国演义中蜀国的五虎上将、武侠小说中的五义、武侠小说中的七侠、《水浒传》里的七星聚义、宋朝故事中的八大王、杨家将中杨继业的八子、《红楼梦》里的金陵十二钗、梁山一百零八好汉……而且,如萧兵先生所研究的,很多人物群体由数字构成后有一损俱损,一荣俱荣的内在连带关系。如刘、关、张,梁山好汉,《红楼梦》四大家族,《金瓶梅》西门庆与七个女人共八口……故事的进展也由数字控制。俗话说好事不过三,事到三而成,成为一个文化中的数理套路。因此中国故事的进行,多用三:三打祝家庄,三打白骨精,三借芭蕉扇,苏小妹三难新郎,都是到三而成就其事。《红楼梦》三进荣国府,显出由盛而衰的过程,在这样一个文化的习惯中,如果事件的进程只写两次,就会被嫌少点,写了四次,又会感到略多。美国汉学家浦安迪研究出:《西游记》、《金瓶梅》明显的是每十回形成一个单元。一至九回,十至十九回,二十至二十九回……一般百回本的小说总是在五十至五十九回之间形成分界。《三国演义》虽是一百二十回本,也是这样,因此浦安迪猜测,《三国演义》可能有一百回本。另外,一般一百回本小说总是在第七十九或第八十回有一个大的转折。《三国演义》曹操死于第七十九回,①周汝昌先生也是根据中国文化数的规律来研究《红楼梦》,认为原书为一百零八回。这个整体的一百零八回又分为前后两扇,每扇各为五

---

① 参见:浦安迪.叙述学与中国古典小说.中国比较文学通讯,1990:1—4,1991:1—2.

十四回书文,形成一个大对称的格局,并以此为根据推出了八十回以后内容的情节进展。① 这方面的研究还有待进一步深入,具体的结论也还可以进一步讨论,但明清小说用了一套数的规律来规范、驾驭故事整体、人物群体和情节的发展演进,则是明显的。不管它运用于小说中具体地产生了什么样的艺术效果。它的功用可以被理解为一种传统的整合方式,把任何叛逆的故事、事件、人物都纳入一种可理解的天理运行之中。中国文化的数理规律,具体到京城建筑结构里,主要体现为皇帝所拥有的圣数:九五之尊。从思想上来讲,《周易》的卦象,阳为九,阴为六,易第一卦乾卦为龙,第五爻"飞龙在天"得位。从数字的文化内容来看,奇数属阳,偶数属阴。九是数字中的最大数,也是阳数的最大数,因此,九为最高最尊,皇帝作为人间的最高统治者,当然要占有九。但中国崇尚"中",以处中为尊。五处于数字从一到九的最中间。皇帝作为地上的最尊者,当然要占有九,作为天地间的最中者,当然要占有五。因此,皇帝是九五之尊。以最高为尊,九五成了皇帝的象征之数(图3-15)。

紫禁城中轴线上的皇帝用房,都是阔九间,深五间,合九五之数。大屋顶五条脊,檐角兽饰为九,九龙壁,九龙椅,角楼结构九梁十八柱,门上横九纵九共九九八十一颗钉。天安门城楼下的门是五,楼上列柱分出的空间是九。紫禁城内房间总数也传说是9999.5间。虽然现在统计出"故宫里殿、宫、堂、楼、斋、轩、阁总的间数

图3-15 帝王之数:(左)天安门门洞的九九八十一颗钉 (右)午门城楼开间为九
(资料来源:张法 摄)

---

① 参见:周汝昌,周伦苓.《红楼梦》与中国文化:下篇.北京:中华书局,2009.

是8707间"①,但9999.5间自明代以来就流传下来,而且那半间也坐实在清代存放《四库全书》的文渊阁阁楼的西边。这些传说突出的还是九五之尊的象征意义。

当然整个故宫以"九"为主调,同时又有两个方面的变化:一是整个故宫的等级整体,中轴线上是九五型的最高等级,包括前门、天安门、端门、午门、太和门,前三殿,后三宫;靠近中轴线的东西六宫,嫔妃们的宫室或靠近中轴线的大门、廊房、花园的景亭是第二等级;宫内官员的房屋是第三等级,以上三个等级的附属房屋为第四等级。就是在第一等级之中,也不全都是九,而是根据具体建筑在整体中的地位以及建筑群的整体性质而予以变化。比如最高大殿太和殿顶上的装饰是11:骑凤仙人、龙、凤、狮子、天马、海马、狻猊、狎鱼、獬豸、斗牛、行什,这个本来是面宽9间的大殿后来也被称为11间,大概与北方草原传统的最高数级有关,元大都的最高殿也是11间。前三殿里,太和殿11,中和殿7,保和殿9。后五宫里,乾清宫9,交泰宫7,坤宁宫9,正好突出了阴阳的不同,以及由不同而来的和谐。再如宫门上的乳钉,一般都是九九八十一颗钉,但午门左右掖门的门钉却是九行八列。因为午门为宫城的正门,正门中五道门,中间为帝门,两侧门为王门,两掖门为文武官员进出之门,特别予以突出,还有东华门也是九行八列。道理相当,东华门低于西华门,皇帝出入多走西华门而不走东华门,明代皇帝,除英宗复辟时从东华门进入之外,无一人由此门出入。嘉靖皇帝登基之时,礼部初拟让他从东华门入,到文华殿行太子礼,然后去奉天殿正式登位,嘉靖拒绝,认为不能从低等的门进入,最后是从大明门进入②。当然,这一解释也有一些问题。比如,午门门钉上,两掖门为官员进出而少一列,天安门与午门相同,两掖门同样为官员进出,为什么不少呢?这里应该还有一些更为精深的数理在其中。又比如,最高等级都是九,前门和天安门都属最高等级,但天安门以及以后的端门、太和门等的屋顶之九,在翘脊之顶尖还

---

① 葛忠雨.图说北京三千年.合肥:黄山出版社,2009:43.
② 刘畅.北京紫禁城.北京:清华大学出版社,2009:51—53.

有一个乘凤仙人,而前门的屋顶之九,却没有。而太和殿屋顶上的饰兽,要加上乘凤仙人才成为11。如果不算它,则饰兽为10(图3-16),因此,有学人认为太和殿饰兽不是11而是10,并用"十全十美"予以解释①。但考虑到太和殿9间被称为11间,殿高也是11丈②,因此屋顶饰兽为11更为合理(同样,天安门以及以北的午门等门楼的9,则不算前面的骑凤仙人),不但与间数与高度相符,也与阳数相符。因此,屋顶的饰兽怎么算,应有别的因素加入进来。整体的呼应是考虑的因素之一。再比如午门中部屋顶饰兽为9,两旁屋顶饰兽为7,一种对称美呈现出来。因此,数理在基本原则之上进行具体搭配而形成一首优美的乐章,在故宫里呈为非常有礼有理而又美学的体现。但无论怎样,可以肯定的是:数理成为紫禁城建筑体系的一个重要组成部分。

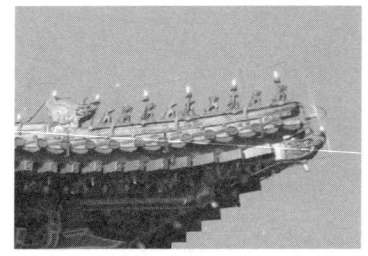

A.前门顶上饰兽

B.天安门顶上饰兽

C.太和殿顶上饰兽

D.保和殿顶上饰兽

图3-16 (以上资料来源:张法 摄)

---

① 关于太和殿的吻兽,两位权威学者说法不一:单士元.故宫史话.(北京:新世界出版社,2004:20)说是11;阎崇年.大故宫(武汉:长江文艺出版社,2012:76)说是10。
② (清)于敏中等编纂.日下旧闻录(一).北京:北京古籍出版社,1983:148.

中国的京城，内蕴着中国的带着宗教思想的天人合一的宇宙观，紫禁城是天上的中心紫微垣在地上的对应体现，是地上之中，内蕴着中国的气、阴阳、五行、八卦的宇宙结构原则，是宇宙规律的建筑体现；其建筑形式上的数理，正是中国宇宙的数理，中国社会的等级制以宇宙数理规律的形式体现了出来；中国京城需要如此的威严壮丽，因其是宇宙之中，中国的皇城需要如此的庞大美丽，因为它不仅是中国之中，而且是天下之中。这天下，不仅是华夏核心区，而且是包括四夷八荒在内的整个天下。只有理解了这一点，中国的京城何以成为世界各文化之最，才可以得到真正的理解。

同样，只有理解了故宫作为天下之中的意义，天安门体系后面的民族无意识的深层意义才透散出来。

四　天安门体系在改革开放后的演化

天安门体系与中国历史

　　故宫是古代中国的象征体系,天安门是现代中国的象征体系。天安门体系在故宫的前面,与故宫有着实体的和空间的关联。每当我通过天安门城楼下面有着九九八十一颗钉的门洞走向故宫的时候,就会想起二者的关联。

　　这一关联首先是一种历史的关联。中国历史可以从不同的角度去看,选取一种角度,就会呈现一种特殊的景观。从正规的历史视点来看,中国历史显出如下的景观:

　　18000年前的山顶洞人有了仪式证明了文化的开始,由此以下的10000年是一个空白。8000年前的岩画、陶器、玉器的出现,可以相当于由女娲、伏羲这两个符号代表的神话时代,且算做中国文化的正式开始。从8000年开始,正好每2000年一个大节奏。6000年前与仰韶文化、红山文化、良渚文化、大汶口文化等大致相当,是炎黄五帝时代(图4-1 远古帝王),出现共识中国;4000年前,夏王朝建立,开始了夏、商、周三代,形成了具有中央王朝的联邦中国;2000年前,秦王朝建立,形成真正大一统的中华帝国。从秦到清,是中央集权的王

图 4-1　远古帝王(左)伏羲　(中)黄帝　　　　(右)唐尧

(资料来源:张法翻拍古代图片)

朝时代。四个 2000 年,正好划分为四个大时代。记住 2000 年这一数字,就记住了这一中国古代的大节奏。女娲、伏羲、三皇五帝的时代,古籍记载未曾显示一个众所公认的线索,但考古材料却已呈一个大致的初貌。以 2000 年为一段,大概也符合原始社会的漫长演进过程。从夏开始,节奏加快,这时记住 500 年,就记住了从夏到秦的历史:夏,约 500 年(公元前 2070 — 1600);商,约 500 年(公元前 1600 — 1046);西周,约 300 年(公元前 1046 — 771)①,春秋战国,500 年(公元前 771 — 221)。这里只有西周是 300 年,由它进入春秋战国大变革的转折时代。进入秦以后,只要记住 300 年这一数字就行了。秦朝约 20 年(公元前 221 — 207)可以忽略不计,西汉约 200 年(公元前 206 — 公元 24),东汉约 200 年(公元 25 — 220),共约 400 年(公元前 206 年—公元 220),处于与转折相连时期,略多 100 年;魏晋南北朝,约 300 年(公元 220 — 581 年),隋朝三十多年,与秦同,可以忽略不计,唐朝约 300 年(公元 618 — 907);五代 60 年可以忽略,宋朝约 300 年(公元 960 — 1279);元朝约 100 年(公元 1271 — 1368),

---

① 夏商西周的年代引自:夏商周断代工程 1996 — 2000 年阶段成果报告. 北京:世界图书出版公司,2000.

少数民族第一次入主中原,有所变异;明朝约300年(1368—1644);清朝约300年(1644—1911)。整个古代史的历史周期节奏可列表如下:

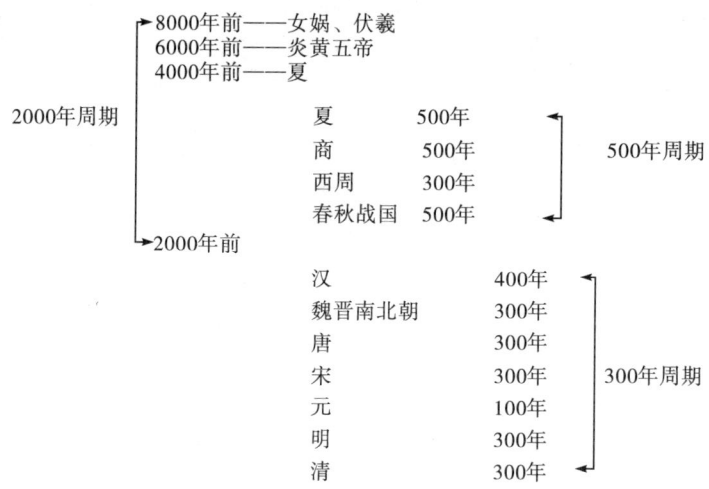

中国文化不间断的连续性一直是世界历史学之谜。当从2000年、500年、300年这三个数字显出中国历史的规律性和节奏感时,中国文化之谜又添上一层神秘的轻雾。不从正史本身,而从民族建筑象征来看中国历史,从表面上看就简单多了,呈现为一个三段式的历程:一是从远古空地中心到以宫殿为中心的建筑象征体系——《周礼》型的京城模式,二是这种《周礼》型的京城模式从形成起延续到清代紫禁城,三是从纸上的南京首都规划到现实中天安门体系的完成。当然这三个大段又有自身的发展、变化、演进,比如,从远古空地中心到夏(以二里头为代表)、商(以殷墟为代表)、周(以岐山宫殿遗址为代表)的宫庙中心,像前面所讲,有一个从空地中心到坛台中心到屋宇中心、屋宇中心又有一个从祖庙中心到宫殿中心的过程。这一过程历春秋战国秦汉才最后完成①。又比如,从《周礼》京城理论的出现到现实的京城向理论的理想模式演进,也经历了一系列的过程:其一,从城市的坐西朝东到坐北朝南的转变,到东汉的洛阳及南北朝才最后完成;其二,从多宫制到单宫制的转变,这一转变在

---

① 参见:张悦.周代宫城制度中庙社朝寝的布局辨析.载:城市规划,2003:1.

魏晋南北朝时期完成;其三,从居住区与贸易区分离的里坊制到二者交汇的厢坊制的转变,体现为秦汉唐到宋明清的不同。① 尽管有这些不同,但由《周礼》规定的京城模式从先秦到清代,又是基本稳定的,其变化,都是在坚持基本理念和基本原则基础上的与时俱进。两千多年中国文化的稳定性、规律性、节奏性,使得中国的文化特征非常突出,从而中国文化性质与京城模式的关联非常清楚,本书第三部分已经较充分地显示了这一点,从中可以体悟出很多东西,对本书来说较为重要的是:京城模式与中国文化对自身的定义密切相关。自从1840年中国进入现代性以来,中国文化对自己的定义是不断变化的,前进路线也是不断变化的,从宏观上看,仍然显出一种有规律性的节奏。基本上是20年一次大的变化:从1840年鸦片战争开始的现代性,过20年,是19世纪60年代开始的洋务运动,再过30年,是19世纪90年代的维新变法;过20年,是1911年辛亥革命;过约20年,1927年是北伐战争和南京国民政府成立;过约20年,中华人民共和国成立;过约20年,1966年"文化大革命"开始;过约10年,1978年共产党十一届三中全会宣布改革开放路线,过二十多年,2001年,中国正式加入世界贸易组织(WTO),准备全面融入全球一体化。

在现代性的历史节奏中,有两次节奏异常:一是从洋务运动到维新变法,比基本周期长了10年,这是中国文化从传统向现代转化的阵痛年代,是延续了数千年的中国文化本体论遭到彻底否定的年代,现代性从洋务运动的军事现代化时代进入维新变法的体制现代化时代;二是"文化大革命",比基本周期短了10年,这也是关键的年代,革命模式先走向顶峰接着走向极端继而走向转折的年代。

古代中国与现代中国在自身的存在中,都显出了一种时间上的周期性规律,但古代中国在周期性的时间节奏中,展开的是一个基本不变的理想,而现代中国

---

① 关于古代京城的这三项变化,参见:杨宽.中国古代都城制度史研究.上海:上海人民出版社,2003.傅崇兰等.中国城市发展史.北京:社会科学文献出版社,2009.

在周期性的时间节奏中,呈现了不断变更具体路线的趋势,然而无论具体路线怎么变化,其走向现代性的总体目标不变,力争上游赶超世界先进的雄心壮志不变。正是从中国现代性总体目标不变和具体路线多变的二重矛盾中,可以去体悟天安门体系,以及由天安门体系所决定的京城模式与中国现代性总体目标的关系,和随着具体路线改变而出现的象征体系和京城模式的变化。

天安门体系与时代观念

前面说过,《东方红》这首唱遍了黄河上下、长城内外的歌曲突出了共和国初期以塑造一个伟大领袖为核心的意识形态的本质,天安门体系就与这一意识形态建构紧密相关。中国建筑学的泰斗梁思成,有第一流的建筑学眼光,有非常深厚的中国传统素养和对中国文化的热爱,还内蕴着同样深厚的世界胸怀和现代素质。然而,他对中国现代性革命阶段的性质、对共和国初期的意识形态本质缺乏足够的认识,使得他这个在中国建筑学上最高水平的权威在重建北京、重建民族建筑象征体系的建筑问题上,一而再、再而三地遭受"失败"。

1950年的"梁陈方案"没有考虑到游行仪式,特别是没有考虑到游行仪式中塑造领袖的建筑功能和空间尺度问题。梁思成反对天安门作为新的政治/民族/国家中心,但没有用一个具有领袖尺度的新中心来与之竞争。在一个极端重视政治的时代忽略了最基本和最根本的政治需要,既没有想到用最根本的政治理据来支持自己的建筑方案,也没有想到用自己的建筑方案去支持最根本的政治需要,这就注定了"梁陈方案"在与天安门体系的竞争中,必然要被否定(而且果然被否定了)。1952年,梁思成反对拆除作为天安门旧广场东西边线的长安左门和长安右门(图4-2),理由只是保持文物(在当时是最弱的理由),而没有想到拆掉两门,游行队伍更加宏伟,一种塑造领袖的空间尺度得以完整化,而这在当时是最强的时代趋向。在强大的时代巨流面前,梁思成又一

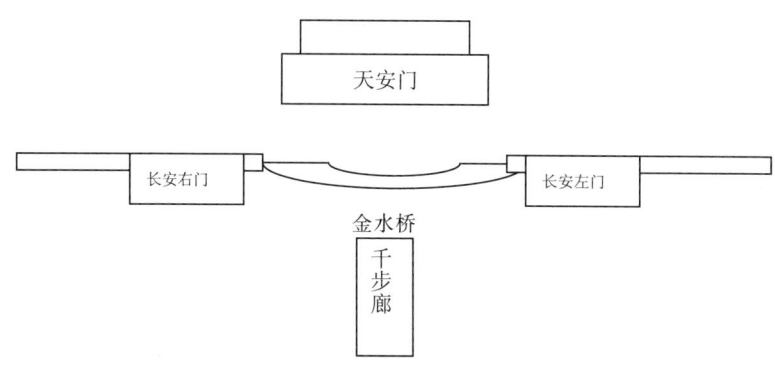

图 4-2 新中国成立初期的天安门（资料来源：张法按主题编绘）

次"失败"了。

1959 年建人民大会堂，梁思成不赞成已定方案，认为对共和国具有重要实际功能和象征意义的建筑，在艺术风格上的优先秩序应该是：一、中而新，二、西而新，三、中而古，四、西而古，而中选方案是西而古，师法了西方文艺复兴之古，①属最差等级。如果说，这种等级排列放在整个天安体系中尚可以讨论，那么，他反对这种西而古的建筑学理却正表明了他对时代精神缺乏领会。他说，人民大会堂的立面类似罗马的圣彼得教堂，开间、层高、门、窗、户、壁都用大尺度，是显得伟大、庄严、隆重，但人进去以后，却显得渺小了。在梁思成看来，圣彼得教堂是失败的，是一个古代的错误，人民大会堂犯了相同的错误，是一个现代的错误。正是在这一点上，一方面显出了梁思成内心的人文精神和现代意识，另一方面又暴露了梁思成欠缺历史意识和"政治觉悟"。让建筑物显得高大，让人进去显得渺小，既是基督教意识形态塑造"救世主"的主动追求，也是共和国初期意识形态塑造"大救星"的主动追求。还是 1959 年，为完成天安门体系扩建改造天安门广场，在十个方案中，最后确定了一个空间尺度最大的方案：东西宽 500 米，南北长 1090 米，面积 54 公顷。这是一个全世界具有最大

---

① 这里，梁思成举例不错，但用词有误。人民大会堂有更多基督教的灵气和巴洛克的精神。

空间尺度的广场,可供50万人进行集体活动,可通过120路纵队游行队伍。梁思成又是这个巨大广场的对立面,他仍然是从人与广场的尺度去看问题,空间如此巨大,显得空旷,不合乎人的比例,人走进去像进入沙漠一般,会感到自己的渺小。在梁思成的心里,恐怕包含了两个对比:一是与中国传统建筑尺度的对比,一是与西方古典建筑尺度的对比。

先看中国古典建筑的尺度。中国建筑,尺度标准取自人体:"布指知寸,布手知尺,舒肘知寻。"(王肃编《孔子家语》)"人形一丈,正形也。"(《论衡·气寿》)以人体(丈=十尺)为标准,形成中国建筑的十尺为室,百尺为形,千尺为势的比例尺度,即在群体建筑中,单体建筑最小单位(室)是10尺(=1丈即人是长度),所谓"丈室容身"。最大的单位是百尺(=10×10尺=10丈即23~35米为率),所谓"百尺为形"。在群体建筑中的每单体之间的距离,最大单位是千尺(=10百尺),这是人的感知视知的最大尺度。因此,中国建筑尺度根据具体的情况分别采取小(十尺为室)、中(百尺为形)、大(千尺为势)三种尺度。小尺度(十尺)用于私人室内和具有私人性质的空间,如园林,"中国古典园林的游廊,多采用小尺度的作法,廊子宽度一般在1.5米左右,高度伸手可及横眉,坐凳栏杆低矮,游人步入其中倍感亲切……如苏州的网师园、北京颐和园中的谐趣园、北海的画舫斋等的庭园空间尺度基本上都是符合这些视觉规律的"[①]。(图4-3)中尺度(百尺)用于公共空间。这是人既体会到对象的高大可尊但又不至于把握不住的尺度,中国寺庙基本上都是这一尺度。"百尺为形"体现的正是中国宗教的人间气息,而且无论寺庙与宫殿,内部空间都在人间感的尺度之中的。"千尺为势"的大尺度用于崇高的空间,如紫禁城。但这种尺度是人体既能感到对象的坚实存在而不会失去对象的最大尺度。紫禁城的单体建筑的高度,除了午门从地至脊吻高37.95米,太和殿35.05米,所有单体建筑都在35米以下。以近观视距看,东西六宫的绝大多数庭院,通面阔,通进深,都在35米限内。"在远观视距构成上,紫

[①] 杜汝俭等.园林建筑设计.北京:中国建筑工业出版社,1986:77.

图 4-3　颐和园内谐趣园中的房屋体现的十尺为室　　图 4-4　故宫太庙中的千尺为势

(以上资料来源:张法　摄)

禁城的整个平面布局除东北、西北城外角各至东华门、西华门距离过大,为仅有特例外,其余所有广场、街巷或相邻单体建筑的间距,以及城台、城墙各段落之长最大也只在 350 米左右",①遵循了"千尺为势"的法则。(图 4-4)

再看西方古典主义尺度。前面说过,古罗马维特鲁威《建筑十书》讲了神庙、绘画、雕塑都是按照人体比例而来。现代建筑家勒·柯布西把由人体的三个基本尺度,借助黄金分割而引申出来的一些要素建构成体系。三尺度是人体的三高度:1. 自地面至脐部,2. 自地面到头顶,3. 自地面至举臂指端的高度。对西方来说,人的平均高度取 6 英尺(1.83 米),脐部正好是从地面到举臂的指端的一半,地面和脐部之间的距离和头顶之间的距离成黄金比,从头顶到举臂指端的距离和从脐部到头顶的距离之间的比例与前者相似,并成中项比例。这些尺度决定了建筑是以人为尺度,其范围在精神上类似于中国建筑从"方丈为室"到"千尺为势"这一范围。正如亚里士多德所说:"一个美的事物,不但它的各个部分应有一定的安排,而且它的体积也应有一定的大小。非常小的

---

① 王其亨.风水形势说和古代中国建筑外部空间设计探讨.载:王其亨主编.风水理论研究.天津:天津大学出版社,1992:128.

图4-5 波斯巨形雕塑　　　　图4-6 布拉格大教堂

（以上资料来源：张法　摄）

事物不可能美,因为我们不能清晰地感知它,非常大的事物也不可能美,因为我们不能一览而尽,看不出它的整体性。"

梁思成的建筑美学基本上就是建立在以上所说的中国古代的人文传统和西方古典的人文传统之上的。但是他忽视了另外一种在历史上同样影响深远的建筑美学。这就是从埃及神庙、波斯帝国的巨型雕塑（图4-5）、哥特式教堂（图4-6）、巴洛克建筑,到前苏联建筑中不断地涌现出来的拥有巨大空间尺度的建筑力图创造一种崇高感的美学。在世界历史上,创造宗教的神祇和神化现实的领袖都是运用的崇高的美学尺度。在中国现实中,伟大的领袖形象同样是要通过也只有通过具有巨大空间尺度崇高风格才能完成。天安门城楼与广场游行队伍之间的尺度,是一种创造崇高的尺度,巨大的天安门广场正是这样一种崇高尺度。当梁思成说,人走进巨大的天安门广场,如进了沙漠一样,感到渺小,这个作为主词的"人",是一个具有个体感受的人,类似于中国古代的士,可以在"修齐治平"的政治境界、"孔颜乐处"的隐士境界、"吾与点也"的自

图 4-7 天安门广场形成的人民的尺度

(资料来源:《长安街:过去、现在、未来》)

由境界之间进行选择;也类似于西方文艺复兴以后的有着自由选择的个人,独自面对周围的世界,按自己的方式选择命运、以自己的方式去承受命运。然而,天安门广场本就不是为这种具有个体感受的人而设计的,进入天安门广场的人,应是一个放弃个性,融入一个巨大集体,通过成为集体的一员而获得集体统一意志的人。用一个正确的术语说,天安门广场不是为单个人而造的,而是为人民而造的。人民放弃了个性,获得了共性,形成了一种巨大的力量。因此天安门的巨大尺度,是为了人民形成统一意志的尺度,是形成了统一意志的人民的尺度(图 4-7)。天安门广场上形成一个巨大统一体的人民与天安门城楼上的领袖形成了对应关系,是领袖集合了人民,唤醒了人民,给了人民统一的意志,给人民指出了前进方向,人民在得到了领袖的指引后,更加精神振奋、意气风发、斗志昂扬、信心百倍、鼓足干劲,力争上游。

自 1840 年鸦片战争以来,中国以一个又一个的失败和屈辱被拖入全球的现代性之路。从那时起,中国就是一盘散沙。有着千年辉煌的中华民族,在清王朝的一败再败中,是多么渴望崛起,渴望新生,渴望有一种力量、有一种思想、有一种精神,把一盘散沙的中国人凝聚起来,统一起来,自立于世界民族之林,走向民族的伟大复兴。于是有了曾国藩、袁世凯、孙中山、蒋介石……乱哄哄,你方唱罢我登场,最后,中国出了个毛泽东,在一个农业的国土上,把千百万一盘散沙的农民组织成了一支具有铁的纪律的革命军队,并以这支农民为主体的军队夺取了政权。在"文化大革命"中,全国上下,党政军民学,东西南北中,都被改造成了具有统一意志、统一纪律、统一行动的统一体,在这个统一体中,能看到的,就是领袖、人民、力量、前进方向。

天安门体系以一个巨大空间尺度之广场的完成,使共和国前期的基本理念——领袖、人民、力量、前进方向——得到了最充分、最感性、最美学的呈现。

天安门体系的中心变换

1971年9月13日发生的林彪事件,时间临近"十一",使新中国成立21年来年年举行的国庆游行无法进行,于是改为国庆游园。对于停止国庆游行来说,林彪事件是一个偶然事件,但这一偶然事件因包含了丰富而巨大的历史内容而成为一个历史的关节点,特别是在民族建筑象征的仪式形式上更是如此。作为游行仪式代替物的游园活动,从起因上说,是一个权宜之计,从形式上说,它够不上一个民族的仪式象征,最主要的是,它与天安门体系是脱节的。从1971年起,民族象征经历了一个因仪式象征空缺而出现的建筑象征与仪式象征分裂期,也可以说是重寻新的建筑/仪式统一的探索期。而仪式象征的真正获得,是与中国现代性的重新定义相关联的。随着1978年中国共产党十一届三中全会改革开放路线的确立,同时在寻求着仪式象征的形式。已完成的天安门体系在建筑实体方面是不好改动也无须改动的,可以改变的是两方面,一是意义重释,二是与意义重释相关联的仪式形式。回想远古时代走向京城模式的关结点,空地、坛台、宗庙、宫殿,后者并不需要否定前者,只需对前者重新进行意义阐释,给予新的定位就可以了。因此,天安门城楼墙上正中的毛泽东画像仍在,但其意义,是一个共和国建国者的意义,他使中国人民站起来了,而不是一个永远正确的领袖的

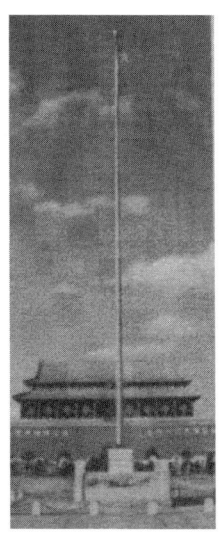

图4-8 最初国旗

（资料来源：路秉杰《天安门》）

图4-9 改革开放后的国旗基座

（资料来源：张法 摄）

意义。与这重释神圣中的消解领袖相适应，在天安门前广场正北，重建了国旗中心。天安门体系的意义中心从天安门墙上的画像，移向广场上的国旗。一方面游行仪式被停止，另一方面升旗仪式被强化。这一中心转移思路从1982年正式出现，其标志是升降国旗的专职团队的出现，到1991年正式定型，其标志就是1991年改建升旗仪式的建筑形式和国旗护卫队的正式命名等一整套制度的确定，极大地提升和突出了升旗仪式的象征意义。

天安门前的第一柄旗杆和基座（图4-8）建于1949年，坐落在天安门广场中心轴线的石板道上，在长安街南侧，广场北侧，北距天安门城台根部185米。"底座是3米见方的钢筋混凝土墩，四周绕以汉白玉石栏，每面一间，望柱间设云拱瓶形花板，旗杆根部亦用汉白玉石做成带覆莲纹的夹杆石形式，平面呈正方形，900毫米×900毫米，高2米余。为显示其庄严性，另在汉白玉栏杆之外

四 天安门体系在改革开放后的演化

再加低矮的混凝土方墩,每面5间,以铁链系之,约10米×10米。"①1991年2月重建升旗仪式建筑形式,与以前相比,不同之处是,钢筋混凝土墩台改为三层,旗杆插入部分做成传统的夹杆石样式,四周绕以汉白玉石栏,围栏三间四柱,6米见方。四出陛阶三级。建筑实体形式基本没变,但更精致。特别明显的是,旗杆两旁站有国旗卫士(图4-9)。天安门广场的升降国旗,共和国成立之日1949年10月1日毛泽东主席亲自按下电钮升起了第一面五星红旗,从1949年10月1日至1950年底,升降旗由北京公安纠察总队负责,但旗杆下的保证国旗升降的电机由供电局管,因此,1951年以后,任务转由北京市供电局主管,那时只有元旦、春节、五一、十一等重要大节日才升旗,1951—1976年具体升降旗任务由北京市供电局的一名工人师傅负责。改革开放在重思象征仪式的重建中,经历了三个阶段:第一阶段,1977年至1982年底,由北京卫戍部队的两名战士出任升国旗任务,过长安街要给机动车让道,两人一人引路,一人扛旗;第二阶段,1982年12月至1991初,原武警北京总队第六支队十一中队五班受命进驻天安门,成为专职的国旗升降和守卫团队,升旗仪式由此开始有了一套规范化的程序;第三阶段,从1991年初开始,以1990年10月1日颁布的《国旗法》为基础,重修升旗区,正式命名天安门国旗护卫队,并从1991年5月1日起实行新的升降国旗仪式。天安门广场升旗仪式被总结为五绝:"一绝:升旗。每一次,当擎旗手以优美的动作,在国歌奏响第一个音符时,将国旗展开抛出,到国歌的最后一个音符终止,都是2分07秒,国旗也准时到达30米高的旗杆顶端;二绝:护旗。国旗护卫队从金水桥行到国旗杆基的围栏,走的正步是138步,落地都是同一个声音,丝毫不差;三绝:敬礼。随着一声'敬礼'的口令,升旗手按电钮,护卫队行持枪礼,军乐队奏国歌都是同一个节拍;四绝:礼毕。国旗升到旗杆顶端与'礼毕'口令,36名托半自动步枪的卫士齐刷刷把枪放下,都是同一时刻;五绝:收旗。1990年通过的《国旗法》规定,升旗时,

---

① 路秉德.天安门.济南:山东画报出版社,2004:55.

必须将国旗升至杆顶;降下时,不得使国旗落地。为此,国旗卫士们在降国旗时,练就了过硬的收旗动作,当国旗在 2 分 07 秒的时间内降到国旗杆底座时,一名卫士迅速用双手将国旗托住,而后另一名卫士将旗面均匀地打成折叠状,此动作精确在 13 把至 15 把之间。"①到这时,天安门象征体系的仪式性质的转变过程,得到了基本的和实质性的完成。升旗仪式成为民族建筑象征仪式,并成为天安门体系的中心。每一天升旗仪式和国旗卫士全天候的守卫成了天安门广场的一道中心景观,每逢重大节日,特别是国庆节,天安门的升旗仪式通过现代化的视听网络而传至全国和海外,培养和强化了对新的象征仪式的感受和向往。每逢重大节日,当威武的升旗仪仗队迈着整齐有力的步伐,从天安门走出,跨过金水桥,迈向广场的时候,代表民族精神的象征仪式就开始了。

把民族象征中的仪式象征中心从游行仪式转为升旗仪式,既是一种性质不同而意义重大的改革,又显示了一种完美的继承,其中凝结的民族的政治智慧,像几千年前从坛台中心向宗庙中心的转变一样意味深长。一首共和国前期流行的由张振富作词、乔羽作曲的歌曲《雄伟的天安门》,道出了升旗仪式在继承性方面的功能:

  雄伟的天安门,

  雄伟的广场,

  第一面五星红旗升起的地方,

  打从这面战旗从这里升起,

  中国人民的心中,

  从此充满阳光,

  从此充满阳光。

---

① 林博专.天安门广场庄严升旗仪式的历史变迁.载:国防知识报　转自:http://news.163.com/05/1010/11

这首乔羽作词,梁克祥谱曲的歌共有三段,后两段是——

雄伟的天安门,
宽阔的广场,
领袖检阅革命队伍的地方,
每当我们从这里走过,
也会感到胸怀宽阔,
胜过海洋,
胜过海洋。

雄伟的天安门,
壮丽的广场,
各族人民纵情敬仰的地方,
虽然我们住在祖国各地,
颗颗红心都朝着这个方向,
都朝着这个方向,
都朝着这个方向。①

歌的第二段,是已经过去的共和国前期的情景,一、三两段,在改革开放之后,仍然适用,而且可以用来显示天安门广场的新变化,用"国旗崇敬"来取代"毛主席登上天安门人民心里亮堂堂"的"领袖崇拜"。当然,在改革时代,升旗仪式有着更为丰富更为开放更为崭新的内容。而从一年 365 天升旗时间的规定中,又透出了升旗仪式与中国古代文化的关联和与现在世界文化的关联。

---

① 薛明编.革命歌曲精选 212 首.成都:成都出版社,1991:148—149.

"天安门广场国旗升降时间是依据每天日出和日落的时间来确定的,每天早晨:当旭日东升,太阳的上部边缘与天安门广场所见到的地平线相切时,即为升旗时间;每天傍晚,夕阳西下,太阳的上部边缘与天安门广场的地平线呈水平时,即为降旗时间。每年从1月11日到6月22日,升旗时间由早晨7点36分逐渐提前到凌晨4点36分,平均每天提前1分钟左右。从6月22日到12月30日,升旗时间由凌晨4点36分逐渐推迟到7点36分,平均每天延迟1分钟左右。而12月31日至1月10日之间及6月7日至6月21日之间,每天的升旗时间恒定在7点36分和4点36分。降旗时间同样也分别为逐渐推迟和逐渐提前两个阶段。如遇雨雪天气,每天升旗和降旗按推算时间表进行。"[1]

天安门还是天安门,100年前,它是紫禁城的一部分,今天,它是广场的一部分。100年前,清朝官员看到天安门,是要怀着敬畏之心,肃穆地通过它到太和殿去朝见皇帝;40年前,人们盼望着在这里接受伟大领袖的检阅;今天,人们希望能在这里看一次五星红旗与太阳一道冉冉升起。

天安门,既作为古代故宫的一部分,又作为现代天安门体系的核心,既表征了传统的延续,又体现了历史的更新。天安门前的仪式,从共和国前期的接受领袖检阅的游行仪式到改革开放之后的升旗仪式,既体现了两个历史阶段的不同,而这两个历史阶段又有着共同的东西。两个仪式都是在天安门进行的,都共同地体现着天安门的雄伟庄严,都由以天安门为中心的天安门广场的建筑整体彰显出来。比如,游行仪式仍然存在于天安门体系的国家仪式之中,只是用了另一种形式,具有新的意义。

---

[1] 路秉杰.天安门.济南:山东画报出版社,2004:55—56.

天安门广场与节庆象征仪式在新时代的变化

改革开放的时代一定会要求符合新思想的节庆象征形式,在重塑与天安门体系相适应的节庆象征体系的过程中,呈现出5个方面演进:升旗仪式、联欢形式、检阅和游行仪式、祭奠仪式、广场转意。在这5个方面中,前4个方面都与节庆仪式相关,后一方面与建筑象征相关。先看前4个方面。

首先,升旗仪式经过十多年探索得到定型,到目前为止,是象征仪式中最为成功的一项,并成为象征体系的核心。

其次,是重大时刻在天安门举行的以大型阅兵为主的大型游行仪式。自1984年以来,共举行了三次,1984年、1999年、2009年国庆节,邓小平、江泽民、胡锦涛检阅三军,观看游行。三位领导人在各自领导国家的十多年中,都只举行了一次这样的仪式。最高领导观看游行虽然是在天安门城楼上,检阅三军却是走下城楼,登上军车。改革开放后的阅兵和游行与共和国前期的阅兵和游行不同之处在于,在共和国前期,游行是主要的,阅兵是次要的;在改革开放时期,阅兵是主要的,游行是次要的。观看游行是在城楼上,阅兵是在长安街上。共和国前期的游行队伍通过天安门,有领袖挥手和群众欢呼万岁的相互应答,迎合着建筑的俯仰结构。改革开放后的游行由于意识形态的制约,没有了这一欢呼,俯仰结构的美学功能被转义为一般的观看。这里仪式行为和观念内容之间的重新契合,尚在探索之中。逢十大庆的仪式互动主要体现在阅兵仪式之中,从检阅者和被检阅的互动口号中体现出来:

  检阅者:同志们好!
  被检阅者:首长好!
  检阅者:同志们辛苦了!

被检阅者:为人民服务!

如此反复,套话了一点,极有军威而略少激情,大有威仪而稍逊动心。从历史与未来观之,检阅和游行,虽呈现出对过去游行的一种纪念性缅怀,但如何在此基础上创造适合新的观念内容的形式,却还在探索之中,还有巨大的改进空间。不过,从已成定式的时间周期来看,阅兵和游行十年才举行一次,从而更多地作为一种标志和一个亮点而进入节庆象征体系之中,但不能发挥象征体系如升旗仪式那样常规性功用。总之,阅兵与游行,作为象征体系的一个部分,在周期、形式、内蕴、释义等多个方面,都尚处在探索的过程之中。

再次,国庆联欢。1984年在重启阅兵仪式和游行仪式的同时,国庆之夜,在天安门广场上举行了各行各业各族人民的大联欢活动,国家领导人则在天安门城楼上,倚桌而坐,相互谈笑,同时远观和感受广场上的联欢气氛。阅兵仪式到目前为止是逢十举行。而游行在20世纪后20年中,不仅是逢十举行,而且逢五也举行,共举行了四次:1984年、1989年、1994年、1999年。联欢是与游行配套进行的。共和国前期国庆之夜也有联欢,但没有成为一个重点。而改革开放后游行次数的减少,同时也是联欢次数的减少,联欢就被突显了出来。由于意识形态的变化,天安门城楼上党和国家领导人家庭茶会般地坐在桌旁,谈笑着,上看天上的焰火,下观巨大广场上的群众联欢活动,少了政治性的庄严感,多了与民同乐的亲和性。而天安门广场上的联欢人群,在夜幕和焰火之中,看不见天安门城楼上的领导们,成为各个团体各自为阵的自娱自乐,虽然各自的联欢活动是经过精心编排的,但各团队之间,广场与城楼之间,由于具体的时间和空间的限制,没有也无法互动。从而这一形式要进入国家的节庆象征体系,还在探索之中。而到新世纪之后,国庆之夜的有组织的广场大联欢,就不再进行了。从逻辑和现象上看,当进行有组织的国庆联欢之时,天安门广场周围是戒严的,当有组织的国庆联欢不再进行时,国庆之夜,天安门广场就成了人民群众自由进出的海洋,来自祖国四面八方乃至世界四面八方的人们,自由地来到天安门广场上,整个广场在国庆的夜幕中,充满了欢声笑语,洋溢着节日气氛。因此,也可以说,天安门广场的联欢仍在进行,只是暗换了一种形式,由有组织的联欢变成了生活型的联欢,当然,这种生活的自由的自然的流动之欢,已经不是节庆仪式体系的部分了。

最后,碑前献花。2008年国庆,开始了一种新的仪式,当时的中共中央总书记胡锦涛与中共中央政治局全体成员,以及中共中央,全国人大常委会,国务院,全国政协,中央军委,各民主党派、全国工商联和无党派人士,各人民团体,首都各界群众,中国少年先锋队,共五千多人,参加了向人民英雄纪念碑敬献花篮仪式。此仪式在2009年国庆没有举行,2010年国庆又以同一方式出现。此后年年举行,2013年新一届中央领导主持工作后,由习近平率领,继续举行,并对仪式作了一些精致化的修订。从这一趋势看,以后年年都可能举行这一向人民英雄纪念碑敬献花篮的仪式。

至此,改革开放后的节庆象征体系基本完成,主要由两部分组成:升旗仪式和献花仪式,以及逢十大庆加上阅兵和游行。回首望去,共和国初期的节庆仪式,以游行为节庆中心之时,天安门体系的仪式中心是天安门城楼。改革开放后,当从1982年开始到1991年定型的升旗仪式成为节庆中心时,天安门体系的仪式中心从城楼移到了广场上,当2008年开始到2010年定型的献花仪式成为节庆的又一中心时,仪式中心又移到了人民英雄纪念碑上。但这次并未否定升旗区的中心,而是双中心合成一个中心区,这一中心区在天安门广场。这一从天安门城楼向广场的中心移位,透出了中华民族在走向现代化道路中心理结构的无意识演进。节庆仪式中升旗仪式与献花仪式的并存,前者突出了共和国的伟大,后者彰显了中华民族迈向现代历程的伟大和艰辛。纪念碑是纪念中国自鸦片战争以来为中国现代性而牺牲的英烈,从而把眼光放到了一个更为广阔的视野上。

在节庆仪式演进的过程中,天安门广场的性质也在转变着。从1984年开始,实行逢五逢十的大庆,有升旗、阅兵、游行、联欢,但逢五逢十之外的普通年间的国庆,由于没有了阅兵、游行、联欢,天安门广场就被设计为一个供人游览的大

图4-10　2012年国庆花园似的天安门广场(资料来源:张法　摄)

花园(图4-10)。这儿有花坛鲜艳,那儿有喷泉水流,有各种园林雕塑,人物、动物、抽象形体,有五光十色的灯光设计,有各种音响设计,烘托节日气氛……一样重要的是在节庆期间,那自由来往、熙熙攘攘的人流,构成了一种可以与共和国前期的游行仪式相媲美的景观,如果说天安门广场的游行突出的是一个集体型的统一意志,那么天安门广场的游玩呈现的则是一种个人性的自由情味。也可以说,这就是通过对天安门广场的有意设计而产生出来的一种新仪式。天安门广场上的花园美景连同被这美景吸引来的往来人群,也与升旗仪式一道,通过国庆这天的新闻联播而传向全国各地的千家万户。

改革开放时代的游玩天安门广场与共和国前期的天安门广场游行,形成了一个有趣的对比。这一对比可以看成不同时代用不同的活动方式对天安门广场进行定义。

共和国前期的天安门广场是一个政治广场。中国文化从传统向现代的演化,在城市上的一个重要体现,就是城市中心的变化。古代中国的官本位等级制决定了城市的皇城中心(在京城)或衙门中心(在府县)。而现代城市的活力来自以现代工业为基础的商业活动。民国,作为政体变革的结果,无论它实际上要受多少本土因素的制约,在观念上是以现代政治为基础的,而且具有一种明显的模拟西方的痕迹。这两种因素都决定了对原有的政治中心格局的否定,而演变出了城市的二重中心风貌。一是商业中心。城市里最热闹的活动是商业活动,商业中心自然成了一座城市最繁华的中心地带。没有了古代制度束缚的现代运作方式使各种高大漂亮的建筑可以在商业区矗立起来,洋行林立的上海外滩成了上海最风光的地段。二是广场中心。广场,作为一种西方建筑形式,有两种基本含义,一是以政治为核心的公共空间,它的最初来源一是来自古希腊－罗马的政治空间,一是来自斯堪的纳维亚的露天会议。① 西方古代的民主制使重要建筑物如南欧神庙和会堂前的广场、北欧的露天帐篷,具有一种公共性。继而经中世纪以后在文艺复兴的意大利出现具有公共性与市场性的二重功能,法国的强大,广场在君主制和大革命中形成了政治－公共性意义,基本上构成现代国家象征性建筑的必要组成部分;二是现代交通(公路)的一个交汇处,它初兴于现代社会的城市结构,在美国的市镇结构中普遍流行,任何一个小小交汇处也取名广场。中国的广场中心主要来自前一意义。现代形式的市政厅(府)与民众的仪式性联系不像古代中国那样,由各行业人士到衙门内去叩见大人,而多以一种集会方式,让领袖人物当众亮相,以体现官民的民主式交流。因此不是市府建筑物而是广场成了城市布局的形式化中心,也可以说这是对西方文化从古希腊罗马到现代一脉下来的城市格局的模仿。中国城市在从传统向现代的演变中显出了有意无意走向广场中心结构的趋向。由外国所规划的城市,如青岛、大连、哈尔滨,一开始就呈出广场中心,另一些城市,如南通、重庆,虽无广场,却有类似广场功能的代替物,最大的商业城市上海无广场,但在1930年的大上海规划中设立了中心广场,民国首都南京,在1929年的首都规划中也有"极大之广场",共和国首都北京于1949年形成了广场中心。而未能形成广场中心的重要近代城市,如天津、武汉、广州、济南,都有历史、地理、人文等原因可寻。且列表如下:

---

① 参见:(美)迪耶·萨迪奇、海伦·琼斯.建筑与民主.上海:上海人民出版社,2006:8—12.

广场型城市

城市名称	广场类型	时间/变通形式/原因
青岛	广场	初始
大连	广场	初始
哈尔滨	广场	初始
长春	广场	初始
沈阳	准广场	形成许多小型街心广场
北京	广场	1949年后
成都	广场	1949年后
烟台	广场型	中心公园替代广场功能
南通	广场型	商会剧场替代广场功能
重庆	广场型	中心街口广场替代广场功能
南京	拟广场	"首都规划"设广场
上海	拟广场	大上海规划设广场
天津	无	一直无城市规划
济南	无	旧城与商埠并列未形成统一中心
武汉	无	三镇并列未形成统一中心
广州	无	行政区和租界两种建筑风格形成对峙

广场作为城市中心契合了街面（交通和交流更受重视）的重要性增长，平衡了中心建筑在高度上可能的劣势。它以空间上的有利位置和一定规模的空间形式永远强化着一个中心的提醒。广场中心的趋势由政治和交通两方面所支持，而这两方面都具有现代性质。共和国成立后，政治性高扬和统一性加强。现代城市的两大元素——政治与商业——政治得到了极大的突出，广场也在突出政治中成为政治性的广场，以天安门广场为样板，各个省会城市都有自己的中心广场，以天安门游行仪式为样板，各大城市都进行着以政治广场为中心的游行活动。

共和国前期，革命是中心词，与之相应的是政治性的天安门广场。共和国的改革期，经济建设是中心词，随着中国融入世界，20世纪90年代后的中国与世界的消费社会接轨，呈现出后现代消费社会的特征。天安门广场每到国庆时，就变成了消费社会中的万民同乐的大花园。用中国自己的词汇来说,它充满了新时代的安定、祥和、欢乐、幸福的气氛。天安门体系是共和国的中心,是共和国的象征,天安门广场的变化具有示范性,当天安门广场成为万民同乐的大花园的时候,各个省会城市的中心广场都由政治性广场变成了娱乐性广场,且不仅是节庆时成为花园,而是完全改建成一个可供一年365天里天天娱乐休闲的花园广场。

前面说,中国现代城市从传统城市蜕变过来后,有两大元素决定其结构:政治和商业,随着中国与世界一道向消费社会变迁,在中国城市里,政治向商业转变,商业向生活转变,所谓的消费社会是从历史变化的角度,从经济主潮以生产主导到以消费主导转变这一角度去看而予以命名的,如果把这一角度换成现象角度,不妨说,这是一个生活社会,政治和商业都生活化了,生活又审美化了。天安门广场在节庆时成为一个万民同乐的大花园,体现的正是这种生活审美化和审美生活化的时代潮流。正是在这一时代潮流中,不但政治性广场增加了生活气息,"广场"一词被广泛地用来命名新的公共空间和新式建筑物,全国各地出现的各种各样的"广场",没有一个是政治性的,不是商业型就是生活型或者文化型的。在天安门西面不远的西单,建立了一个作为新时代标志的首都时代广场(图4-11)。可以看成"广场"一词时代变迁的经典释义。这个具有"时代"性质的广场就是一个长安街边的充满着草地和花木,点缀着雕塑和艺术,具有形式美感的休息场所。而各省省会和直辖市的广场,无论本无广场而新建广场,还是本有广场而重新定义广场,都是相同的生活/休闲/文化的时代思路。且以长春的文化广场为例吧。从"伪满"时起到现在,这里都是长春的中心。而今,这一广场的时代新貌是怎样的呢?走进广场南面口上,你看到的被鲜花围绕着的妇女雕塑(图4-12),她面带微笑,双手张开托起飘柔的长发,充满了生活的情趣。妇女雕塑之后,可以看到一个由两旁花坛围着的宽阔的广场(图4-13),广场的中心是构成火炬型的两根巨柱。两根巨柱之间,站立着一个裸体男子,双手张开伸向天空(图4-14)。火炬柱后是一个水池,池边是一个横卧着的美人鱼雕塑。整个广场的塑形,花坛、水池、雕塑,呈现的完全是一种生活、文化、艺术气息。

图 4-11 首都时代广场(资料来源:《长安街:过去、现在、未来》)

图 4-12 长春文化广场南入口的妇女雕塑

图 4-13 妇女雕塑后的广场景观

图 4-14 长春文化广场中心的裸男雕塑

(以上资料来源:张法 摄)

四 天安门体系在改革开放后的演化

天安门广场节庆时期的花园化,不仅标志着中国社会中语言上的"广场"一词和现实中的广场功能在性质上的转化,而且内蕴着中国社会性质的变化,这一变化最明显的关联还不是在全国各地广场的变化上,而是与政治仪式并行的花园广场,决定了京城模式的变化。谈到京城模式,就不能只从象征体系的角度去看,而是一要从京城模式(或者用现代的话来说,从首都史)去看,二要从城市史(国外学界对京城的学术研究,主要从城市史的角度进行)去看。

五　天安门体系与京城模式

天安门体系与"梁陈方案"在核心理念上的异同

　　站在天安门前,总会令人浮想联翩。从现实的天安门城楼想到国徽上的天安门图案,心灵向民族象征体系的方向飞翔;从现实的天安门广场想到北京地图,心灵在京城模式的范围里游荡。由天安门体系所关联的民族象征体系,内蕴着现实、历史、文化的层层深邃,由天安门体系所定位的京城模式,关联着现实、历史、文化的种种难题。

　　现代的京城模式是怎样展开的呢?

　　我1982年来到北京,那时从动物园到中关村是一片片的农田,北京还只有二环路,三环正在修建之中,有一次,我骑自行车从北京大学到北太平庄,迎面而来又后退而去的,是一处处的田园风光。只有过白石桥,穿动物园,进西直门,城市的景观才展现开来。那时的北京城的空间范围,与古代北京和民国的北平,基本上是重合的。很快,20世纪80年代三环完成,90年代出现四环,新世纪初完成五环,而今(2010年)的北京街头卖的是有六环的北京地图。二、三、四、五、六环,环围何处?环围着天安门——现代北京的中心!

看着而今的北京地图,想一想现在的北京,有着怎样的一个结构?而这一结构又是由怎样的思路产生出来的呢?

有了天安门这一现代北京的中心,现代北京要发展,一个最自然的思路,无论是有意识还是无意识,必然是以天安门为中心一环一环地向外扩展。这一发展过程和方式被理论家批评为"摊大饼"。这是一个贬义词。这一"摊大饼"方式已经在最新一版(2004版)的首都规划中受到了理论否定,然而,二环三环四环五环六环形成大饼似的五个套环已经是现代北京的地理事实。北京的新发展,无论怎么规划,无论态度如何,都要荣耀地或无奈地面对这一事实基础。在这里,人们也许要想到环环相套的现代京城结构,与外城内城皇城宫城层层相套的古代京城结构的某种相似。当然,现代的京城模式不仅是一个层层相围的多层方环,虽然仅此一点就屡遭诟病。扩而巡望,且先看看京城模式有怎样的一个历史演进过程。

北京,作为现代中国的首都,磕磕碰碰曲曲折折地发展到今天,呈出了世界建筑史和世界城市史上最为奇特的演进景观:每当北京出现一轮新的发展,就会出现一次巨大争论,每次争论,少有理论上的结果,多为现实中的胜利。而现实中的胜利并没有真正巩固理论上的成功,只是为下一次的新争论埋下了火种和能量。这一次又一次的争论,往往令人重新回首一切争论的总基础,新中国成立之初的两个体系,天安门体系和"梁陈方案"。这两个体系,不仅是两个民族象征形式之争,而且是两个京城模式之争。

从京城模式的角度看,两个体系有什么样的差别呢?

在基本理念上,是如何看待古代北京与现代北京的关系。天安门体系把古代北京与现代北京结合起来,形成一个整体性的现代北京,"梁陈方案"把古代北京与现代北京区分开来,形成两个不同的北京。这一点包含着非常丰富又非常复杂还非常微妙的内容。天安门体系更符合中国型的思维,契合《周易》的曰生("天地之大德曰生")日新("苟日新日日新")思想,既有继承又有发展;"梁陈方案"更符合世界的现代思维,在现代的城市空间结构中,只有区分,方可双赢。天安门体系符合新的政治理念和社会理念:改造中国、改造北京。已经站立起来的中国人民的伟大和已经取得胜利的中国革命的伟大,在世界革命中具有非常重要的分量,一定要在世界面前展现一个具有历史厚度、文化厚度、现代厚度的新北京!"梁陈方案"契合既具有传统士人心态又具有世界美学眼光的美学情怀,雄伟的北京城,在世界城市、世界建筑、世界美学中占有非常重要的地位,一定为中国、为世界、为建筑、为美学、为文化保留一个让今人和后人惊叹不已、骄傲万分的古北京。

京城模式应当选怎样一个基本结构?具体来说,京城模式是一个中心还是两个中心?天安门体系把古代北京和现代北京结合在一起,形成一个中心,这里,既有过去的辉煌,又有今天的创新,是在一个中心的模式中重新安排古今,按今天的需要,把古今结合为一体的新北京。"梁陈方案"把古代北京和现代北京区别开来,并置两个不同的北京,古代的灿烂和现代的新貌,辉煌历史的完整保留和伟大革命的崭新创造。

在具体景观上(这一点可以归入基本结构,但强调的重点不同),是以一个中心为核心、以古今融合的方式来配置纪念性建筑、地标性建筑、景观性建筑,还是以两个中心,在区分古今的基础上,在古的范畴里,完整保留传统;在今的范围内,以古今融合的方式来配置新建纪念性、地标性、景观性建筑。

在基本理念和基本结构的结合上,天安门体系和"梁陈方案"都包含了当时中国的精英分子意识中和广大民众无意识中的现代北京的两个目标:第一,北京应当是一个文化古都:整个北京城要通过自己的空间结构和建筑形式来展现中华民族伟大而深邃的文化;第二,北京应当是一个现代新都:整个北京城要通自己的空间结构和建筑形式来展现一个伟大的民族在世界现代化的潮流中力争上游的雄心。只是天安门体系要把这两个目标以整合统一的方式体现出来,"梁陈方案"要把这两个目标以各自分离的方式体现出来。因此,天安门体系与"梁陈方案"的根本区别,不是最高理念上的,而是具体形式上的,在具体的京城模式的空间结构上,是整合还是分离,是一个中心还是两个中心。

图5-1 共和国初期天安门的建设

(资料来源：老北京网 http://bbs.obj.cc/)

但是，具体的结构又决定着最高理念是否得到完美的实现。现在已经知道由天安门体系决定的京城模式，在实施的过程中，让这一最高理念实现得不甚完美，已经承受到并还将继续承受质疑之论，泛起悔憾之情，乃至遭到攻击之语。

今天回头去看，这两个方案都有非常充分的理论、历史、现实的理由。北京城的历史发展一直是在这两个方案的激烈斗争中进行。一方面，天安门体系在共和国初期就取得了观念和元素上的胜利：开国大典的举行、人民英雄纪念碑的选定与建成、国徽上天安门图案的出台、1950—1954年对天安门规划的研究，天安门体系取得实质性胜利。1959年天安门广场的全部建成，无非是把早已取得的胜利的观念变成现实。自这时起，这一由在观念上取胜的天安门体系所决定的京城模式，就以战斗的方式摧毁着"梁陈方案"所拟定的京城模式的地理空间结构，"梁陈方案"的京城结构力主保留的旧城，正是当时天安门体系要予以大力改造和改变的，在精神上和现实中重赋新貌，并以这一新貌为整个京城的新模式和新发展定下基调。

另一方面，天安门体系又包含了"梁陈方案"中的一些要素。这些要素会因为与京城模式中相关部分的内在联系而得以保留（以历史文物的形式得以保留，故宫、天坛、颐和园），生出变异（以古代元素的方式进入个体新结构，人民大会堂黄绿相间的琉璃屋檐，20世纪80年代出现的白玉栏和高层上的大屋顶，如翠宫饭店，新世纪的首都博物馆），变相复活（以建筑主体构成主要境界的方式呈现出来），20世纪50年代的中等高度建筑中的大屋顶，即三里河的四部一会（图5-2 三里河大屋顶），20世纪60年代规划和实际建成的十大建筑中的大部分：北京火车站、民族文化宫、农业展览馆、友谊宾馆、中国美术馆……20世纪90年代的新东安市场、首都图书馆新馆、北京西站。

　　从这一角度看，在"梁陈方案"所设计的京城模式中，应当在新城区进行古今融合与古今配置，在天安门体系所决定的京城模式里，就在整个北京范围内（包括旧城）进行了。而这样的结果，是整个地改变了京城，而不是像"梁陈方案"所规划的那样完整地保留旧城。

　　历史吊诡之处在于，由天安门体系决定的改变京城的现实进程，从表面上看，是一种现代的先进的新思想（是西方的进化论和苏俄的革命思想的统一），实际上恰恰是一种标准的中国古代关于城市和建筑的应当进行变化的传统思

图5-2　三里河的大屋顶（资料来源：张法　摄）

想(即《周易》的曰生曰新)。由"梁陈方案"决定的对旧城进行完整保留的思想,表面上看,是一种守旧的、怀古的对中国文化无限眷念的旧思想,实际上恰恰是一种按照西方观念史和西方建筑史而来的保护古迹和保护文物的新思想。由天安门体系而来的京城模式,由于实际上是旧的,在中国人(包括领袖、专家和群众)无意识层面获得最大的支持;由于其表面上是新的,在中国人(包括领袖、专家和群众)的意识层面获得了最大的支持。而"梁陈方案",由于在表面上是旧的,遭到中国人(包括领袖、一些专家和群众)在意识上的反对;由于实质是新的,遭到中国人(包括领袖、一些专家和群众)在无意识上的反对。因此,两个方案的对立、矛盾、纠结、胜负,有着非表面所观所思而可言尽的深邃,里面内蕴着古今中外的绞缠,聚集着中国京城史和世界城市史、中国革命史和世界现代史、中国文化与世界文化、中国美学与世界美学的多重张力与纠结……

历史有趣之处在于,当由天安门体系决定的京城模式,一旦进入实施,就面对着一个又一个的困难,因为它的实施意味着包含政治、经济、文化、人口、交通、生活等诸方面的古代整体性的北京要变成一个现代整体性的北京。在人口、器物、交通上,北京的新旧之变,突出地表现为,要拆掉一些阻碍交通的城门、楼牌、城墙……这里,经受一次又一次的争论,这里的争论,实际上正是"梁陈方案"的两个中心,完整保留旧城和完整保留天安门体系,以现代为

图 5-4　20 世纪 50 年代德胜门

图 5-5　20 世纪 50 年代宣武门南侧

(以上资料来源:老北京网)

核心,让传统为现代服务之争。在天安门体系取得胜利之时,已经决定了,在面对这些困难和争论时,对城门、楼牌、城墙,为了新的京城模式的实现,"拆"字一定会也果然取得了一个又一个胜利。特别是在中国的大跃进风暴即将来临之时,"10年左右完成旧城的拆除改建"写进了1957年的《北京总体规划初步方案》之中,这一理念在相当程度上主导了共和国前期京城面貌的演进。

在大跃进和"文革"期间,激进思想曾经达到顶点。1958年9月,《北京市总体规划说明(草稿)》有这样的表述:"故宫要着手改建。"《规划说明》具体提出:"把天安门广场、故宫、中山公园、文化宫、景山、北海、什刹海、积水潭、前三门护城河等地组织起来,拆除部分房屋,扩大绿地面积,使之成为市中心的一个大花园,在节日作为百万群众尽情欢乐的地方。1959年,北京市城市建设委员会提出,可以保护'天安门以及故宫里的一些建筑物','故宫要改建成一个群众性的文体、休憩场所'。当年北京市城市规划管理局的建筑师陶宗震后来回忆当时一位局领导的发言时说:'他说,为什么不能超过古代?天安门可以拆了建国务院大楼,给封建落后的东西以有力一击!'"1966年5月,'文革'爆发。1966年5月23日,泥塑'收租院'展览在神武门城楼开幕,后移至故宫奉先殿继续展出。为此在1966年6月至7月,将奉先殿工字形大殿改为长方形。毛泽东像被挂于奉先殿内,殿前清代祭祖所用焚帛炉,被认为与展览内容不符而拆除。1966年8月3日,故宫城隍庙内泥塑神像11座、泥塑马1对被毁;8月16日,除'收租院'展览外,故宫其余各处均停止开放,实行闭馆。故宫博物院大理石门匾,被纸盖住,墨笔大书'血泪宫'三字;神武门外砖墙上,'火烧紫禁城!''砸烂故宫!'的大字报贴出。故宫'整改方案'随即出台。顺贞门、天一门、文华殿、乾隆花园内的门额被摘,中和殿宝座被拆。整改方案就是要在太和殿前竖立两座大标语牌,一东一西,高度超过38米高的太和殿,用它压倒'王气';太和殿宝座要扳倒,加封条;在宝座台上塑持枪农民的像,枪口对准被推翻的皇帝。此外,方案还要将中和殿改建为'人民休息室',把一切代表封建意识的宫殿、门额全部拆掉,等等。"①当然,这一思路由于种种原因终未成为现实。改革开放之后,旧城保护的思想有了自己的声势。历史文化名城是北京之为北京的一个重要因素。保护传统的历史文化名城和走向现代的现代国际都市达到了一种平衡。

其实,由于天安门体系本身就包含了对传统的保护(以天安门为中心而不是以人民大会堂为中心本身就内蕴着对传统与现代之间的态度)。因此每一次"拆",天安门体系在实现自己的京城模式时,自身也内隐着难以言表的惶惑和反省,虽然这一惶惑和反省有着非常多样、复杂、绞缠的内容。因此,由天安门体系而来的京城模式,在冲向自己目标的光荣、艰难、曲折的过程中,经历了一次又一次北京总体规划的制定和重新制定,然而在最后两次的总体规划中,"梁陈方案"的主导思想,又浮现了出来,这就是在 1992 年总体规划(1992 — 2010 规划)中提出的从城市整体格局上保持首都这一历史文化名城和在 2004 年的总体规划(2004 — 2020 规划)中提出的"两轴、两带、多中心"中的"多中心"。于是,在 20 世纪 90 年代以后,一方面,可以看到,梁思成大力提倡和竭力保卫着的东西,在共和国前期被拆的东西,开始一一地被复建或复修:城楼(如永定门城楼)、楼牌(如东四楼牌等)、王府(如恭王府等)、庙宇(如历代帝王庙等)、山门(如白塔寺山门等)、胡同(如南罗鼓巷胡同等)……

当然这复建或复修出的东西,以及在新的京城整体中的意味,在整个新的时代中的意味,也与梁思成心中的景象有很大的不同;另一方面,梁思成的两个北京两个中心的理念,以另外的形式开始重新插入新北京的总体面貌之中,这就是二环以内的以历史文物为主的北京和二环以外的以现代建筑为主的北京,以及"多中心"在理念上的出现和在现实中的行进。当然,新出现的两个北京和多中心与梁思成心中的两个北京风貌有极大的不同;但总的说来,北京总体规划,经

---

① "文革"故宫整改方案:中和殿改为人民休息室.星岛环球网 www.singtaonet.com 摘自:瞭望新闻周刊.

过曲曲折折的演进之后,好像是正在接受"梁陈方案"的基本思想。然而,在天安门体系型京城模式经过五十多年的推进之后,一方面,一个中心的格局已经完全形成,具体体现在2004年总体规划中指导思想的"两轴"里。在两轴的已成格局和巨大优势里,多中心要真正成为现实,如果不是不可能的话,至少也是非常艰难的。另一方面,传统与现代、中国与世界交融一体的空间格局在北京已经完全形成,在一次又一次的建筑新潮中不断地形成自己的面貌,"梁陈方案"的根本而具体的区隔新旧北京的思想,业已成为永不复返的历史。

更为宏观地看,天安门体系型京城模式的一个中心及其现代演进的两轴,是中国文化京城模式悠长传统的现代演进,而多中心的京城模式是世界现代化以来都市模式的新型。世界城市史的演进,在20世纪末,已经进入"世界城市",天安门体系型的京城模式要在世界政治史/经济史/城市史上力争上游,意味着新时代的京城一定要考虑世界城市史的框架。而这正是当代"梁陈方案"的主要背景。

正是在这里,新中国成立以来京城模式演进的深邃又一次透显出来。

北京总体规划的演进与京城模式

新中国成立之初,天安门体系与"梁陈方案"的双双出现,二者既有根本性的不同(宛如太极图中的阴与阳),又有根本性的相同(犹如太极图中阴阳共有的外环之圆与中心之太极曲线):

两个方案都内蕴着丰富的中国史内容和世界史内容,二者的不同与相同还复杂地绞缠着,一方的胜利并不意味着另一方的失败,而是像中国哲学中的阴与阳,一方的胜利无非是阳盛而已,阳再盛也包含着阴于其中,而且随着时间的演进而阴又复出。如果说,两个方案根本的不同体现为京城模式的一个中心还是两个中心的不同,两个方案的根本相同,则是内蕴中国的深厚传统和在世界现代化上的力争上游。

由天安门体系和"梁陈方案"而来的两个京城模式的同异,可以先将二者的特征归纳为三句话,然后进行比较。天安门体系的京城模式一言以蔽之:以天安门体系为中心,融汇中西,走向世界;"梁陈方案"的京城模式一言以蔽之:以旧城的故宫和新城的中央政府区为中心,融汇中西,走向世界。二者又可以分别简化为一句话:天安门体系的京城模式是由一个中心融汇中西而走向世界,"梁陈方案"的京城模式是由两个中心融汇中西而走向世界。

新中国成立以来,京城模式的真正复杂性在于两点:第一,由一个中心还是由两个中心来融汇中西,其融汇的方式有极大的不同;第二,走向世界的"世界"是不断变化着的,最初,是一个在两极对峙中由前苏联已经作出了榜样的向着共产主义演化的世界,继而是分为三个世界(以美国为首的帝国主义西方阵营,以前苏联为首的修正主义东方阵营,由不结盟国家组成的第三世界)的世界,最后,是一个两极消失、走向全球化的世界。什么是世界的最高级,在中国人的理念中、意识中、现实中,显得复杂起来,但无论怎么复杂,力争上游、走向世界的总目标是不变的。这两点的复杂,从另一个方面透出了北京的深邃。

设想一下,如果是"梁陈方案"取得了胜利,北京会以另一种方式展开,这一方式有很多的优点,但也会有一系列难题,比如,故宫和旧城所蕴含的传统文化和传统智慧如何完美地汇入现代北京;又比如,天安门体系给人的那种上下五千年融为一体的感知怎样产生;而这感知,对于现代中国力争上游的激励,对于作为一个中国人的骄傲,是非常重要的……历史的实际是天安门体系取得了胜利,现代北京是按天安门体系的方式展开,遇上的是由这一体系带来的另一方向上的一个又一个的问题。

天安门体系取得胜利之后,北京模式就按天安门体系的方式前进了。"以天安门为中心融汇中西而走向世界"的理念,在形成民族象征体系上是容易的,在形成京城模式上就不是那么容易了。城市,特别是大城市,尤其是在中国的观念中,应作为城市之首的京城这样的特大城市,是一个非常大的复杂系统,包含着方方面面。但从京城模式的角度上讲,它首先从北京的总体规划上体现出来。因此,由天安门体系而来的京城模式的现实演进,在观念上就体现为一份又一份的总体规划。

天安门体系在与"梁陈方案"的对决中胜出之后,1953年形成了按其思想而来的京城模式的第一份总体规划《关于改建与扩建北京市规划草案》,自此后,作为定案的北京总体规划,不断随着时代风云、世界变化、认识演进而与时俱进,不断变动。总体而言,共有5次大的定案:1953年(《改建与扩建北京市规划草案要点》)、1958年(《北京城市建设总体规划初步方案》)、1983年(《北京城市建设总体规划方案》)、1992年(《北京城市总体规划1991—2010》)、2004年(《北京城市总体规划2004—2020》)。① 翻一翻董光器《古都北京五十年演变录》,可以看到,这5个总体规划,从曾被写作、讨论、争辩中的更多的方案中正式公开地呈现出来,不但这规划的背后有着无数的故事,而且那些没有正式公开地出现的方案(比如"文革"时期的总体规划)也还有着很多的故事。然而上面提到的5个方案对于整个北京的总体规划的演进,确实具有逻辑标志作用。这5个总体规划,内容非常丰富,可以从多个方面进行读解和归纳。

前两个规划,代表了共和国前期(从国内来看,是革命时期;从国际来看,

---

① 由1957年提出的《北京城市建筑总体规划初步方案》1958年6月上报中央,逢中央八届六中全会的人民公社决议而作了重大修改。突出了大跃进精神,但仍算一个规划。1961年为总结13年提出过《北京市城市建筑总结草稿》,1973年万里主持修订过《关于北京城市建筑总体规划中的几个问题的请示报告》,上报市委后被搁置,未讨论。这里不算未被讨论的1973年稿,把1958年上报稿和修改稿,以及1961年《草稿》,因其总体思路和内容大体一致,归为一个方案。

是冷战时期)的京城模式,后两个规划代表了改革开放后(从国内来看,是建设时期;从国际来看,是全球化时代)的京城模式。而1983年方案是由前一种模式转向后一种模式的中间点。

前两个规划中最大的特点,是强调北京不仅是政治中心、文化和教育中心、科技中心,而且要把北京建设成为"现代化的工业基地"。这是整个共和国前期北京的目标。在这里,有自1840年以来西方工业化作为现代化的核心对中国的巨大影响,有前苏联以重工业为基础迅速实现现代性崛起对中国的巨大影响。在当时的氛围中,对中国的精英分子来说,中国要真正地站起来,北京要成为中国站起来的象征,就在于斯。回到那个时代的具体氛围,不难理解,为什么20世纪初的五四时代,中国伟大的革命诗人郭沫若放声高歌:

一枝枝的烟筒都开着黑色的牡丹呀!
哦哦,二十世纪的名花!
近代文明的严母呀!(《笔立山头展望》)①

也不难理解,20世纪中期共和国建立后,共和国的伟大领袖毛泽东希望在天安门城楼上能看到一排排的烟囱,呈出中国进入工业文明的灿烂。翻一翻20世纪50年代的中国诗文和歌曲,充满了对"烟囱林立绕白云"的歌颂。当重工业成为现代化的象征时,全国最大的重工业企业首钢在北京建立起来,并成为北京的骄傲。现代化的工业基地不但在相当程度上决定了北京的结构,北京的东南西三面布满了大大小小的工厂,而且影响了北京应该具有怎样一种形态的观念。在旧时代对北京的空间作了特质划定的城墙、规定北京道路尺度的楼牌和城门,显然不符合不适应现代化的交通观念和发展观念。从某种意义上说,正是这种工业型的现代观和工业型的发展观,决定了共和国前期应

---

① 张冬梅选编.郭沫若诗文精选.北京:北京工业大学出版社,2013:68.

当怎样"融汇中西,走向世界"的面貌,正是这一观念,造成了天安门型的京城模式与"梁陈方案"的京城模式的剧烈冲突,即一个大写的"拆",主导了整个共和国前期"对北京旧城进行根本性改造"。不但"城墙、坛墙一律拆掉",连故宫都要"着手改建"(1958年《北京总体规划说明》)。

1983年规划作为一个转折,体现在两个大的方面:一是经济观念的转变,二是文化观念的转变。在经济观念上,从根本上说,既在于对以重工业为现代化主导地位和象征符号的前苏联模式的反省和否定,又在于对世界现代化进程的重思和认识。正是在这一年的《规划》里,重申了政治中心和文化中心,不再提经济中心和现代化工业基地,并且指出:

> 工业建设的规模要严加控制。工业发展主要应当依靠技术进步。要制定全国的工业技术改造,用20世纪70年代、80年代成熟的现代化技术,逐步地改造和装备北京的工业,国务院各工交部门在制定行业改造规划时,要把北京作为重点,给予大力支持和帮助,今后北京不要再发展重工业,特别是不能再发展那些耗能多、用水多、运输量大、占地大、污染扰民的工业,而应首重发展高精尖的、技术密集型的工业。当前,尤其要迅速发展食品加工工业、电子工业和适合首都特点的其他轻工业,以满足人民生活和旅游事业的需要。(1983年《中共中央、国务院关于〈北京城市建设总体规划方案〉的批复》)

这里实际上不是不要经济,而是对经济有了一种观念的转变,对世界现代化潮流有了一种新认识。这一认识启动了京城模式中产业地图的转变。这一转变,一方面引出了现实北京的巨大变化,另一方面在以后的1992年和2004年两个北京总体规划中体现得更深入更明晰。在新的京城模式中,呈现为一种新的展开:西北的中关村科技区、东面的中央商务区、西城内的金融街,东城和南城以前门大街和后海区域为代表的数片的文化保护区,北部的体育文化区,东北和东部以798和宋庄为代表的艺术文化区……从经济的角度看,北京的科技产业、金融产业、商务产业、文化产业、旅游产业的迅速发展,实际上已经是一个经济中心,只是这是一种新型的经济,要从一种全新的观念进行讲述。在这一新的经济观念中,京城模式应当如何"融汇中西,走向世界",必然要呈现出也果然呈现出了另一面貌。极为重要的,1983年的规划在文化观念上的转变,是提出了北京是"历史文化名城"。因此——

> 北京的规划和建设,要反映出中华民族的历史文化、革命传统和社会主义国家首都的独特风貌。对珍贵的革命史迹、历史文物、古建筑和具有重要意义的古建筑遗址,要妥善保护。在其周围地区内,建筑物的体量、网络必须与之相协调。要逐步地、成片地改造北京旧城。近期要重点改造东、西长安街及其延长线和二环路两侧。通过改造,既要提高旧城区各项基础设施的现代化水平,又要继承和发扬北京的历史文化城市的传统,并力求有所创新。(1983年《中共中央、国务院关于〈北京城市建设总体规划方案〉的批复》)

在这段话里,虽然还可以看到共和国前期对北京进行"改造"的余绪,但有了一个最为根本性的变化,这就是突出了"保护"二字。"历史文化名城"的理论定位,"妥善保护"的具体所指,基本上达到了由"拆"到"保"的转折。直接来讲,来自对共和国前期京城模式的反思,从大环境看,与世界城市理论和世界经济转型相关,当中国启动了重新融入世界的改革开放,对世界的了解和与世界的互动,世界上种种潮流,如建筑遗产和文化遗产的保护运动,后现代建筑对多样性的强调,旅游业成为一个巨大的产业,要求城市的地域特点和文化特点……这一切迅速提升着北京本就存在的历史文化名城的价值。1983年的总体规划以"保"代"拆"的转向后面,有着丰富而深邃的内容。

10年之后,在1992年的总体规划里,北京的城市性质被定义在五点上:中国的首都、全国的政治中心、全国的文化中心、世界著名的古都、现代国际城市。2004年的总体规划基本上重申了上面的五点。五点里有丰富的内容,就不一一在这里展开,这里主要强调1992年的总体规划显示了作为历史文化名城的因素以怎样一种方式在新的京城模式中呈现。在定义上,"世界著名古都"作为北京的性质确定下来;具体到如何保护和呈现北京之古貌提出了10点,其中特别重要的有6点:一、保持明、清北京城"凸"字形城郭平面;二、保护和发展传统城市中轴线;三、基本保持原有的棋盘式道路网骨架和街巷、胡同格局;四、保护与北京城市沿革密切相关的河湖水系;五、保护城市重要景观线;六、保护北京旧城的传统色彩。① 2004年的总体规划不仅重申包括1992年的10点,而且,把自确立历史文化名城以来划定的40片和新增的4片,共44片历史文化保护区的保护写入规划,并强调"在历史文化保护区内建设的,不符合传统风貌保护要求的建(构)筑物,应逐步加以整治和拆除"。②

现在回过头来巡视五个规划对北京传统建筑的轮回,前两个规划突出一个"拆"字,后两个规划突出一个"保"字,在前两个规划中的后一个里,连故宫都要改造,在后两个规划的后一个里,要反拆有碍保护的建筑物。

较有意思的是,乍一看来,共和国前期,天安门体系的"改造"取得了巨大的胜利,"梁陈方案"的保存遭受到了巨大的失败,改革开放以来,"梁陈方案"重新获得了理论上的胜利。而实际上,新的京城模式是五点,"世界著名古都"只是其中之一,与之并列而且一样重要的是"现代国际大都市"。因此,世界著名古都与现代国际大都市是一道汇进新的京城模式之中的,这二者的交汇,正是天安门体系的核心。因此,新的京城模式,是在天安门体系基础上的新发展和新提升。只是把共和国前期在那一时代的氛围中必然要产生的一些理念和做法,改变成改革开放在新的氛围中必然会涌现出的理念和做法。总而言之,在新的京城模式中,融汇中西产生了一种新的方式,从新的京城模式来看,北京

---

① 参见:北京总体规划1991—2010.科技文萃,1994:5.
② 北京总体规划2004—2020.北京规划建设,2006:5.

出现的好像是向"梁陈方案"的某些要点的回归,会发现,其出现的动力,不仅是"梁陈方案"的一些理念,还有巨大的时代动向。就历史建筑而言,可以看到三个方面:第一是保护,为保护尚存的历史文化片区而反过来拆有碍保护的建筑物;第二是恢复,恢复共和国前期已经被"拆"的有重要历史意义和象征意义的传统建筑;第三是新建,如前门大街。如果说在第一方面,有"梁陈方案"的光辉在闪烁,那么在第三方面,则洋溢着旅游文化和商业文化的气息。因此,新的京城模式是一个"世界著名古都"和"现代国际大都市"并置的"融汇中西"的新模式。其中的内容远比表面的词汇更为复杂、纠缠、矛盾,乃至巨大的冲突,正是在这里,透出了北京的深邃。

北京四届十大建筑与京城模式

如果说,北京的5次总体规划显出了传统建筑由"拆"到"保"的历程,是一个由下降到上升的路线,那么,北京自20世纪50年代以来四次评出的"十大建筑"却显现出传统建筑由众多到甚少的走向。

1959年选出的20世纪50年代的十大建筑是:人民大会堂、中国历史博物馆与中国革命历史博物馆(两馆属同一建筑,即今中国国家博物馆)、中国人民革命军事博物馆(图5-6)、民族文化宫、民族饭店、钓鱼台国宾馆、华侨大厦(已被拆除,现已重建)、北京火车站、全国农业展览馆(图5-7)、北京工人体育场。

图5-6 中国人民革命军事博物馆

图5-7 全国农业展览馆

(以上资料来源:张法 摄)

图 5-8　北京恒基中心(资料来源:张法　摄)

1988年选出的20世纪80年代的十大建筑是:北京图书馆新馆(今国家图书馆)、中国国际展览中心、中央彩色电视中心、首都国际机场候机楼(2号航站楼)、北京国际饭店、大观园、长城饭店、中国剧院、中国人民抗日战争纪念馆、北京地铁东四十条车站。

2001年选出的20世纪90年代的十大建筑是:中央广播电视塔、国家奥林匹克体育中心与亚运村、北京新世界中心、北京植物园展览温室、清华大学图书馆新馆、外语教学与研究出版社办公楼、北京恒基中心(图5-8)、新东安市场、国际金融大厦、首都图书馆新馆。

2009年选出的"北京当代十大建筑"是:首都机场3号航站楼、国家体育场(鸟巢)、国家大剧院、北京南站、国家游泳中心(水立方)、首都博物馆、北京电视中心、国家图书馆(二期)、北京新保利大厦、国家体育馆。

这四次十大建筑中,传统建筑形式入选在20世纪50年代中有五大建筑(民族文化宫、民族饭店、钓鱼台国宾馆、北京火车站、全国农业展览馆。其实当年列入计划的十大建筑,只是没有按期完工,但建成之后,也成为地标性建筑的,还有中国美术馆、友谊宾馆,也是传统建筑形式。因此可以说,20世纪50年代的十大建筑里,中国传统建筑在现实中占了一半,从意图上占有多数),20世纪80年代只有一大(大观园),20世纪90年代只有两大(新东安市场和首都图书馆新馆),新世纪则一大也无(首都博物馆正面东侧一角有青铜器突墙而出,加上其他传统元素,可算0.5)。四届十大建筑中,传统建筑出现的数目是:5—1—2—0.5。

这是一个有趣的现象:共和国前期,北京大举拆城墙、牌楼,甚至提出要改造故宫的时候,十大建筑却主要以中国传统建筑的形式出现。改革开放时代,传统建筑被加以保护、修复、新造,已成一种大势,而十大建筑中却很少甚至没有了传统建筑。如果把五大总体规划与四届十大建筑联系在一起,二者正好呈现了一种平衡。

这一平衡也体现在北京自共和国以来的整体改造之中。共和国前期,北京大举拆城墙、楼牌等旧城主要标志的时候,在第一届十大建筑建成之前,出现了一次普遍的大屋顶建筑(以政府机关三里河的四部一会和教育领域北京大学的系列新教学楼为代表),在改革开放时代,当从20世纪80年代到90年代,中国大举引进西方各种现代建筑风格的时候,大屋顶、楼顶中国亭、琉璃屋檐、白玉栏(以莲花池地区的北京西站、北三环路双榆树地区的双安商场、北三环和北四环之间知春路上的翠宫饭店为代表)也大量涌现。如果说,在当年北京领导面对西方建筑的大量涌现,提出"夺回首都风貌"的口号,从而让传统风格的建筑占有一种地标性的地位(如北京西站,图7-9),并以给西式大楼在顶、檐、腰、门加上传统元素的方式来彰显传统风格对视觉的抢夺;那么从20世纪90年代末到新世纪,当西方新型的高楼大厦以新一轮巨潮再次卷来,20世纪八九十年代保留或夺回首都风貌的方法不但在理论上遭到批判,而且在现实中开始消逝,在新型大街和新型圈域,如中央商务区、金融街、中关村科技区,完全是各种西方新式建筑的一统天下。当你驱车沿着东三环由北向南而行,两边的景色之摩登、之壮丽、之多彩,让你觉得自己完全处在当今世界最现

图5-9 北京西站(资料来源:张法 摄)

代最繁华的都市之中。就是在长安街延长线上不断新涌出来的建筑,也是以西方新风格的为主。而这一现象所对应的,正是文化保护区的出现和传统风格街区的出现。

以上种种现象的兴衰消长,都是在"世界著名古都"和"现代国际大都市"这二者的基本张力之中而产生出来的丰富变化。也许正是在这二者的平衡中隐藏着北京的深邃。

以上种种现象在兴衰消长中呈现的平衡,不过也透露出,天安门体系与"梁陈方案"本身就有着某种共性。这一共性让二者中的理念内容和具体元素,一直在进行着相互斗争、相互渗透、相互绞缠、相互换位的历史之舞。

正是在二者的绞缠中,透出了北京的深邃。

现代的十大建筑体系与古代燕京八景体系的不同美学理念

在四届十大建筑中,传统型建筑一届比一届趋少,在于两点:第一,一届届的十大建筑只要填满了京城的象征之后,便只能是象征体系的扩展,第一届十大建筑除了与作为天安门体系的组织部分之外,都是这一象征体系的外面扩展,新世纪的十大建筑,除了鸟巢、水立方、国家大剧院进入新的象征体系之外,都是与天安门体系相关的这一新体系之外的扩展。由于京城象征体系已经有了以故宫为核心以其他传统建筑为扩展的建筑体系,十大建筑体系是否为传统建筑并不是整个京城体系的必需,可以是也可以不是。第二,十大建筑是为整个京城体系服务的,是作为京城建筑的时代标志而出现的。因此,是以"世界著名古都"和"现代国际大都市"二者为一体的整体演进而出现的。无论怎样,从20世纪50年代后期就开始评比的十大建筑是作为首都新风貌的标志而出现的,哪怕其中有传统建筑风格,也是作为首都新风貌的标志。因此,人们也许会问:从20世纪50年代后期开始的历届十大建筑,作为首都新风貌的标志,体现了什么呢?恐怕不能仅从"世界著名古都"和"现代国际大都市"这两个方面来看,即不能仅从历届十大建筑中哪些建筑是(中国)传统风格的,哪些建筑是(西方)现代风格的,二者的比例又是多少来看,而应该从一种整体的文化氛围来看。为了突出历届十大建筑的现代新质,不妨将之与古代北京的八景来进行比较。

  金代明昌年间,就出现了"燕京八景",又称"燕山八京"或"燕台八景"。明代称燕台八景,同时又称京师八景、北京八景清代亦称京畿八景,康熙年间还有叫"宛平八景"的。这里为了古今对照,并兼顾古意,按金代原称,为燕京八景。金代的燕京八景是:太液秋风、琼岛春荫、金台(道陵)夕照、蓟门飞雨、西山积雪、玉泉垂虹、卢沟晓月、居庸叠翠。之后,历代文人对此纷纷题诗而广为流传。在元、明、清初文人墨客的吟咏中,八景之名略有变化但大同小异,遂闻名遐迩。这八景名称历代也有变化,元明两代及清康熙朝燕京八景名目均与此八景景名大同小异。清乾隆十六年(1751年)乾隆皇帝御定八景为:琼岛春荫、太液秋风、玉泉趵突、西山晴雪、蓟门烟树、金台夕照、卢沟晓月、居庸叠翠。当时对八景刻石立碑并有小序、诗文。从名称上讲,乾隆钦定八景与金代八景相比,有两点值得注意:

第一,把两可的"道陵夕照"或"金台夕照"确定为金台夕照。本来,金台和道陵都是指的大房山云峰山的金帝陵墓,有李白的词《忆秦娥》中"西风残照,汉家陵阙"的境界,正如明代储巏有《大房山金源诸陵》诗:"长白山高朔漠连,金源风致故依然。千秋魂魄犹思沛,万里丘陵却到燕。感事重翻江统疏,伤心莫问靖康年。幽兰一尽雄图歇,汝水悠悠入墓田。"但金台又被指为明代有名的金台寺,具有禅意哲理在其中,但更多的是把金台指为战国燕王的黄金台,这是一个更能令有雄心的帝王和有理想的士人都感怀不已的故事。其地址被明代蒋一葵《长安客话》考定在朝阳门外循濠而南至东南角的岿然土阜上。乾隆皇帝虽知各种说法,但却依照燕京八景的总体结构和自己亲历的审美感受,把"金台夕照"碑立在朝阳门外关东店苗家地教场。对这一景观,乾隆作诗如下:

> 九龙妙笔写空蒙,疑是荒基西或东。
> 要在好贤传以久,何妨存古托其中。
> 豪词赋鹜谁过客,博辩方孟任小童。
> 遗迹明昌重校检;辜然高望想流风。

(张必忠《乾隆咏燕京八景》,转引自《紫禁城》1990 年第 5 期)

这首诗把对战国的黄金台(存古)与金代古迹(明昌)融汇在一起,将自己当时在高台上面对夕阳美景时的一腔思古幽情包含其中,并用一种"何妨"的超脱的境界把众说纷纭的八景坐实了。

第二,把"蓟门飞雨"确定为"蓟门烟树"(这一名称在明代大学士胡广等的《蓟门八景图诗》中就确立了,乾隆再加以钦定);"西山积雪"确定为"西山晴雪"(这一景在元代就成为"西山晴雪",明又改为"西山霁雪",乾隆作了最后确定);"玉泉垂虹"改为"玉泉趵突"。地点未变,但境界较新,"飞雨"不如"烟树"增添了朦胧空灵不尽之感,积雪不如晴雪多了雪在阳光下的色彩变化,"垂虹"不如"趵突"突出了泉水的动感。趵突者,喷涌也,奔突也。一如乾隆自己所说:"泉喷跃而出,雪涌涛翻。"又如民歌《白雪遗音·马头调·济南八景》中讲的"万颗珍珠往上起,趵突腾空实好看"。对这御定的三景,乾隆的诗应是一种权威的诠释:

蓟门烟树

十里轻杨烟霭浮,蓟门指点认荒丘。
青帘贳酒于何少?黄土埋人即渐稠。
牵客未能留远别,听鹂谁解作清游?
梵钟欲醒红尘梦,断续常飘云外楼。

西山晴雪

久曾胜迹纪春明,叠嶂嶙峋信莫京。
刚喜应时沾快雪,便数佳景入新晴。
寒村烟动依林袅,古寺钟清隔院鸣。
新傍香山构精舍,好收积玉煮三清。

玉泉趵突

玉泉昔日此垂虹,史笔谁真感慨中。
不改千秋翻趵突,几曾百丈落云空!
廊池延月溶溶白,倒壁飞花淡淡红。
笑我亦尝传耳食,未能免俗且雷同。

(张必忠《乾隆咏燕京八景》,转引自《紫禁城》1990 年第 5 期)

乾隆皇帝是中国历史上写诗数量最多的,有四万多首①,其诗的艺术水平又很一般。谁叫从《诗经》《楚辞》到秦汉三国两晋南北朝隋唐五代两宋辽金元明清的 2000 年间好诗太多太多了呢,但从这三首诗艺平平的诗中,还是可以看到通过景名改动和确认而达到更深更多的特点的展示。"蓟门烟树"之"烟",不仅是自然景色中的烟霭在杨树中的动态,更是一种历史的轻烟,在其中体会到古代荒丘引发的怀古情丝,轻烟中回荡着寺庙的梵钟,让人对生在红尘有一点宗教的体悟。同样,"西山晴雪"从快雪到新晴的变化,联系到古寺、精舍的胜迹,而且有钟鸣与烟动于其中,使人感受到在自然的变化与历史的流动中,人生天地间与人在此景中的交融。"玉泉趵突"里,涌动翻滚着的泉水,不但一眼望去,有"百丈落云空"的悠长,而且用心想去,有"不改千秋"的久远,泉水在自然界中变幻着自己的色相,在月色中,是两种白色的互相争胜,在飞花里,是白与红的互映。三首诗都是要通过此一景色,让人看到更多更新更美,同时想得更多更大更远。这样与燕京八景的总体境界关联起来了。由此,可以进入燕京八景的总体境界之中。燕京八景,按照乾隆十年(1745 年)进士,官至宫廷内阁侍读学士的张若澄的燕京八景图(图 5 - 10)的顺序,一一看去,可以体悟到如下的特点——

---

① 关于乾隆诗作数量,众说纷纭,且引三例:《四库全书简明目录》(上海古籍出版社,1985 年版)说:"御制诗集,皆合古体。近体以编年为次,初集自丙辰至丁卯,凡 4150 余首;二集自戊辰至己卯,凡 8470 余首;三集自庚辰至辛卯,凡 11620 余首;四集自壬辰至辛丑,凡 9700 余首;甲辰以后之诗,海内翘跂,未睹者不知其几。"按照上面数字相加,其诗作数量为 33940 首。杨晓宇博客(http://ad00.blog.163.com/blog/static/33367569200761594111887/)说:乾隆在位期间《御制诗集》共 5 集,434 卷,有人统计,起初集 4166 首,二集 8484 首,三集 11519 首,四集 9902 首,五集 7792 首,加上登基前就有《乐山堂全集》,禅位后有《御制诗余集》凡 750 首,共计 41863 首。郑鹤声、郑鹤春《中国文献学概要》里记述乾隆一生中写下了不少于十万首诗。这里取证据较为全面而确切的中者的数量,鉴于对御制诗各集统计数字上的不同,对于四万多首的确数,各家说法不同(恕不赘引),因此,用约数,以待学人考定。不过,四万已是"之最"的数了。

图 5-10　张若澄《燕京八景图》之"琼岛春荫"　张若澄《燕京八景图》之"卢沟晓月"

（资料来源：张法翻拍古代图片）

第一，地理结构的天下胸怀。燕京八景，从皇城内北海的琼岛和中海的太液池到京城西北面金代曾建行宫的玉泉山和相邻的西山，再到京城北面元大都墙遗址的蓟门，再到东面朝阳门外的金台，再到南面的卢沟桥，最后到北面远处军都山上的居庸关。整幅景色，是由中央皇城的琼岛（山景）和太液（水景）到西北东南的近郊，再到远处雄健的关塞，由中而近而远，中央的有山有水，既是美景之典型，又是美景之总概，然后是西北东南，同样具有地理的象征意义，最后是北面的远景，远景选在北面居庸关，在于结联长城内外，具有长城内外一家，海内一统的象征意义。这正与京城为天下之中相契合、相照应。从这一地理象征意义上看，就可以知道乾隆为何要把颇有争议的金台夕照定格在朝阳门外，正好成为东面美景的象征，八景东西南北中皆具，而无东面，把金台夕照放在东面，结构上就完整了，而东面是太阳升起之处，京城东面之门为朝阳门，而金台用夕照，正好在其本有的朝阳上突出容易被忽略的夕照，正如"西山晴雪"一样，在雪上加上晴，一阴一阳，合而为美。金台夕照的美学设计，同样如此。当然金台夕照还有更深的历史怀古意味。而八景的整体结构，由中而近而远，其选景的考量，是在京城为"天下之中，拥有天下"这一天下胸怀来进行设计的。

第二，景观结构的时空一体。燕京八景，既是自然空间景观，其中又内蕴着历史的内容，琼岛和太液以及所在的北海和中海是金代的离宫，元明清都在皇城之内。玉泉山有金章宗建的泉水院,西山积雪,也来自于与金章宗有关的故事,话说有一天,金章宗在西山观雪之后,驾銮回宫,才欲下辇,忽一抬首,见雪后天晴,因举手遮目,漫向西望。但见西山银装素裹,倍极壮丽。圣心大悦,吟两诗句:"西山御屏江山固,积雪润泽社稷兴。"众随臣即刻赞颂不已。西山积雪,就从这一故事、这一诗句中概括而来,成为燕京一景。蓟门则不但追溯到金代,而且要上溯到西周时的蓟国都城。金台,前面已讲,与战国燕王的黄金台以及诸多其他故事相关联。卢沟桥建于金明昌三年,"桥之路,西通关峡,南达江淮"(邹缉题王绂《北京八景图》),是北京向西向南的门户,游宦行商骚人迁客,各色人等,往来络绎。自建桥以来,历代文人吟咏可谓多矣,且引明人邹缉《卢沟晓月》诗如下:

河桥残月晓苍苍,照见卢沟野水黄。
树入平郊分淡霭,天空断岸露微光。
北趋禁阙神京近,南去征车客路长。
多少行人此来往,马蹄踏尽五更霜。①

这些吟咏都汇入卢沟桥的景色之中。而居庸关自春秋战国以来,就是兵家必争之地。成吉思汗灭金即由此入关,多少历史故事和时间遗迹在这里堆积。燕京八景,既是自然景观,也是历史景观,是自然与历史的合一。

第三,景观结构的天地一体。燕京八景,不仅是具体的景点,琼岛、太液、玉泉、西山、蓟门、金台、卢沟、居庸,而且是具体景点与天地自然的融为一体。琼岛要与春荫融在一起,太液要与秋风汇成一体,玉泉要与趵突紧紧相连,西山要与晴雪密切结合,蓟门要与烟树天然相成,金台要与夕照自然成像,卢沟加上晓月,居庸呈为叠翠,景观才成为一个完整的景观。这意味着什么呢?它表明古代文化之景,一定在天地之中,与天地相交流、相互动、相融合,才成为景;

---

① 王岩.那时的中国看世界.呼和浩特:内蒙古大学出版社,2011:204.

同时,作为景的某具体地点,一定在与天地运转的互通之中,某些时刻显得最为光彩夺目。在琼岛就是春天之荫,在太液就是秋风之韵,在玉泉就是趵突之状,在西山就是晴雪之媚,在蓟门就是烟树之朦胧,在金台就是夕照之多味,在卢沟就是"天没长河宫树晓,月明芒草戍楼寒"(张元芳),"半钩留照三秋淡,一练分波平镜明"(乾隆皇帝诗);在居庸就是"两崖峻绝,层峦叠翠"(王绂),"岚拖千岭浮佳气,日上群峰吐紫烟"(乾隆皇帝)。燕京八景的具体景观与天地一体,又呈现为一种八景的整体性。八景的题名:春荫、秋风、叠翠、晴雪,正是春秋夏冬,一年的循环;晓月、夕照,一天的流转,趵突显示的强烈的动态性,烟树突出的是辽远的苍茫感,天地自然的运转规律就在这里呈现出来,四季昼夜的阴阳和合相生就在这里呈现出来。而且在天地的运转中,历史的光点汇入其中,成为天地运转的一个不可分割的组成部分,共形成燕京八景的永恒魅力。

把古代的燕京八景体系与现代的十大建筑体系相比较,有什么样的特点呢? 古代的燕京八景里都有建筑,现代的十大建筑也是一种景观,二者都是作为北京的景观代表,具有典型意义和象征意义。而这两种不同的典型和象征内蕴着古今的本质差异和美学特点。

古代的燕京八景把景点织入天地自然之中,在昼夜四季中运行,具有一种永恒性,而现代的十大建筑是与具体的年代紧密地结合在一起,20世纪50年代、80年代、90年代、新世纪,具有鲜明的时代性。对美景的永恒魅力之呈现和对美景的时代精神之彰显,或简言之,永恒性和时代性是二者的第一个差异。

古代的燕京八景把景点织入天地自然之中,景观体系和每一景点,都带上了天地自然循环的韵律,春荫、秋风、夏翠、冬雪,四季循环,晓月、夕照,昼夜交替,趵突是生生不息的腾跃,是以动显动,烟树是隐隐约约的静景,以静中之动显出了中国宇宙阴阳相成、虚实相生的气化流行的循环圆转之美。现代北京的十大建筑,从20世纪50年代到80年代到90年代到新世纪,在呈显时代性的同时也突出一种直线性,一直向前,永不停息,彰显的是一定要日新月异的进行之线,是现代性的向前、上升的直线之美。因此,循环之韵和直线之美,是二者的第二个不同。

古代的燕京八景,从其景观名称上可知,景点不是景点本身,而是与天地的整体关联起来,没有了天地运转之中的春荫、秋风、夏翠、冬雪、晓月、夕照、趵突、叠翠、琼岛、太液、玉泉、西山、蓟门、金台、卢沟、居庸之景就是不完整的,因此,古代之景强调的是景在天地之间的整体性和在天地运转之中的关联性。而现代的十大建筑,就是建筑本身,周围的建筑与之没有本质上的关系,昼夜运行四季交替天地运转与之也没有本质上的关联,每一届十大中被评上的建筑,都因建筑个体本身而进入"十大"的。因此,虽然也与北京的整体结构和布局有些关联,但主要彰显的是建筑的个性和独立性。因此,个体的独立性和整体的关联性,构成了二者第三个不同特色。

理解了古代的燕京八景与现代的十大建筑在美学境界上的差异,对于现代十大建筑与现代京城模式的关系就会有一个更深的体悟:现代的十大建筑体系,无论其建筑风格是传统型的还是现代型的,都服务于一种现代的美学境界,都是在时代性、直线性、个体性这一总原则上进入现代的京城模式的建构之中的。如果我们只从表面的现象上来思考古都风貌,而不从根本性上来思考古都风貌,新的京城建设的古都风貌是很难真正地得到美丽而传神的体现的。

天安门体系与新时代的京城

天安门一旦成了北京的中心,以古今一体、中西融合的方式去建设新北京,就基本上决定了新北京在空间结构上的发展方向。

回望历史(图 5-11),辽代南京在清代北京的西面略南,金中都在清代北京的西南,元大都东移到了现在北京的中轴线上,明清北京仍然在这条中轴线上,但整个京城南移,中轴线的中心点也从元代的大明殿南移,到了奉天殿(清代改名太和殿)。共和国建筑,中心仍是这条中轴线,但中心点进一步南移,从太和殿南下到天安门。天安门体系的定型,已经在无形中决定了北京城的发展方向。

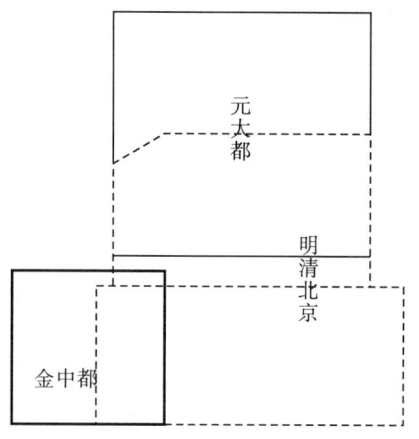

图 5-11 粗线为金中都,细线为元大都,虚线为明清北京

(资料来源:张法编绘)

天安门成了北京的中心,天安门后面是故宫,以故宫为中心代表历史传统的中轴已经占据了中央区域,不能拆改,北京的发展,只能是发展出一条与故宫中轴线相对应的横轴来。这就是天安门前的长安街。共和国前期的天安门城楼检阅和游行仪式使得长安街变得重要起来,共和国的新形象必然要靠长安街来展示,为新中国成立10周年展现共和国新貌的十大建筑,有五大:人民大会堂、中国历史博物馆—中国革命历史博物馆、民族文化宫、民族饭店、军事博物馆,都在长安街上;有二大:北京火车站、中国美术馆,在长安街附近;①同时,重要政府机关,也安置在长安街上,有中共中央国务院、中央军委、中宣部、中组部、外经贸部、内贸部、公安部、交通部、纺织部、海关总署、全国妇联、中国人民银行、中央电视台、北京市政府……重要机构和重要建筑使长安街这一横轴有了与中轴一样的分量。长安街与故宫形成了京城结构最基本也最基础的两轴,决定了北京发展的两个方向,一是两轴的延长,长安街会越来越长,中轴线也会越来越长,二是随着两轴延长,填实、配合、支撑两轴,带出一个方形的北京,也就是说,北京的发

---

① 十大建筑还有:东三环上的农业展览馆、东三环内的工人体育场、西三环内的迎宾馆(后叫友谊宾馆)。

展,是围绕两轴一圈圈地向外扩张。这就是二环、三环、四环、五环、六环的出现。京城模式从空间结构上讲,可以说就是两轴加环路。

天安门是现代北京的中心,在天安门体系的古今合一里,天安门中心的京城还包裹古代的皇城中心。皇城中心是由古代的城墙即现代的二环路突出出来的。如果说,整个延长着的长安街和中轴线的延长线,都体现着现代风貌,那么,由城墙所划定的二环路,以及以二环路为基础而扩大开来的三环、四环、五环、六环,则是以太和殿为中心的。只要决定了一个中心又以旧城为基础,中心的位置就不是完全以主观愿望来决定,而还要受原有结构的影响。前者是以有意识的方式彰显出来的,后者是以无意识的方式隐现出来的。京城模式由此而形成了表层上的一个中心和隐形上的两个中心。在观念上,可以让隐形中心服务于表层中心,天安门的轴线延长为故宫,太和殿是天安门的一个延长线。在实际上,隐形中心又以空间结构方式透漏出来。北京的展开是以旧城墙(二环路)为基本围线而四面扩大,旧城墙围线的中心是太和殿。北京是以太和殿为中心而四面展开。实事求是地看,北京的空间结构是由两轴体现的现代(天安门是中心)和由环路体现的古代(太和殿是中心)的统一。当天安门中心只是发展出两条轴线,而太和殿中心则四扩为二、三、四、五、六环线。这是一个非常有意思的结果。北京的发展,既是由天安门而展开的,又是由太和殿展开的。也可以说,天安门中心观与太和殿中心观的统一在空间上、在观念上、在意识中、在无意识中,构成了一种丰富的结构。天安门体系的融合古今,必然产生出天安门中心和太和殿中心的合一。这样北京的发展必然是从围绕皇城、二环路,到四面等距离的三环路,然后是四面等距离的四环路、五环路,现在六环路已建部分,七环、八环都在谈论之中。且不谈六环,以现在京城地图所呈现的五环以内的北京来说,打出租车从东南到西北要花约一个小时。新世纪初我住在东北四环外的望京,到西北三环边上的中国人民大学去上课,如果坐公交车,要花一个多小时。北京人的活动需要更多的时间在路上奔忙。有了天安门/太和殿这一中心,北京无论怎么发展,在规划上在心理上都挣脱

五 天安门体系与京城模式

不掉这一中心的吸力。方圆6875,000平方米的皇城在北京的中央,成了人们东西南北往来必然要多费去的路程。由于有了天安门\太和殿这一中心,有了长安街东西的对称发展,有了各中央部门和国家其他的重要部门东一点西一点地铺在漫长的长安街上,整个北京的发展在建筑形式和心理定式上都受其影响和制约。

从建筑的角度看,以天安门为中心,意味着皇城是中心,从历史的角度看,天安门中心是一个现代中国的中心,皇城中心是历史的中心,这两个在性质上完全不同的中心在建筑上的重合,在建筑形式、民族意识、心理结构等方面产生的巨大冲突,随着北京城的发展,逐渐地暴露出来。800年皇城的辉煌和气象要得到保存,需要以高大为特征的现代性建筑与之远离,而共和国的中心又无形中让以高大为特征的现代性建筑出现,以服务民族的现代化意向。正是古代的皇城中心与现代的天安门中心在建筑上的重合,在那些重铸北京的人们中间引起了一次又一次的大争论,政治家们、规划者们、建筑家们,为了北京的新貌和北京的美好,付出了很多很多的心血,但他们每一次的劳作、每一次活动、制定的一次次规划、设定的一道道规章,都充满争议,过去已有争议,现在仍可讨论,很久以后回过头来看,恐怕还会成为讼诉不断的历史公案。

天安门中心与皇城中心在建筑上的重合,使北京的发展出现了如下的现象:

一、圈穴的平面景观。二环路内是一层两层的矮屋,二环路以外,是一圈一圈的高层建筑。从三环到四环到五环……整个北京变成了中间低,外围高的一种圈穴。这种圈穴感首先在从天安门沿长安街向东西两个方向走的时候会强烈地体会到:中央矮两边高,然后在环路中重复、强化、扩展,构成一种想象中的圈穴景观。

二、规定与心理的冲突。古都风貌的保持意味着天安门和皇城中心四周的建筑形式和高度必须受到限制,为满足在首都的巨大人口的居住需要,接近中心就是减少距离的心理要求又支持着建筑的高度和广度。这一心理与由天安门中心的现代性而来的对现代性追求结合在一起,造成了保卫古都和彰显现代的冲突。这一冲突不但在长安街上(特别是接近天安门部分)的建筑中激烈地反映出来,而且从故宫的天空轮廓线不断受到附近建筑的侵害上表现出来。多种矛盾多方面的冲突都在这里表现出来。

三、环路结构的自我缠绕。皇城中心与天安门中心的重合,使北京的发展形成了环线,环线又反过来巩固了天安门/皇城中心,使得任何另立中心和创就多中心的设计遭到阻碍,这阻碍既是城市结构上的又是心理上的。环路是北京人外出的主要通道,环路一方面在心理上是指向中心的,另一方面又是与中心疏离的。这正好与天安门中心和皇城中心在建筑结构上的重合相暗通,这一建筑上的中心,既有一个现代政治的象征的中心(天安门),又有一个已成的空间尺度形成的建筑中心(皇城)。这个二合一的中心在造就二环路的时候,已经有了北京发展的初图,三环路建好的时候,北京的发展就已经定型,很难改变了。当四环路出现,北京的格局完全定型,无法改变了。

在已成的格局下,现代北京的规划和设计者们所想的,是向南向北发展中轴线,延长长安街。从理论上和地图上,中轴线向北已经到了北四环上的奥林匹克中心,甚至到了北五环的奥林匹克公园,向南从永定门延长到南苑。然而这一有800年历史的中轴线,以天安门为中心,从现代北京的功能角度看,北有故宫古典旧貌的阻断,南有恢复外城中轴旧貌的规划,基本上只是在清代京城的范围内呈现为一条纵轴的古貌,在更南更北的延长线上很难形成一种文化的气象。而长安街成为真正展现现代北京风采的横轴线。从已具宏伟气象的东起建国门西到复兴门的7公里长的街面上,已有天安门体系、王府井步行街和东方广场,西单大街和首都时代广场,大型公共建筑五十余座,为了迎接2008年奥运和2009年国庆60周年,长安街上的10座高楼又成了市府的研究重点。长安街成了真正的"神州第一街",随着北京以天安门为中心的发展,长安街会得到辉煌的发展,并超过中轴线。这时整个北京的发展,都会与这一横轴的配合来进行。按整个北京规划,东边商务区、西北的科技区、正北的奥体区,无论怎样想有自己的个性,都会受到这一横轴的影响。

北京的大格局就这样定下来了,一条十字线,围绕十字多条环线,要发展,就是十字线越延越长,环线越加越多,环圈越来越大……

这时候,"梁陈方案"的高明之处显示了出来。如果中央政务区另立,与故宫形成两个中心,可以产生一个发展出多中心的基础,那将是一个更为开放的结构,是一个从多方面(人文、居住、时间、生活)讲都更符合现代性的结构。

历史的烦人之处同时也是有趣之处,在于它与自然科学的实验不一样,是不可以重来的。从这一角度看,谁会去苛责共和国初期的建筑精英(梁思成)缺乏历史胸怀和政治胸怀,因而没有从政治和历史的角度去论证和支持自己的"梁陈方案",从而改变北京的构图呢?谁会去苛责共和国初期的政治领袖们缺少历史胸怀和文化胸怀,没有从一种更高的眼光去全盘熟虑天安门体系和"梁陈方案"的高低短长呢?

历史再烦人,却让人必须面对;历史再有趣,却引人浮想沉思,亲爱的读者,当你来到天安门的时候,当你漫步在长安街上的时候,当你乘坐地铁从长安街过二环穿三环越四环跨五环和六环的时候,你会想到什么呢?

清华园在北京西北郊,这是梁思成生前工作的地方。不知道当年梁思成是否想到过,北京的发展要用一圈一圈的环路把清华园定位在四环路和五环路之间,最主要的是,二环路、三环路、四环路、五环路给了清华园与北京中心天安门的确定方位距离;天安门广场是北京的中心,毛主席纪念堂(图5-12)就坐落在那里,那里是北京的中心,永远是,永远是……

图5-12 毛主席纪念堂(资料来源:张法 摄)

六　世界城市演进史与京城模式

京城模式与世界城市演进史的关联

从空间结构看,北京城其实有两个中心:天安门和太和殿。以天安门为中心而展开来的两轴,在纵轴上展开来的,是古色古香的古代景象;在横轴上展开来的,是五彩缤纷的现代景观,这两轴既有统一的一面,这是理论上的理想追求,又有矛盾的一面,表现为现实中的激烈博弈。以太和殿为中心,展开为一圈一圈的环路,二环之内的旧城,基本保留着传统的风貌,在首都的规划中,担负着展示历史文化名城的重任。二环之外的新区,呈现出现代的新姿,在首都规划中,承担着展出国际现代都市的角色。在这一环一环的展开中,二环之内与二环之外,交织着和谐与冲突。当改革开放以来的北京,以令世界料所未料的方式发生巨大变化的时候,新型的景观宛如新年放出的礼花,令人目不暇接,眼花缭乱:一方面各种现代新型建筑这里那里四处冒出越来越多,另一方面中国传统建筑元素此一点彼一点不断出现。在北京的新变中,一方面保护古都风貌的呼声不断高涨,另一方面拆除胡同四合院的行动越演越烈……北京的新变,既在意想之中,又在意料之外;既使人兴奋,又让人悲叹;既让人骄傲,又使人困惑……北京的新变,进入一种新的发展逻辑和演进矛盾的纠结之中。由今回看,新的发展是旧的绞缠(天安门体系和"梁陈方案")的继续,放眼全球,这一绞缠又是受中国与世界的纠结所影响的。而今望去,中国与世界的互动,受到了世界城市史演进中出现的两种理论的影响:一是世界城市理论,二是大都市区理论。前者是从全球的整体关联看城市发展,后者是从城市发展本身看城市发展。这两种理论都渗入北京发展的现实之中和观念之中。

这两种理论与北京的关系,甚为复杂,且先讲"世界城市"理论对北京的影响。

"世界城市"理论是一个对全球城市划分等级的理论。从这一角度看,共和国以来的五大方案的背后,正是中国置身世界之中而力争上游之壮志的结果。共和国前期,京城模式的想象和实践,受世界工业化模式和前苏联工业化模式的巨大影响,这一时期的几次总体规划方案强调要把北京建设成为"强大的工业基地",体现了这一影响。改革开放之初,1983年总体规划方案,只提三点:全国首都、政治中心、文化中心。对于国际因素,只是从中国自身的角度,提出北京要为"党中央国务院……开始国际外交……创造日益良好的条件"。但其规划中取消了"强大的工业基地",既是受国际经济潮流转型的影响,也是受全球城市潮流演进的影响。到1992年总体规划方案,出现五点定义,五点中为历来都未曾有的一点,就是把北京定义为"现代国际城市"。这一定义显示了北京的理论自觉,要把自己放进世界之中。但是"现代国际城市"只是一种中国表述,并非世界通行的普遍概念,2004年总体规划方案,仍是五点定义,但在五点中把"现代国际城市"改为"现代国际大都市"。在1992年总体规划方案中对什么是"现代国际城市"没有细条诠释,2004年总体规划方案中对什么是"现代国际大都市",却有了一个专条与之互释,这就是"世界城市"。2004年总体规划方案中说:"以建设世界城市为长远目标,重点发展具有国际影响的金融、贸易、旅游、会展及信息服务等职能,不断提高北京在世界城市体系中的地位和作用。"这里,虽然对"世界城市"的解释和理解从学术上讲还可以讨论,但第一次把京城模式从理论上纳入世界城市演进史和世界城市体系之中。数年之后,2010年北京市的人大会和政协会上,世界城市成为一个热点话题,方方面面不但评估了北京与世界城市的距离,并且呈现了北京走向世界城市的路线图:第一步是构建现代国际城市的基本构架,第二步到2020年全面建成现代化国际城市,第三步到2050年成为世界城市。[1] 共和国成立以来,京城模式演进的总体节点由此呈现出来:从工业时代的大工业基地变成全球化时代的世界城市;从以宏伟的钢炉为基本形象的现代性到以信息网大流动为基本符号的全球化,呈现的是两种完全不同的城市结构、城市景观、城市形象。

世界城市的出现,在世界的城市演进史上,具有重要的意义,北京把世界城市作为自己的发展目标,在中国京城模式的演进中,具有重要的意义。从世界的角度看,世界城市以自己的巨大力量,扩展到了中国;从中国的角度看,中国把自己的京城模式纳入世界城市体系的网络之中。

从现在回望过去,京城模式的演进,是两条大线的交织:一是从工业时代的京城转向后工业/全球化时代的京城,从中国文化的京城转变成一个世界文化中的京城。这两点说起来很简单,但在现实中的具体演进却很复杂很绞缠。

要讲清这一问题,先得讲清楚什么是世界城市。

世界城市,是城市在世界史演化基础上演化的产物。西方在战后的两极(以前苏联为首的社会主义东方世界与以美国为首的资本主义西方世界)竞争中,特别是1947年美国推动开启了关贸总协定的全球多边体系以来,取得经济上和科技上的领先地位,西方各国之间的联系更为紧密,以资本的跨国流动主导了世界经济的新进程。20世纪五六十年代电视在西方世界的普及和向全球扩张,为新的全球化准备了第一轮的信息技术基础。20世纪60年代初,不结盟运动(Non—Aligned Movement)的出现(1961年9月成立)和中苏的公开论战(1963年9月起,中国相继发表9篇文章抨击苏共中央的公开信),两极世界

---

[1] 北京如何迈向世界城市.刘扬,杨汛,刘昊.北京晚报.2010—01—26.

变成了三个世界。三极之间在政治/经济/文化的博弈游戏中让世界变得更加紧密,在这样一个时代氛围中,西方思想开始了从现代向后现代转向,后现代思想是一种更有利于全球对话的思想。世界史的演进体现和反映在城市理论上,就是霍尔(P. Hall)的《世界城市》(The world cities,1966)一书的出版。20世纪80年代,亚洲四小龙崛起,中国内地和前苏联东欧开始了走向市场经济的改革开放运动,全球的信息技术进步/经济交往/政治联系/文化对话进一步加快了全球一体化。这时,弗里德曼(J. Friedmann)发表了关于世界城市的系列文章:《关于世界城市未来的札记》(1981)、《世界城市形成研究和行动议程》(与G..Wolff合作,1982)、《世界城市假说》(1986)……20世纪90年代,两极消失,政治/经济/文化地图进一步新变,电脑普及,卫星电视和互联网发展,新的全球化浪潮不断奔腾在现实中,也翻滚在理论上,布罗代尔和沃伦斯坦的世界体系理论与后现代理论和全球化理论一道,在重新讲述一个紧密相连的全球体系,而在城市史话语里,就表现为关于全球城市体系的理论。在这一全球城市的顶端,就是世界城市(霍尔和弗里德曼用语)或全球城市(沙森用语)。由霍尔《世界城市》(1966)发端,由弗里德曼《世界城市假说》、萨森(S. Sassen)《全球城市》(1991)成潮的"世界城市"话语,形成了一个全球性的话语大潮:沃德(K. Olds)《全球化与新都市空间的产生》(Globalization and the Production of New Urban Space,1995)、克洛克(P. L. Knox)和泰勒(P. Taylor)《世界体系中的世界城市》(World Cities in a World System,1996)、沙森(S. Sassen)《全球城市》(The Global City,2001新版)、泰勒(P. Taylor)《世界城市网:全球都市分析》(World City Network:A Global Urban Analysis,2004)、泰勒(P. Taylor)等编《全球都市分析——全球化中的城市调查》(Global Urban Analysis:A Survey of Cities in Globalization,2010)……

世界城市理论,首先,把世界上的所有城市作为一个整体体系,这一体系是以城市的方式呈现出来的(全球一体化的)世界体系的体现;其次,把世界的城市进行一个等级划分,世界城市(或全球城市)是这一体系的最高级;第三,城市等级划分的标准,就是城市在人口/经济/政治/文化/科技上的综合实力,并由这一实力而产生的对全球经济、政治、文化、信息的巨大控制力、辐射力、影响力。最后,这些实力可以具体量化为一套指标体系。如在下列几栏中的质和量:具有政治强力的国际组织(联合国机构和国际非政府组织)总部,国际金融业的总部,跨国公司总部,全球交通运输枢纽(航空、铁路、海运、物流),全球信息中心,产业中心(科技创新产业、文化创意产业、服务业、旅游业);文化上,图像和思想创意中心,文化的多元化程度和聚居的国际化程度,人才聚集中心,重大国际会议、国际会展、体育盛事、文化盛事的举办地……这一套指标体系,在不同的世界城市理论中,萨森的全球城市假说派,以司各特(A. Scott)等人为代表的洛杉矶学派,以卡斯特尔(M. Castells)等人为代表的信息革命与世界城市关系研究派,以英国的泰勒(P. Taylor)和沃克(D. R. F. Walker)、意大利的卡特纳诺(C. Catalano)、法国的海勒(M. Hoyler)为代表的世界城市网络作用力研究派,等等,有不同的选取和侧重,然而这些学派的言说已经形成了关于世界城市指标体系的框架背景,并形成了可供选择的框架系列。

世界城市理论由 20 世纪 60 年代以来的朵朵浪花,到 20 世纪 80 年代以后汇成潮流,20 世纪 90 年代以来则呈现为波澜壮阔的巨流,对中国京城模式的影响由隐而显。最终进入北京 2004 年的规划目标之中,并在 2010 年初形成了北京市委市政府市人大市政协和北京传媒的动员话语。从这一个角度看,新的京城模式的五点中的两个基点(世界文化名城和现代国际大都市)是一种新型的"融汇中西",而这一"融汇"以全球体系中的世界城市为目标。从而,世界城市成为理解北京演进和新的京城模式形成的一个重要视角。

共和国初期,天安门体系战胜"梁陈方案"之后,其目标是如何处理历史北京与工业化北京之间的关系。结果是由以十大建筑中的传统风格建筑为代表的中国元素来取代(已经拆除了的)由城墙、楼牌、城楼等为代表的中国元素,形成一个融汇中西的新北京。改革开放以来,一方面,历史名城在全球化中具有了新的意义:真正的中国特色、显著的中国符号、巨大的旅游利益……另一方面,世界城市话语的影响让北京重新更新了自己的现代化符号。天安门体系和"梁陈方案"中内蕴着的古代北京和现代北京的冲撞与融合,以一种新的形式展开。

在北京的中心,是故宫建筑群和天安门体系,二者虽在观念上分为两块,一个是古代中国的象征体系,一个是现代中国的象征体系;却在建筑上联为一体,天安门城楼既是故宫的一个组成部分,由它通向端门、午门、太和门,最后到太和殿;又是天安门体系的主体,它统领着人民大会堂、国家博物馆、人民英雄纪念碑、前门,以及后来加进去的毛主席纪念堂。这种一而二又二而一的统一体,构成了北京的中心,也奠定了整个京城的基调。一方面,从天安门向南向北,构成了前门——天安门——故宫,由前门和故宫,向南延伸到永定门和向北延伸到钟鼓楼,构成了北京的中轴线,形成了古代北京的主体景区。引领着北京的传统建筑景观(天坛、地坛、日坛、月坛、颐和园以及城门、胡同、四合院……)和各种仿古建筑以及现代建筑中的传统元素。另一方面,天安门带着人民大会堂、国家博物馆、人民英雄纪念碑、毛主席纪念堂、前门,形成现代北京的中心,由天安门向两边伸出了长安街,形成了现代北京的主要景观,引领着共和国前期和改革开放以来的各种非传统建筑和现代建筑。改革开放以来,新的京城模式,一方面要彰显北京作为世界历史名城的古都风貌,这是以故宫为主体、以旧城保护为重点而展开的,另一方面要突出北京作为现代国际大都市的风采,这是以天安门体系为中心,由长安街双向展开,通过重要街景点眼,以城内外的重要街区为辅助而形成。从今天回望过去,新的京城模式,自改革开放以来方方面面的努力,都或隐或显地汇通向世界城市的目标,点点块块地聚会,都走在通往世界城市的途中。总而言之,还是融汇中西,<u>重塑北京</u>。具体来看,呈现为三个方面:第一,重显历史以形成"世界著名古都"风貌这一目标;第二,新造世界城市的现代街区和地标景观以形成"现代国际大都市"新型;第三,以两轴体现传统与现代、中国与世界的结合。这三个方面是紧密关联的,可以双赢的,又是相互绞缠的,甚至是冲突的。这绞缠和冲突是"梁陈方案"和天安门体系的矛盾性的一面在新的形势和新的目标下的重现,这关联和双赢是"梁陈方案"和天安门体系的相通性在新的形势和新的目标下的重现。从合的角度看,整个北京走在一种新的融汇古今中西的道上,从分的角度看,这一融汇还是以两个方面体现出来:世界著名古都和现代国际都市。整体而言,这两个方面虽有冲突的一面,但却是北京走向世界城市的两种基本景观。

走向世界城市的新景观之一:世界著名古都的呈现

故宫雄踞在旧城的中轴线上,1992年和2004年总体规划强调,对以故宫为主体的中轴线,对明、清北京城"凸"字形城郭平面,对原有的棋盘式道路网骨架街巷胡同的保护,构成了世界著名古都的基本面貌,这不但促使在共和国前期被拆坏的一些重要街区的恢复,而且意味着它们将按照一种新方式重建。这里,"恢复"和"重建"包含了非常丰富的具体内容和多样性的复杂关联。这里且举三个街区:以新建为主含保护于其中的王府井步行街、以保护为主含新建于其中的大平安片区、以复旧为主含新建于其中的前门大街。这三个大街内蕴着三种呈现世界著名古都的方式,王府井是现代型的,平安片区是保护型的,前门大街是仿古型的。

(1)王府井步行街

而今的王府井大街,已经很难说是古街了。因为在这里我们看不到王府。虽然这里没有古代之古,却有现代之古,从清末至共和国初期之"古"。把王府井打造成改革开放之后中国的第一条商业步行街。遵循清末以来王府井的商业演变。在这里,一方面,古代的王府遗迹已经渺茫,但王府井这一街名却可以把人引向思古幽情。另一方面,清末以来商业街的与时俱进嵌进新的时代之中,形成了现代史(晚清、民国、共和国前期)与当代性(改革开放以后)的交汇。

　　由王府井这一街名，肯定是要把人引向古代。《燕京访古录》将其历史追溯到隋代燕王府，即北平王罗药的帅府。罗药应为罗艺之父，隋炀帝的虎贲郎将，曾伐辽，又留守涿郡，后以郡归唐，唐高祖封为燕王，总管幽州，建了规模甚大的燕王府。据说几十年前尚存府前影壁一座，而今已亡。但有其名成其街则在明代，元代这街叫丁字街，到明朝，按《明成祖实录》，明成祖在皇城根下东安门外的丁字街南为镇守边疆各地的十位王爷建王府，于是称为十王府街，又简称王府街，因其附近有一优质的甜水井，于是又称王府井。到清朝，明代的王府灰飞烟灭，清代的王府又继之而起，至少现在还可以看到面目虽变但构架犹存的清初时清太祖十五子多铎的豫王府（协和医院）、还可以知道其迹虽灭但地段犹存的清末翁同龢的状元府（今麦当劳东侧）、清太宗第十子韬塞镇国将军的辅国公府①（百货大楼西边）、清初平西王吴三桂的王府（东安市场原址）……在两旁的小巷名称中，尚存着帅府、阮府、空府、霞公府……让人去遐想古代的面貌。然而，八国联军入侵北京，西方洋行在洋枪洋炮的支持下进入王府井，靠近洋人使馆东交民巷的王府井成了一个有洋行卖洋货的商业街。中国进入现代化进程以来，不是按照古代制度安排进行商业活动的地安门大街，也不是由民间自发形成商业活动的前门大街，而是王府井，成了北京的第一商业街。清末新政，朝廷主导了一系列西式建筑的出现，一栋西式的商业建筑：东安市场，出现在王府井街上，对王府井成为第一商业街具有标志性意义；宣统元年（1909年）的《京华百二竹枝词》形容东安市场的商业盛况：

---

① 《清史稿》（卷二百十九列传六）：辅国公韬塞，太宗第十子。初封镇国将军。康熙八年，进辅国公。三十四年，卒。乾隆元年，授韬塞子谕德奉恩将军，世袭。

新开各处市场宽，

买物随心不费难。

若论繁华首一指，

请君城内赴东安。

共和国成立后，第一个大型的百货商场——北京市百货大楼，出现在王府井中，对王府井成为共和国第一商业街，具有标志性意义。因此，当北京迈向21世纪，向着世界城市演进的时候，把北京的第一商业街改变成了一个世界级的商业步行街，成了历史在今天的继续和今天对历史的更新。

王府井步行街经过历时8年(1992—1999)的精心打造，于世纪之交，以一视觉图像的整体，出现在北京之时，其意义是丰富而深远的。北京是中国的首都，在一个统一的政体下，首都的重要变化，都会具有一种全国性效应，从而具有一种全国的样板性。王府井步行街的出现，正是起到了中国第一街的示范作用。正如天安门广场作为共和国初期具有象征意义的视觉形象，引起了全国各大城市的政治型广场的普遍出现一样。王府井步行街在改革开放十多年后的出现，以一个崭新的视觉形象，象征了一个后现代/全球化的消费时代在中国的正式降临。如果说，天安门广场以一种图像的形式，突出了北京的政治

图6—1 民国时代的东安市场

图6—2 共和国前期的百货大楼

(资料来源，北京财贸职业学院网"北京商业街"http://www.bjczy.edu.cn/web/ky/js/kyjl_js09.html)

中心；那么，王府井则以一种图像的形式，呈现了北京的消费中心。王府井步行街的出现，以一个视觉图像的结构，象征了中国社会/文化/思想的变化。

  从消费社会的图像景观来说，显示了王府井的与时俱进。当共和国成立以来一直是北京的第一购物街的王府井，在新时代以步行街的形象呈现出来的时候，改变了以前的购物为主的符号形象，在购物上加上了休闲和观赏的新功能，并把休闲/观赏/购物融为一体，在这种一体中，改变了购物在以往时代的性质，并在这一改变中，呈现了一种社会新质。这一新质，就是后现代/全球化时代的消费性。消费在这时已经不仅是一种以购买物品为主要目的的经济活动，更是一种心灵和感官消费的观赏旅游活动。从某种意义上说，王府井步行街，就是为这一新质而打造出来的。在这一新型的消费时尚中，走进王府井，你可以购物也可以不购物，无论是购物还是不购物，都要对包括购物图像在内的步行街进行观赏，为了突出观赏，需要步行，慢慢地走，慢慢地看。被看的街、店、人、物，呈现了一种包含着新的时代趣味的景观图像；去看的游人成为包含着新的时代趣味的图像欣赏者。而当这一欣赏者进入步行街的时候，又成为步行街街景的一个有机组成部分。在步行街上的人，去看步行街，构成了中国新时代具有重要阅读意义和象征意义的明信片。看，同时成了被看，观赏者同时成了被观赏者。这一转变，是在步行街上实现的，观赏者成为被观赏者，本身就是步行街功能的一个组成部分，本身就是后现代逻辑的一个组成部分。北京是全国的首都，全中国的人流在这里交汇，也是世界的名都，全世界的人流在这里流动，这是改革开放以来就逐渐形成的一个特色。当王府井以步行街的形式让全国以及世界的人走进王府井，自然而然地入街随俗，被街的形式要求而进入"步行状态"的时候，全国以及世界的人在这里都成了后现代消费社会的消费大众，都成了王府井图像整体的一个组成部分。中国与世界的交汇，在王府井以一种步行街的图像形式呈现出来。王府井步行街上，来自全国以及世界的人流，构成了一个动态的图像景观，这又要求王府井步行街上作为静态景观的建筑形式，要与之相适应。这样，王府井建筑形式，成为王府井步行街图像非常重要的一个组成部分。

王府井是中国看（消费）世界和世界看（消费）中国的京城第一商业街。因此，其构筑的建筑景观，就不是完全古代的，也不是完全现代的，而是沿着清末以来商业的理路，表现为古今兼顾，中西兼有。步行街本身就是朝向世界城市潮流的，这步行街是在旧城内要保持古都风貌，但这一古都风貌，不仅是古代的王府和清末老字号的旧风貌，而且包括清末新政以来的现代风貌，从清末的东安市场到共和国前期的北京百货大楼。王府井的风貌本身就是一条历史之流，这一历史之流本身就显示了由古到今的演进，在这一演进中加上一种当今的元素，就是必然的了。让世界各地的人在这里看中国元素，让中国各地的人在这里看世界元素。在王府井步行街的演进中，古都风貌必然转变成一种古今交汇。因此，王府井步行街是由红色花岗岩石铺成的810米长的街道，两旁的建筑高低起伏，在新的时代张力中形成一种新的中外交汇和古今贯通。这种交汇和贯通，不是古典式的以一主题逻辑地统摄和细缀起来，而是后现代式的以拼贴和并置为主要方式整合起来。所谓的拼贴，在这里指的不是按照一种时空的逻辑顺序，而是按照一种建筑的美学结构和一种观赏的形式逻辑组织起来；所谓的并置，就是古今与中外都在一种后现代的当下结构中呈现出来，王府井步行街的建筑景观本身，就呈现了一种古与今和中与西的图像对话。

步行街南口，与长安街相交，是东方广场，由两座巨型的现代建筑形成，对步行街做了一个豪华的延伸，对步行街与长安街进行了一个双重的对接。它既是长安街的一个组成部分，又是步行街的一个组成部分。在后一意义上，东方广场屋内下面的地铁站，接连了整个北京城，进一步突出了步行街在全北京的意义。东方广场的建筑形式，从内到外，里面一个西方式的MALL，外部一个高大宽广的现代形式，体现了中国人所理解的当代性，其建筑日期和建筑形式，无不呈现了一个完全的现代①。步行街北口，是新东安市场，它的历史可以

---

① 理论界关于东方广场的争论，内蕴了中国学人对当代性的分歧，与本题无关，略去。

追溯到20世纪初的清末新政。东安市场与陆军部、奉天火车站、农事试验场、北京饭店等建筑一道,构成了北京建筑现代化的第一次浪潮。而20世纪初东安市场的出现,正是让古代型的王府井成为现代型的商业街的具有象征性的事件。从此,王府井有了不似前门大栅栏胜似前门大栅栏的现代商业街区。现在的新东安市场,在空间体积和外观高度上已经现代化了,但在建筑的重要部位(房顶、坡檐、门柱)上采用中国传统建筑元素,变成了一种中西合璧、古今一体的新型建筑。它以墙面为西,以顶部为中。顶部在建筑中具有的主体性使得东安市场突出了一种中国风格,特别是与南街头的东方广场相对照,一为中,一为西,一为古,一为今。可以说为整个步行街定了一个总体基调。新东安市场虽然顶部形象是中国古代的,立面形象是近代的,但内部结构和装饰却是当代的,与东方广场一样,都是 MALL 的形式。这样虽然在外部,有中西古今之分,在内部却一样体现了当代风尚,这两大 MALL,一南一北,形成了王府井步行街的一种读解隐喻。

步行街之中,是北京百货大楼,这是共和国成立以来中国商业第一楼,该楼保持原来的基型,虽做了细部新饰,仍可感20世纪50年代建筑的雄姿。特别是楼前劳动模范的半身塑像,将共和国的荣誉制度做了一个艺术的体现。由于该楼保持了原来的基型,在内部结构上,虽然与东安市场和东方广场一样也有最时髦的布局、陈列、装饰、广告,但这种共和国前期的建筑结构,使之带

图6-3 东方广场

图6-4 新东安市场

图6-5 百货大楼

(以上资料来源:张法 摄)

上了一种时代的特点,是一个商场,而不是 MALL。步行街,购物是其中的一个重要的母题,这一母题在三个重要的位置上(南、北、中),以三种不同的建筑类型(古、近、今)体现出来。而新东安市场和东方广场两个后现代的 MALL,强调了购物和休闲性,这两个强调带动了百货大楼休闲性的突出。而三种不同的建筑类型,使购物和休闲具有一种观赏性。这三座巨型建筑,由于风格不同而有了一种互文性,也有了一种历史性,这两者都突出了观赏性。站在这三座巨型的建筑面前,你自然而然地要观赏一番,体会一番……消费主题、建筑类型、历史时期,构成了王府井步行街的主调。这一主调,在整个步行大街上被做了丰富性的延伸。漫步街头,有各种传统老店,如四联美发店、瑞蚨祥丝绸店、承古斋古玩字画店……有各类国际新店,如麦当劳快餐店、肯德基快餐店、耐克鞋店……这形形色色的店,或大或小,或高或低,错落有致,它们的门面以一种多样性的建筑风格呈现出来,其包含的内容,却充分体现了后现代的消费品格,不但有物质性的消费,让你美发、美身、美容、美腹……还有精神性消费,有保持了 20 世纪 80 年代建筑风格的外文书楼,有采用最新风格的时髦图书大厦,有采用传统形式的工艺美术大厦,有字画店、玩艺店、文具店……让你美心、美情、美意。这些形形色色的商业门面,是各种建筑风格的展示,有完全的中国风格,如小吃街,中国门楼、中式的店面、中式招牌;有完全的西方风格,如图书大厦,玻璃门面、几何分割,非常现代;有中西结合,如工美大厦,西式主体上,盖一中式大屋顶;整个步行街高低起伏的建筑所构成的天际线,具有一种韵律的美感。能欣赏王府井步行街的天际线(图 6-6),是你欣赏趣味的体现。构成这一天际线的,有现代的平顶、中国的大屋顶,也有基督教堂式的尖顶、伊斯兰建筑的圆顶……这是一种容纳万有的,具有世界胸怀的天际线,它体现了王府井步行街的京城特色,同时又以建筑图像体现了王府井步行街所处其中的全球化时代。

王府井由购物性的商业街变成观赏性的步行街,对观赏性的专门性强调,就是街头雕塑的出现。

图6-6 王府井街的天际线（资料来源：张法 摄）

把雕塑放到一条集商业、文化、休闲于一体的步行街上去，这一空间位置（街）和空间性质（休闲）对雕塑提出了一种新要求。从更深厚的文化关联上说，这里包含了两个方面的互动：一方面，雕塑需要进入步行街，以使步行街作为一种后现代消费街道的性质得以完成，这是一种世界的城市主流，也是一种世界的街道主流；另一方面，步行街有自己的文化定位，这一文化定位使得雕塑要从原先的中国雕塑发展线上超越出来，融入步行街这一中国文化新视觉象征的整体中去。正是在这样一种互动中，一个新的城市雕塑维度产生了。

在步行街的内在要求中，王府井的雕塑具有一种后现代的组合。第一是步行街南门的王府井招牌（图6-7），它以浮雕的形式挂在商店的墙上，古色古香。你可以不把它看成雕塑，也可以看成雕塑。正是这一模糊性，让它有了两个方向的走向，不看成雕塑而看成牌额，这是一种中国文化传统中的街；不看成牌额而看成雕塑，一瞬间，整体建筑，甚至整个街道都恍然成了雕塑，这是一种西方文化传统中的街，王府井要形成的是这两种意象的合一。从南进入步行街不远,是王府井饮食街的门坊(图6-8)。与牌额相呼应,指向了一种中国传统式的古街。但就在饮食门坊之旁,是王府井移动电话营业厅,2005年厅前的两部叠在一起的巨型手机,以一广告的形式,成为雕塑的实体。它与牌额相呼应,指向了一种后现代式的新街。这一巨型手机雕塑,虽然是一时期的电话厅的广告创意,却显出了一种无心合道的后现代无意识景观。在步行街的中段位置,北京市百货大楼前,是一座劳模的半身塑像(图6-9)。这劳模生前就是百货大楼里的一位普通的营业员。这一雕塑连同后面的建筑一道,把人们带进了共和国初期历史。正像百货大楼这一建筑呈现了共和国初期的建设风格一样,楼前的塑像呈现了共和国初期的雕塑模式:雕塑与建筑形成一种关联和互动。但当这一原有雕塑与建筑的互动关系被置放进一种步行街的整体语境中时,这一关系又生成新的意义,雕塑和建筑都成为一种观赏景观,而且,在塑像前面,设计了一个几何喷泉,喷泉与塑像构成一种比建筑更加亲密的关系,形成了把雕塑拉向观赏的强势。如果说,前面讲的三种雕塑,都与某种历史/文化/趣味有密切关系,其雕塑性是在一种共享语境中得以呈现,从而与所在的位置和环境构成一种互生和衍生的关联的话,那么,步行街北头的两组雕塑则显出了雕塑的新质。

图6-7 王府井匾牌　　图6-8 小吃街门牌　　图6-9 百货大楼塑像

(以上资料来源:张法　摄)

步行街北头的雕塑典型地体现了一种新质:雕塑放到街中。北头马路北面街上,老字号的鞋店前,有四个小孩戏鞋的组塑。北头东面新东安市场前有三组雕塑:清末人力车夫、民初的路边理发(图6-10)、民国的街头说唱(图6-11)。东安市场是清末新政在北京出现的几个标志性的西式建筑之一,是京城的第一批西式建筑之一,以建筑的形式象征着现代性在京城的出现。而今的新东安市场,作为步行街整体的一部分,已从以前的一层变成了起伏有致的多层,建筑上部也以中国传统建筑的顶檐呈现,然而,东安市场本身却代表了一种历史,因此,这三组雕塑,正是从清末到民国的街头景观。

如果说,步行街南头和中部的雕塑(浮雕、广告物、半身塑像)带着古代的、最新的、历史的不同性质,显示了雕塑的多方扩散和多重张力,那么,步行街北头的这四组雕塑则从雕塑性和文化性的结合上显出了步行街前对雕塑的一种新要求。步行街内蕴的信息是多流向的,从而步行街的雕塑本身就微缩成了一个只勾勒和突出重点的雕塑史,可以将之进行多种组合。比如,当否定南头牌额的雕塑性,只将北头四组与中部劳模,南头手机指认为雕塑,这是一种雕

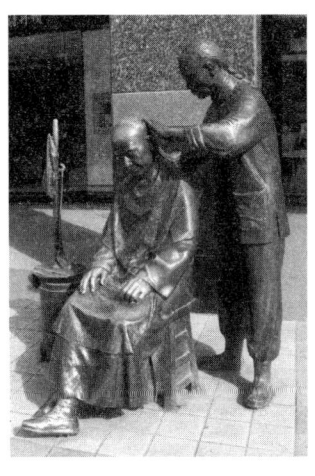

图6-10 理发雕塑　　　图6-9 街头说唱雕塑

(以上资料来源:张法　摄)

塑史组合,突出了一种西方性的雕塑观;否定手机的雕塑性,将之排除在雕塑整体的意义结构外,这是另一种雕塑史组合,呈现的是一种古典的雕塑性;肯定牌额的雕塑性,也肯定手机的雕塑性,将之纳入雕塑的整体布局,这是一种世界性的雕塑观……总之,王府井步行街的显形和隐形的雕塑,可以作多种多样的后现代式的意义拼贴,而一旦进行这样的拼贴,意味着把雕塑与步行街上的其他视觉元素,进行一种丰富性的重组,这样做有利于揭示步行街作为一个整体的视觉文化意义,但不利于从雕塑的角度突出其雕塑在步行街之中由雕塑性而带来的意义。

从雕塑性的角度出发,王府井步行街雕塑可以进行两种组合:一是从雕塑史角度出发的时空结构整体。它组织前面说的从南头牌额到北头四组,到中段劳模,再向南到手机的雕塑为一体。有一个时间上的历史顺序结构:传统—清末—民国—共和国—消费社会的今天;又有一个空间上的回环结构:南—北—中—南。在时间结构上,两端都延伸向浩茫的无限,牌额以书法和图案引向了过去的浩茫,手机以无线电引向了未来的浩茫;在空间结构上,这种回环性呈现出了一种中国美学的意味,同样具有一种西方的几何美。二是从城市雕塑发展维度进行一个整体组合。在这一维度里,牌额具有一种模棱两可的边缘性,它代表了一种雕塑样品,也代表了一种历史文化,形成的是对过去的历史记忆(传统古雅)和现在的新式功能(地点标志);在这一维度里,劳模塑像是一种雕塑类型,这一类型曾在共和国时代的雕塑创作中成为一种时尚,这一雕塑包含了百货大楼的行业荣誉,也是一种历史中的样式。当这一雕塑出现在步行街上时,与其说是因为其雕塑功能,不如说是历史标记功能,劳模塑像与百货大楼一道,成为王府井步行街容纳古今,囊括世界观念中众亮点的亮点之一。在这一维度里,手机是一种雕塑类型,但这一雕塑是为了商业广告的目的而出现的,这是一种最新的时尚,它对接了艺术与商业,呈现了一种后现代的互文、挪用、戏拟、反讽……当这三组雕塑在呈现雕塑的同时,更在于接连了历史、现代、文化、商业,因此,它们是为了新的步行街而出现的雕塑,雕塑负载的是历史、文化、现实的意义,而不是为了步行街的新雕塑而出现的雕塑,在负载文化功能的基础上突出雕塑功能。

从雕塑性出发,步行街北面的四组雕塑以自己的通俗性、现实风、趣味格、观赏态,显出了一种城市雕塑的新维度。这四组雕塑都安放在街上行人行走的空间中,行人可以在其前后左右穿过,因此,雕塑与行人构成一幅总体图画。四组雕塑,除了街西孩童戏鞋一组比真人略大之外,街东三组,都具有真人一般的大小,一种贴近生活真实的感受油然而生。四组雕塑都是现实风格,以真实而非抽象、具体而非观念的方式,细节地呈现历史的真态。这种历史的真态在大街上,是以一种趣味性的方式呈现的。四位孩童,一双大鞋,稚气而顽皮,天真而淘气,令人不禁莞尔一笑。人力车夫,拉车向前,日常而又平常,几分艰辛又有几分乐观,呈现的是生活的常态。街边的理发,一丝不苟,有生活,有技术,呈现的是日常图画。说唱者,男拉琴女唱曲,既娱人又自娱,有生活,有艺术,呈现的是日常的情调。四组现实风格的雕塑,具有很强的日常性、趣味性、观赏性、通俗性。正是在这里,城市雕塑的新维度呈现了出来,也正是这四组雕塑成为全国各类步行街模仿的样板。在广州步行街,可以看到这类风格和寓意的雕塑,在重庆的步行街,也可以看到这类风格和寓意的雕塑,再走其他城市的步行街,仍可以看到这类雕塑。可以说,这类雕塑的出现,在一定意义上,是被步行街的功能内在决定的。

如果说,中国城市雕塑在经过了共和国前期的前苏联模式的政治型雕塑主潮(共和国初期天安门广场人民英雄纪念碑的浮雕是一种典型,"文革"中领袖巨塑是另一雕塑),经过了改革开放后西方的现代模式抽象型雕塑加入进来,并形成了某种主潮(这在一些新开发区特别明显,比如北京望京地区的街头雕塑,基本上全是抽象雕塑),那么,步行街的雕塑则使一种新的雕塑类型成为主潮。只要你进入步行街,这类雕塑就会出现。这就是在王府井步行街首先出现的雕塑类型:一种生活型的通俗雕塑。步行街是消费大众的购物和闲玩之地,不需要严肃式的政治,也不需要精英式抽象,而更需要眼见心知、雅俗共赏、情味日常的塑景。可以说，是步行街这一都市形式本身呼唤出了这一种生活型的雕塑。中国古代城市是没有现代意义上的雕塑的，虽然衙门府第前两旁塑有双兽，但兽塑是建筑的一部分，而不是具有独立意义的公共实体。民国以后，特别是改革开放以来，中国城市走向世界，城市雕塑大量地出现了。主要在重要建筑物前、交通要道边、公共场合中，作为一种名片意义的比较多。因此，随建筑物、交通口、公共性的具体意义关联，加上艺术的时代和世界潮流，而生成出相关的形象。而步行街的雕塑却出现了新要求：一方面，它面对的是消费闲人和逛街游人；另一方面，它与街面店铺形成了一种商业的旅游的互动关联。一种生活的、通俗的、消费的、赏玩的雕塑出现了。赏玩形成了步行街雕塑的主调。你看那一对说唱男女，不正在呼唤着游人的驻足赏听？你看那儿童的小脚插进巨大的皮鞋之中，引起另三位小童的兴奋和好奇，不也让路人不禁要看一看，笑一笑？以王府井步行街雕塑为示范，全国各步行街的雕塑都朝着这通俗性和赏玩性的方向展开。

　　王府井步行街的四组雕塑，明显地具有一种历史的跨度：从清末（人力车夫）到民国（弹唱与理发），到共和国（劳模），到全球化/信息/消费时代（手机），呈现了一种历史性。步行街在中国城市中成了一种城市标志性的地段。而在王府井这样本身就具有一种历史的街道上，展现历史成了雕塑的一个重要功能。而历史性的展现，最适合的方式就是现实主义风格的具象雕塑。只有具象，才能把人引领进历史的具体性之中；只有具象，才能以细节的方式让人回溯到过去；只有具象，才具有白话的通俗性，取得雅俗共赏的效果。当然，如果历史的标志本身就是庄严性的，也不妨按历史的方式呈现，北京市百货大楼前的劳模像，就是以半身形式立在楼前，与街南众孩童的嬉戏，正为一种对照。但从历史记忆这一点来说，二者具有相同的效果。

　　王府井步行街有休闲情味步行街的特点，第一是街，第二是步行，因此这里街中是街，店内也是街，前者是王府井大街本身，后者是东方广场内和东安市场内以 MALL 的形式出现的街，两座 MALL 内，每一层中，都是一条条曲曲弯弯的室内之街。店铺内、街墙上,各种广告图片,橱窗陈列,五彩缤纷,令人目不暇接。在这样的MALL中行,犹如在一条条商业街中行,只是这街变成了室内。但正因为是室内,因此休闲性得到了一种强调和突出。MALL的效果,就是让你感觉到,从街上走进大厦,大厦里还是街,是室内之街,夹在街中的是两旁的大店小店;走出厦外,相连的是室外的街,夹在街中的是两旁的高楼低楼,楼中依然是大店小店。由于室外与室内有相同的氛围、相同的图像、相同的情调,无论在室内街上步行,还是在室外的街上行走,都会感觉到休闲味。步行街,就是让你在街上慢步悠行,且行且驻,购物、观看、消费、欣赏、享受……步行街的目的就是要把购物与观光相结合,把休闲与享受相结合,打造出一种消费社会的街头美学景观和逛街的闲情雅致。

对于中国文化来说,消费与休闲的结合,观光与享受的结合,一定离不开食与吃。因此,中国后现代消费社会的步行街,"吃"构成了一道耀眼的风景线。这里有各种各样的吃式,有单一的吃店、集中的吃楼、特设的饮亭、专门的吃巷……在形形色色的食楼饮亭食店饮摊中,最具特色的是,东安市场和东方广场两个大MALL中的饮食楼和大街上的自成一格的"王府井小吃街"(图6-12)。前者形成了室内的"美食街",东安市场的美食街在顶层,世界上的各色食饮在此鳞次栉比,东方广场的"美食街"在地下一层,同样是世界上的各种风味,在此店铺相接;后者是形成王府井步行街上的室外街中街。大街上是中国传统楼牌,上面用中国行书写着:"王府井小吃街。"走进楼牌,是一个横直曲折的小街,夹街店铺,建筑是传统型,桌椅是传统样,饮食是传统味,吆喝是传统声;串串香、臭豆腐、酸辣粉、担担面、大排档……

在王府井里,可以为了有更多的时间购物而在此一吃,可以为了有更多的时间观赏而在此一吃,也可以为了在此一吃而一吃。如果说,雕塑使步行街有了现代风情,那么,饮食使步行街有了传统风味。吃,成了观光客们对王府井步行街进行的一种经验性和身体性的接触,成了步行街上悠情闲意的一种后现代注释,而观光客的种种吃相,又构成了王府井步行街整体图像中的一个重要组成部分。

图6-12 （左）东方广场内的美食街 （右）小吃街中的景象

（以上资料来源：张法 摄）

从建筑风格、雕塑内蕴、街道形状、饮食风味四个方面，用举例罗列的方式谈了王府井步行街所形成的图像，但王府井的图像整体和丰富意蕴又远非这四个方面所能道尽。然而，如果非要用一句话对王府井步行街的出现进行一下总结的话，那么，可以说：步行街，让中国城市完成了一种性质转型，让中国人完成了一种心情变换，而这两个转型，是从北京王府井的步行街开始的。到北京，不可不去王府井步行街哟，那里，你可以感受到一种特定的时代、文化、历史、艺术、心态……

更为重要的是，本来，王府井步行街是要作为古都风貌而展现的，但是，结果却把古都风貌变成了一种古今交汇、以今为主的时尚。一方面，这是1903年东安市场出现以来，王府井走向世界的继续，另一方面，又是全球化时代以一种新貌去呈现一个流动的历史。在这里，王府井步行街，有一些古都的精神，却失去了古都的面貌。只有将之与平安片区和前门新街并置起来观看，它作为古都风貌的意义才有所透漏。

(2)平安片区

平安片区是旧城中故宫以北一片最为重要的传统片区,是由 1988 — 1999 年打通平安大道而把北城内的各片传统区块连在一起而形成的。平安大道,这一作为新中国成立 50 周年献礼的"大道",是继长安街之后的第二条大道。修建这条大道的最主要的动因是解决内城的交通问题,是为了现代北京而来,但它又处在北城内各传统片区(北海公园片、什刹海片、南锣鼓巷和敬公主府、僧格林沁祠、孙中山行馆、段祺瑞执政府、南新仓……)之中,与大道动工紧密相关的历史文物有国家级 1,市级 4,区级 6,其他价值的文物 15。这是从个体和区块而论,除此之外,还有与这些个体和区块紧密相连的形质、肌理、神韵,这意味着整个地区面貌的改变。平安大道的出现,可以说是"梁陈方案"和天安门体系冲突在改革开放时期的一种体现。由于它处在旧城之内是旧城中的一条大道,意味着在新的理念框架里它受到历史名城这一场极的影响,由于它是为解决交通扩大路面为现代北京整体而来的大道,又具有现代大道的功能。一方面它自身构成一种大道型的景观,另一方面它必然让与之相连的区块因自身而重新形成一种视觉改变和观赏方式的改变。

◆平安大道

平安大道自成一个景区。它贯穿西城区和东城区,东起东四十条立交桥,西至官园立交桥,全长 7062 米,在现代北京的交通功能上,它是继长安街之后北京市第二条贯通城区东西方向的交通大动脉。改造拓宽后大道比此前的通行能力提高了 5 倍。这条大道,中间是传统风貌,包括:一、传统民居建筑(东官房地段),二、传统商业建筑(地安门地段),三、传统园林建筑(北海、什刹海地段),四、传统宗教建筑(贤良祠、僧格林沁祠),五、府第建筑(孙中山行馆、段祺瑞执政府)。两边是现代风貌,主要为 20 世纪 80 年代以后的大型公共建筑(官园、东四十条附近),二者之间是混合风貌,即传统风貌与现代建筑二者的协调区①。从中间到两边三种风貌的变换显出传统和现代的并置与张力。然而其中心和核心是中间的传统风貌,从两边进入或从南北进入平安大道,都是为了走向中间的传统风貌,在有了建设历史文化名城的强大社会舆论之后的平安大道建设,保持传统风貌成为规划和实施中的重要指标,因此,在这条道上走着,不断地把人带向历史各个时段的人物:王爷、公主、将军、总理、商人、文人、雅士……以及与之相关的事与物随着建筑的出现,在人的心中飘来飘去。平安大街越宽越新,街中的各处遗址就越像大海中的暗潮把人的思绪向历史的深处拽。特别是进入传统风貌区域,如果把平安大街比作一个海,那么,这个海不断地把人引向历史的复杂和深邃。在这传统风貌的大海之中,最能突显历史深邃的大致有三:一是北海公园,二是什刹海,三是南锣鼓巷。北海公园曾是故宫的一部分,变成公园之后,为五湖四海游客来京游玩的首选地之一,已经为人们所熟悉,其结构与风貌很早就已定型,不存在进一步的演变,只存在进一步的理解。而且,由于公园的墙和门票,自然与平安大街有了一种心理的隔断。而什刹海和南锣鼓巷,则是平安大街的一部分,人们可以自由地进出,与平安大街形成了自然的整体。而且,其面貌随着北京面向世界城市的演进而被给予新的定位,并由之而处于改变之中。似可说,这两个地方的演进,已经成了显示平安片区深邃性的点眼之处。让我们进入这两个地方去吧。

◆什刹海

翻开北京地图,可以看到旧城内沿着故宫西墙由南而北的六海水系:南海、中海、北海、前海、后海、西海。自共和国以来,六海无论在现实中还是在观念中都被分为三块片区。南面的南海和中海为一片,是中共中央和国务院的办公地,由卫兵把守,非公免进,是神秘地带,里面有瀛台,是清末光绪皇帝变法失败后被

---

① 穆祥纯,焦光群,王文贤.北京平安大街建设工程综述.中国市政工程;2001;2.

软禁之地,里面有毛主席故居,留下了共和国前期的政治故事……中部的北海是一片,民国后1925年8月1日,以北海公园之名正式开放,辽金元明清的皇家御苑得到了很好的保存。临南街的万岁山团城、进园门后的永安桥牌坊、临水而立的琼华岛、岛上的永安寺的系列佛殿,依山势排列,特别是寺中藏式白塔,始建成于1651年,成为全园的标志,承光殿的玉佛,左面有八国联军留下的刀痕。沿海岸而北,有临海而立的五龙亭,岸上有九龙壁,有体系性的宗教建筑小西天、大西天、阐福寺、西天梵境,这一带留下了乾隆皇帝散步的足迹……北海公园北面的墙在平安大道上,对着北海公园,平安大道北面,有前海、后海、西海,自成一系。与前两片由红墙围着不同,这三海形成的整体可信步而游,三海之名称与空间在历史上几经变动,民国时期,前海、后海、西海,包括后来被填了的小西海,总称什刹海。为什么叫什刹海,一种说法,源于明代沿海岸建有十座寺庙,故为"十刹海"("十"通"什");另一种说法,缘于后海西北岸有一庙宇字"什刹海寺",其方丈积德行善远近闻名,久之寺名传为海名。

什刹海片区,北起北二环,南至平安大街,东至地安门外大街,西至新街口北大街,面积323公顷,其中绿地面积11.5公顷,中有院落430座,多为四合院,有一进院、二进院、三进院、复合型多进四合院,有王府、贵第、富宅、民居。此区的街巷自元代即有文献记载,目前共有街巷143条。街以桥和庙命名者为多,仅读其名,就让人感到水泽汪汪,庙香缭绕。这两种感受,曾经都是什刹海的现实。

水是元代什刹海的主色。在一定意义上说,什刹海是元大都的起源,受忽必烈之命修建元大都的刘秉忠,依据什刹海(当时叫积水潭)东西之距,确定元大都的中心和半径。在一定的意义上说,什刹海还是元大都得以运转、生存、繁华的生命线,它是大运河北端的终点,与运河相连进而与海外相连,成为元大都的漕运码头和与外部相交通之枢纽,当然也成为元大都的繁忙和繁华的胜地。元人黄文仲《大都赋》对什刹海的盛景有这样的句子:

扬波之橹,多于东溟之鱼。

驰风之槛,繁于南山之筍。①

但这樯橹连云的盛况和碧波万顷的水境,随着元明的改朝换代,京城的中心南移,什刹海不再与运河相连,不再是漕运码头,开始了新的变化。水虽渐少而水仍在,开辟水田而有堤柳秧稻荷花,什刹海变成了京城中的北国江南,而这时庙宇是明代什刹海的主调之一。什刹海地区的庙宇,可以追溯到隋代的汉寿亭侯庙,以及唐代的火神庙、佑圣寺,元代的护国寺、广化寺,但从明代始,庙观多了起来:广福寺、寿明寺、双寺、净业寺、普济寺、拈花寺、汇通寺、瑞应寺、什刹海寺、清虚观、大藏龙华寺……虽然后来清代又修建了一批寺庙:天寿庵、三官庙、真武庙、永泉庵、丰泰庵、三元伏魔宫……但什刹海的寺庙林立的景观,是在明代形成的。当然,什刹海不仅是庙宇,还有众多名园:有徐达后人的定国公园(又称太师辅)、英国公新园、刘百川别墅、刘茂才园、方园、萄园、杨园、漫园、湜园、李广花园……除这些寺庙庭园之外,什刹海畔还有供雅集的莲花社、供清赏的古墨斋、供美食的虾菜亭……有明一代,什刹海作为京城之江南,是文人雅士的吟咏对象,被称兼有"西湖春、秦淮夏、洞庭秋"之美。

图 6-13 汇通寺楼牌

(资料来源:张法 摄)

图 6-14 什刹海前荷花市场

(资料来源:张润初 摄)

---

① (清)陈元龙编.历代赋汇.南京:江苏古籍出版社,1987:150.

明亡清兴,什刹海地区的明代府第、亭园、寺庙有消逝,有凋零,或转变,或留存,但明代之景换而清朝之景兴,新一代的王府、大院、花园在这人非物是、秀色依旧的京城江南里出现,并随着时间而演变、生灭、盛衰、变幻。这里的王府除而今赫赫有名的恭王府、醇亲王府外,还有允䄉府、弘璟府、弘曕府、庆王府、罗王府,成亲王府,阿拉善王府(蒙古王)、钟郡王府(涛贝勒府)……达官贵人的府第有:麟文瑞府邸、克坦太的高楼。张之洞的可园、宋小濂的止园、尹继善的晚香园、金氏园、鲍丹亭园、王小帆的水东草堂……海畔岸边观景好地点缀着著名饭庄:天香楼、望苏楼、庆和饭庄、会贤堂、集香居、庆云楼、虾菜亭、清音茶社……嘉庆年间文人得硕亭,来到位于前海西岸的天香楼上,曾写诗抒发自己观景品味的感受:

> 地安门外赏荷时,
> 数里红莲映碧池。
> 好是天香楼上坐,
> 酒阑人醉雨丝丝。(《京都竹枝词》)①

可以说由明到清,人物虽变,建筑虽异,但京城江南的秀丽与温柔仍旧。清人富察敦崇所著的《燕京岁时记》谈到此地时说:"什刹海在地安门迤西,荷花最盛,六月间仕女云集。凡花开时,绿柳丝垂,红衣腻粉,花光人面,掩映迷离。真不知人之为人,花之为花矣。"②文字中的味道,与清代瓷器上图案的境界约同。

由清末到民国到共和国,几朝都城的名称由北京而北平再回到北京,但什刹海仍是城中江南,仍给人一种沉醉和依恋。老舍在其民国时代的散文《想北

---

① 肖凡、刘英俊、肖瑜编著.文人吟咏诗话.北京:中医古籍出版社,2008:253.
② 帝京岁时纪胜·燕京岁时记.北京:北京古籍出版社,1981:73.

平》中说:"面向着积水潭,背后是城墙,坐在石上看水中的小蝌蚪或苇叶上的嫩蜻蜓,我可以快乐地坐一天,心中完全安适,无所求也无可怕,像小儿安睡在摇篮里。"①当然,时代变迁带来的是人物两非。什刹海地区的旧时王府,或衰败,或切割,或转换,或新变,新人新居新物开始在这里涌现:有共和国名誉主席宋庆龄故居,有科学院院长郭沫若故居,有中国戏剧的头把交椅梅兰芳故居,有美术界的名流吴冠中住过的宅院,有文学界名扬一时的大家杨沫的居室,著名诗人田间的居室……在什刹海西边的柳荫街,曾住过三位元帅:叶剑英、徐向前、聂荣臻,住过著名将军王震、杨尚昆、张爱萍、杨成武……在前海东边白米斜街,曾住过清末重臣、提倡中体西用的张之洞,住过哲学家冯友兰、张岱年,学者李霁野、张恒寿、常惠……还有国际主义者马德海故居,收藏家张伯驹的故居,末代皇弟溥杰的故居,还有民初鸿儒梁巨川、现代作家老舍、萧军,画家周怀民……也都曾建房舍于什刹海畔,只是这些房舍或为后人所住,或献给国家,或后来为他人占用,淹没在茫茫一片的胡同杂院之中;什刹海畔,还有辅仁大学、"一二·九"运动纪念碑……这里让人想起了各式各样中国现代传奇和当代故事:在宋庆龄故居,会想到她与国民党、与共产党、与孙中山、与宋氏家族的层层关系……在郭沫若故居,会想到他在五四时代的《女神》、北伐时的激情、抗战后与国共两党的关系、共和国前期的诗歌、"文革"中的表现、改革开放初对科学春天的呼唤……在梅兰芳故居,会去感受中国戏曲里男扮旦角后面的文化内涵和梅兰芳的个人传奇……每一个人都通向历史的深邃。

---

① 舒济编.老舍散文选集.天津:百花文艺出版社,1992:109.

图6-15 光绪和他的生父醇亲王奕譞　　图6-16 宋庆龄故居

（以上资料来源：张法　摄　　前一张摄于展览图片）

　　这里，不仅有由这些现代名人的个人身世引出的一个个故事，而且有由建筑自身而必然要产生出来的联想。宋庆龄先生故居就建在醇亲王府的西花园，清代的王府花园经过梁思成的点睛之笔修改后，显出了新貌，但处处仍可见王府的旧迹。醇亲王府不仅是这一处，它包括正院、住院、花园、马圈。但从这里，可以想到当年的主人在园中漫步的情景。而从这花园又必然联系起整个王府。醇亲王奕譞（1840—1891），在道光皇帝的九子中排行第七，他的家中出了两位皇帝，其子光绪帝载湉和其孙宣统帝溥仪。这两位清末皇帝在中国内忧外患的岁月里，都有着拼搏奋斗又坎坷不幸的一生。奕譞之子载沣（1883—1951）继承醇亲王王位，作为宣统皇帝之父，成为清王朝最后岁月的摄政王，在风口浪尖里，进行了朝廷的最高政治运作，没能阻止清王朝的灭亡。可以想象有多少重要的政治故事在醇亲王府里发生。醇亲王府是在光绪年间被赐而来。其前身是成亲王府。成亲王爱新觉罗·永瑆（1752—1823）是乾隆的第十一子，嘉庆皇帝的哥哥，这位王爷虽然有政治高位，嘉庆年间担任军机处行走。但却醉心书法，以学赵孟頫为主，遍临晋、唐、宋、明大师，终而自成一家，其书法端正清丽、劲俏流畅，与翁方纲、刘墉、铁保并称乾隆四家。可以想象，有多少文

图6-17 恭亲王奕䜣　　　　图6-18 郭沫若故居

（以上资料来源：张法 摄　前一张摄于展览图片）

人雅事曾在这里上演。成亲王府也非始创。前面的主人是乾隆时代的政治大红人和珅。和珅在嘉庆年间被惩处后，给了成亲王。可以想象，和珅作为主人时，多少最高层政治决策的逸闻和最高层官场腐败的故事，在这里发生。和珅也不是最初的主人，最初主人是康熙朝的大学士明珠。明珠在政治上大起大落，可以想象这里有多少悲喜交集的故事，明珠的长子纳兰性德，是清代的第一大词人，其词凄丽哀婉，情深意长。只要你想到这里曾经是这位人读人爱的词人之居所，纳兰性德的形象就会开始或显或隐地浮现出来，生动起来……

郭沫若故居是前恭王府的马号，恭王府由三部分组成：府邸、花园、马号。因此，郭沫若故居虽然只限于马号，但历史上的恭王府是一个整体，这自然把人们的思绪引向了恭王府。恭亲王奕䜣是咸丰皇帝的第六子，在王朝危难之秋，得到了恭王府这一京城里最好的风水宝地，恭王府的前主人是嘉庆皇帝的胞弟庆僖亲王永璘，这位王爷据说爱此豪宅甚爱江山，由此可知是性情中人，为何偏爱此宅，因为此宅是和珅的府第，前面所说醇亲王府曾为和珅所有，仅是锦上添花而已，这里才是和珅正宗府第。此府占据了什刹海中最佳位置，据说北京城有两条龙脉，一是土龙，即故宫的南北轴线；二是水龙，即六海形成的南北曲线，此宅处

六　世界城市演进史与京城模式

在什刹与北海连接线上的最佳位置。远近游目,可感"近水绕宅如龙蟠,西山远望似虎踞"之巧妙、之深邃、之美好。道光三十年,永璘王之孙庆密亲王奕劻已降为辅国将军,咸丰二年道光诸子建邸分府时,这里成了恭王府。由和珅之居到奕䜣之府,这由府邸、花园、马号组成的府第,气势大,内涵深,韵致长。现在的恭王府仍透出了和珅时的基本格局。整个王府,南北长约330米,东西宽约180米,占地面积约61120平方米。虽然,以前的恭王府被分割为几部,但这几部之中,各由历史的演进而出现的分合、增减、变化,而这些分合、增减、变化一方面生出了各色各样的历史故事,另一方面又把这些各色各样的历史故事并置拼贴到了一起。因此,无论你是站在郭沫若故居前,还是漫步在花园回廊亭台之间,步行在府邸的中路院落之中,都会让你由眼之所见,耳之所听,鼻之所嗅而心随之所想,卷入历史的多样性之中,不但庆僖亲王永璘的故事,和家被抄后仍拥有半个和府继续居住的乾隆之女也是和珅的儿媳的故事,会一阵阵地飘出,更多的是和珅的故事与恭亲王的故事,前者在乾隆朝如鱼得水在嘉庆朝终遭败落,后者先是配合慈禧登上权力顶峰的政治运作,战胜了咸丰的八位顾命大臣,继而领导和支持曾国藩、左宗棠、李鸿章,引领了中国走向世界的洋务运动,后来又一次次遭慈禧的政治打击,最后在失意中病故。北京史专家侯仁之说:"一座恭王府,半部清朝史。"这半部清朝史正是围绕着乾隆盛世的和珅和晚清末世的恭亲王而展开的。

图6-19 恭王府花园一角

图6-20 恭王府内亭台中的曲水流觞

(以上资料来源:张法 摄)

2010年去世的现代画家吴冠中,在搬去方庄之前,在什刹海北岸临海的会贤堂中住了30年,他的不少名作皆画于此。不过,吴冠中与会贤堂可以说遭遇于相互的坎坷之际,共渡了相互的艰难岁月,30年里,他住于此画于此的会贤堂,不过是原来会贤堂中的一个极小部分,一个共和国前期的北京城中普通之极的大杂院而已,这又符合中国美学中"穷而后工"的理论。当吴冠中住进会贤堂的大杂院时,已经在杭州和重庆的美术圈风光过,已经在法国巴黎的艺术圈荣耀过,当然也不会不知自己身在何处。最初,此地是清末礼部侍郎斌儒的私邸,光绪年间,张之洞在朝廷任军机大臣兼体仁阁大学士,权倾一时,其家厨王承武细观此地,位什刹海北,银锭桥南,在长堤翠柳环抱之中,实乃发达之地,于是买了下来,开起了"会贤堂饭庄"。在旧北京饭庄而称之为"堂"者,多乃承办大型筵席,上演红白喜事之处。知此风俗,当看到金鱼胡同的福寿堂、取灯胡同的同兴堂、西单的聚贤堂、肉市的天福堂、地安门的庆和堂,皆有"堂"名,便知与此同类。但会贤堂与其他的堂不同,在门面、装修、结构上有自己的特色:坐西北而面东南,传统中式,画栋雕栏,磨砖刻花,上下二层,一排十二开间,两进院落,院中有戏台一座;还在于居什刹海宝地,可以北望鼓楼钟楼,南观琼岛白塔。夏末秋初,一片蓝天,门外窗边,看岸边柳、水中荷,别有情趣。沈尹默有《减字木兰花》写自己在此的体验:

会贤堂上,
闲坐闲吟闲眺望。
高柳低荷,
解愠风来向晚多。

冰盘小饮,
旧事逢君须记省。
流水年乐。

莫道闲人有底忙。①

　　此堂与王府贵第远近相邻,其来堂光顾的客人中,有非同一般可以称得上"人物"的人物。辛亥的多事之秋,末代王朝的最高掌门醇亲王载沣有关"军国大事"的多次会议在此召开,有资格写进历史的编年实录;溥仪逊位后,派内务府大臣绍英、世续等在这里专门宴请大总统徐世昌,应该是为了搞好政治关系。一代名将蔡锷和小凤仙曾在此相会,确有侠骨柔情的浪漫色彩;五四运动期间,北京大学的教授们常在此聚会,文化新潮也曾起于什刹海畔会贤堂内的心波思涟……由此可知,会贤堂内的历史故事,从一开始就演得精彩。戏台上,来此演唱的多为中国戏曲的名家:谭鑫培、杨小楼、梅兰芳、王瑶卿、余叔岩、尚小云、侯喜瑞……席桌上,来此的客人多有当时的名流,政治界里有熊希龄、靳云鹏、朱启钤、徐树铮……文化界里有梁启超、王国维、钱玄同、沈尹默……鲁迅在1912年日记里写自己曾去会贤堂3次②,胡适没有写自己是否去吃过饭赏过景,但"会贤堂"二字多次出现在他的日记里。国民革命时期,国民党改组派和西山会议派的十位头面人物,王法勤、陈公博、覃振、谢持、白云梯、茅祖权、傅汝霖、陶冶公、卢蔚乾、黄少谷,于1930年5月13日在会贤堂共商联系反蒋(介石)大事,并通过了汪精卫在香港起草的《宣言》。后来,风云突变,北平沦陷于日军,会贤堂饭庄一变而成伪满洲国驻京办事处,出入其间的是汉奸大员和日本高官。再后来,日本战败投降,作为伪满洲国驻京办事处的会贤堂建筑作为逆产被没收,继而被辅仁大学校友收购,成为辅仁校友会会址。再后来,共和国成立,会贤堂的产权单位是辅仁大学校友会,但管理单位却是中央音乐学院和北京师范大学,入住的单位更杂,占地面积3000平方米、古建筑1800平方米的会贤堂的院子里,不断地

---

① 邓云乡.鲁迅与北京风土.北京:文史资料出版社,1982:130.
② 鲁迅记成"集贤楼"(鲁迅全集:第15卷.北京:人民文学出版社,2005:16),记1912年8月20日去过。邓云乡在《鲁迅与北京风土》中说,是鲁迅记误了。

图6-21 会贤堂的旧址即目前的大杂院（资料来源：张润初 摄）

增建了一些平房，不久就变成了大杂院。吴冠中应该是以北京艺术大学员工身份入住其中的。现在会贤堂已列入西城区文物保护单位，但仅在楼门外立了一块石碑，标明此院为文物。院门破旧，二层楼面上下斑驳，院内杂乱依旧。吴冠中在这充满历史故事和文化痕迹的大杂院中住了30年。他在这里画出来的画却很少有人物，多是自然风景，他的风景画赢得了世界性的声誉，这应该与什刹海这一京城江南的灵气有些相关吧。

从宋庆龄故居、郭沫若故居、吴冠中住过的会贤堂，已经感受到历史和文化的层层堆积、面面绞缠、斑驳闪烁。仅按前面列过的人物讲下去，纳兰性德、梅兰芳、杨沫、田间、周怀民、叶剑英、徐向前、王震、杨尚昆、张之洞、梁巨川、溥杰、冯友兰……就有好多好多的故事要流淌出来，况且还有更多人、物、事会由之顺带、牵扯、纠缠出来……还有那只是在什刹海畔租屋小住一段时间的人，如郁达夫；还有更多的来此游玩，寄情海畔的人：元代的赵孟頫、萨都剌、王冕……明代的李东阳、何景明、王士贞、米万钟、袁宏道……清代的朱彝尊、陈维崧……清末的曾朴、陆润庠……这些人、物、事，仿佛本来就留藏在什刹海的海水里、建筑中，没有被时间带走。正如杨沫1960年搬到柳荫街居住之后，清晨和傍晚,她会漫步水边,望着一顷碧波、水中荷花、摇曳柳丝,常让她想起儿时到什刹海游玩的情景,湖边的那些小茶棚子和小食摊在眼前展现开来,恍如昨天一般。什刹海也是以这样的文化规律保留着北京的历史记忆。当北京在新时代认识到自身作为历史文化名城的重要性之后,1984年开始了什刹海的整治,随着整治的进展,古代的遗迹开始重新出现,有了重新修建后的唐代的火神庙、元代的汇通祠、明代的广化寺……

历史文化不仅是建筑、人物、故事,还包含着特定饮食和特定的景色,在讲到会贤堂的时候,已经把饮食风情包裹着带出来了,现在再专门讲一讲。在什刹海的复兴中,原有老字号和新进来的餐饮业一块出现在什刹海中:烤肉季、孔乙己、厉家菜、帅府饭庄、荼家傅……每一个都有自己的故事。这些故事还与更广阔的背景关联起来。比如,提到银锭桥旁的"烤肉季",就会想到北京清真烤肉行业中的"南宛北季"之称。"南宛"是北京城南宣武门内的"烤肉宛","北季"就是北京城北什刹海的"烤肉季"。清道光二十八年(1848年),通州回民季德彩,在什刹海畔"荷花市场",打出"烤肉季"的布幌,摆摊卖烤羊肉。生意日火、名声日显,到第四代传人季阁臣,由街摊而楼堂,"烤肉季"立定在什刹海畔,成了堂堂正正的字号。什刹海里,不但原地的老品牌焕发光辉,整个北京的名小吃也在此汇聚。2006年6月30日,后海宋庆龄故居西侧一座古朴典雅的老北京四合院开门迎客。在这面积达3000平方米16个单间,可容纳400人同时就餐的大院里,集中了11家老北京传统小吃,12家中华老字号。开业的那一天,爆肚冯的第三代传人冯广聚、年糕钱的第三代传人钱德才、奶酪魏的第三代传人魏广禄、户部街马记月盛斋第六代传人马国琪、羊头马第七代传人马国义、俊王一德顺斋烧饼第四代传人王世华、豆腐脑白第四代传人白华、小肠陈第四代传人陈秀芳、茶汤李第四代传人李跃、恩元居第二代传人马正国、褡裢火烧改制负责人刘国壮,齐聚一堂,一个个老北京的故事,在这里飘荡。且不论饮食业本身的故事,翻一翻这几家北京小吃顾客名单,您会看到群星闪烁绚烂夺目:鲁迅、老舍、胡洁青、巴金、曹禺、梁实秋、王瑶卿、余叔岩、梅兰芳、马连良、尚小云、金少山、谭鑫培、谭小培、谭富英、谭元寿、张君秋、李万春、袁世海、裘盛戎、谢添、刘宝全、马三立、常宝……更须特别一提,而今的什刹海,与传统老字号和传统小吃形成一种张力的,是招摇于京城的现代型酒吧。平安大道与什刹海相交的入口处,是古色古香的"荷花市场"楼牌,由此进去,沿海岸排开,就是一个接一个的现代型酒吧。北京城的酒吧街,由三里屯酒吧街作为鼻祖,扬名立万,以后东一条西一条南一条北一条地不断扩展,新而有名的,有星吧路酒吧街、大都酒吧街、南锣鼓巷酒吧街、大山子酒吧街……而什刹海酒吧街大有后来居上之势。不但在前海形成了鳞次栉比形形色色的一大排,整个什刹海畔的酒吧,以一两百计,传统的、现代的、中西合璧的,印度风情的……花样繁多。且听这些酒吧的店名,也可以感到奇思新意:蓝莲花(后改名"左岸")、婉容花、朝酒晚舞、水石牛、胡同写意、30BAR(30吧)、Thirty one Coffee(31咖啡)、甲丁坊、佛吧……虽然这些是现代的酒吧,出入其中的主要是京城的白领金领、各界名流、国际人士。客人与店型,都弥漫着现代的气息,但这现代气息是范围在传统建筑的尺度结构之中的,因此,什刹海的酒吧既有一种特殊的休闲雅致、小资情调、慵懒感觉……也有一种特殊的现代计算、摩登方式、时髦风情……每天在这里发生的,是传统街区里的现代白领们、现代名流们、国际人士们的故事……也许,几十年之后,人们讲起今天酒吧里的故事,与今天的人讲起民国时代的名人在传统老字号和小吃店里的故事一样,让人津津乐道,令人沉思遐想。在某种意义上说,历史文化名城和世界国际都市在什刹海的酒吧街里,有了别具一番风情的体现。

什刹海的景色,可谓多矣,第一应推银锭桥。而今什刹海的前海与后海,宛如一个颀长的葫芦,两海相接处如葫芦的腰部,银锭桥正在这腰部上。这是一座汉白玉小石拱桥,长12米、宽7米、高8米,跨径5米,有镂空云花栏板5块、翠瓶卷花望柱6根,因桥形似元宝而得名。元代之时,此处仍船泊必经之地,水波一片托起了两岸的繁华,明代之时,什刹海成为京城江南,两海之间,建此一桥,不但是整个什刹海的点睛之作,也成为京城风景的重要名胜。明代

图6-22 银锭桥边的"烤肉季"（资料来源：张法 摄）

文坛领袖李东阳誉之为："城中第一佳山水。"距今五百多年历史的银锭桥在1984年整治什刹海工程启动时重建。桥身正面的三个"银锭桥"楷体大字，为故宫博物院单士元先生所题写。银锭桥，南有前海，北有后海，两岸的高杨翠柳之中，掩映着隐隐约约高高低低的庙宇、王府、民宅，清幽、雅致、丰富、含蓄。银锭桥之妙，人称有三绝。一是观赏荷花。桥上赏荷，兼得两海，不但在视觉上领会两海水上荷花与整个景致的关联，还要突出嗅觉上"香"的感受。正如时光倒流到清代，纳兰性德与曹寅、朱尊彝漫步什刹海时写的词一般，有斜阳、鱼浪、莲摇、香浮的境界。二是品尝烤肉。一副流传甚广的对联写道：

客旅京华，问道季家何处？
香浮什刹，引来银锭桥边。

这香不仅是庙宇的烟香、荷花的清香，更是烤肉的味香。银锭桥边，一座传统建筑，楼高两层，白玉栏、琉璃瓦，檐下正中挂一牌匾：烤肉季。这里突出的是味觉的口感。烤肉香、荷花红，古刹钟声，悠扬轻荡，呈出的正是中国式的审美情趣。如果说,以上二绝关注的是银锭桥上四周的氛围,那么,第三绝最为有名:银锭观山。站在银锭桥上,只要天气晴朗,远处的西山就呈现在游人的眼中。这是在北京的任何地方难以看到的。"银锭观山"由此而成为京城的著名景观。而今因新街口一带起了高楼,桥上观山有了一些遗憾,因此北京的最近两次规划,都在保护古都风貌的条文中,特别把保持银锭桥的观山视野提了出来。银锭桥的故事,不仅是自然风光,还有历史人文,在辛亥革命前的风雨欲来之时,银锭桥是从醇亲王府去故宫的必经之路,当时的少年汪精卫,把炸弹放在银锭桥下,欲谋刺摄政王载沣。这一发生在1910年3月31日的未遂事件,当时震惊全国。被捕之时,汪精卫口占绝句一首:

慷慨歌燕市,
从容作楚囚。
引刀成一快,
不负少年头。(《被逮口占》)

也是在这一刺杀事件被捕之时,他确立了与陈璧君的爱情关系。后来汪精卫对国家变节背叛和对陈璧君的始终如一,在某种意义上,都由银锭桥刺杀事件牵引出来,令人困惑也令人深思……1989年,银锭桥被公布为西城区文物保护单位,1999年后,桥头东南处立起了一块巨石,中有"银锭观山"四字,由杨萱庭书写。

以上所讲,仅仅是什刹海碧波后面的深邃浮上水面来的几处浪花而已。但由此,已经可以体会什刹海何以受到如此的重视。银锭桥,不但近可以左看前海、右看后海,远可以遥望西山,桥的北面走上数十步,就到了古香古色的烟袋斜街。桥的南部,是著名的大小金丝套古老胡同,1998年开始的胡同游,主要就是在前海前沿、后海前沿、柳荫街、前海西街这一地区的十多条蜿蜒曲折的胡同里穿行,由时光留在这里面的多少故事在胡同游里会被牵引出来。不

图 6-23 银锭观山(资料来源:张润初 摄)

过讲到胡同,还是进入平安片区里最有名的南锣鼓巷。

◆南锣鼓巷

图 6-24 南锣鼓巷南口　　图 6-25 南锣鼓巷中

(以上资料来源:张法 摄)

平安大道以北的旧城内,什刹海位于北京中轴线的西侧,南锣鼓巷位于北京中轴线东侧。它北到鼓楼东大街,南接平安大街,全长786米。这是一条与元大都同期建成,有七百多年历史的老巷。元代时,它是在"昭回坊"和"靖恭坊"两坊之间的中心线上。明代之时,"昭回"、"靖恭"二坊合并为"昭回靖恭坊",它正是此坊的中心线。清初南锣鼓巷均属镶黄旗。这一地区中间南高北低,像倒扣的罗锅,因此这条中心线被称为罗锅巷,从元代叫到明代。乾隆十五年(1750年)绘制的《京城全图》这条巷已名南锣鼓巷。南锣鼓巷东西两侧整齐地排列着8条胡同：

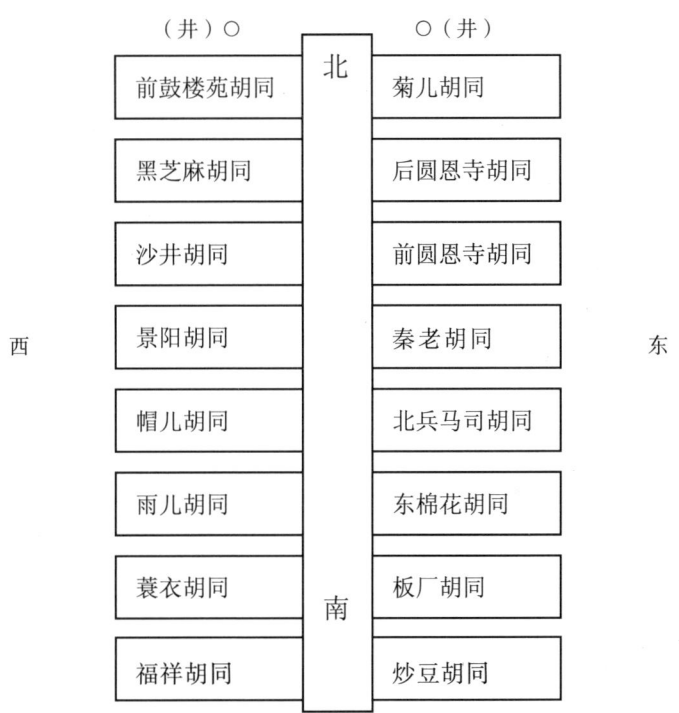

这一整齐的排列,宛如一头大蜈蚣。以前在南锣鼓巷最北处有两眼古井,成了这条蜈蚣的两只眼睛。因此,这巷又俗称蜈蚣街,南锣鼓巷就是这条八腿蜈蚣的身躯。锣鼓与蜈蚣,在中国文化中皆源远流长、义兼雅俗、内蕴深厚。鼓是宇宙的天乐,又是宗庙的雅乐,还是民间的俗乐。蜈蚣与蛇、蝎、壁虎、蟾蜍并

列为自然中的五毒,蛇化为龙,流动于天上、地下、水中,蟾蜍在月亮之中,也是有神性的。不管这两个名称及其含义对人们有怎样的感受和怎样的影响。在历史上,南锣鼓巷汇聚了众多的风云人物。宋末的文天祥是作为囚犯被关在北兵马司的牢房里,除此之外,其他的名人们都是择此而居:明末降清名将洪承畴、吴三桂,蒙古亲王僧格林沁,道光帝九子孚郡王奕㥣,清末庆亲王奕劻次子,直隶总督荣禄,清末内务府总管大臣查哈拉氏明善,清末协办大学士文煜,清末四川总督、兵部尚书奎俊,清东三省总督赵尔巽,清末将军凤山,清买办董叔平,清末郭布罗婉容皇后等,在此住过;民国时期,政治人物孙中山、蒋介石、段祺瑞、冯国璋、靳云鹏、徐鼐霖,在此住过;日本占领北京时期伪军司令张兰峰在此住过;科学和文化人士詹天佑、茅盾、齐白石、朱家溍等,也在此住过。据说,还有谢觉哉、陈嘉庚、蔡廷锴也在此住过;又据说,国家高级领导人,共和国前期的元老,如董必武、粟裕、杨尚昆,"文革"中的新贵,如吴桂贤、陈永贵,改革开放后的高级领导人,如乔石,都在南锣鼓巷住过。与东棉花胡同东面相连的学府胡同,有宋末民族英雄文天祥祠,有明代崇祯皇帝田贵妃娘家;再向东南,有和敬公主府和欧阳予倩故居……这些从地理的关联性上讲,也可以归入南锣鼓巷的范围。南锣巷里的故事,像历史之手,在悠长的时间中,由元到明到清到民国到共和国,不停地吹出美丽的肥皂泡,这些美丽的泡泡一个个五彩缤纷地出现,又方式各异地消失在南锣鼓巷这一美丽的蜈蚣的后面,让人们去寻觅,去遐思……我们看到了泡泡之间的重叠出现:圆恩寺胡同7号院,建筑风格中西合璧,原是清代庆亲王奕劻次子的府邸,民国时曾卖给老外,抗战胜利后,成为蒋介石的行辕,新中国成立后,成为中共中央华北局办公处,再变为南斯拉夫大使馆,又成为中国人民对外友好协会,而今以友好宾馆的面目呈现。我们看到泡泡后面新出现的泡泡:段祺瑞政府陆军总长、代理国务总理靳云鹏的旧宅,后来变成了中央戏剧学院,这儿当过校长的有著名戏剧家欧阳予倩、金山、徐晓钟……还有曹禺、张庚、光未然、沙可夫、李伯钊,也当过院领导,从这儿走出的著名影星,有陈宝国、陈道明、姜文、巩俐、章子怡、徐帆……

南锣鼓巷,这条古老街巷,有元代以来的里坊之结构,对于北京胡同,具有符号性的象征意义。因此,当历史文化名城和现代国际都市的矛盾冲突,让北京的胡同大面积消失的时候,南锣鼓巷是在首要的保护之列。胡同是北京的传统特色,具有极高的世界文化价值,北京的胡同在历史的长河中,随着人口的增长,呈现出由上升到下降的趋势,胡同作为名称和建筑的统一体,在元代开始出现,在元代是413条,到明朝增到1170条,到清朝再增到2077条,到民国更增到3200条。共和国成立之时的1949年,北京共有胡同3050条。1965年通过行政性的地名合并,减为2382条。改革开放以后,中国进入新一轮的首都建设,现代化追求与传统形式之间开始出现一种新的冲突与张力,1980年胡同减少为2290条,1990年进而减少到2250条,下降的数量并不大,速度并不快,但到2003年,胡同数量下降1600条,13年锐减四分之一强。①"根据2003年12月美国快鸟(QUICK BIRD)高精度卫星图像对北京旧城建筑空间形态进行分类。可知目前北京旧城62.5平方公里内保留较完整传统建筑风貌的地段占19.83%,传统风貌与现代建筑风貌混合的地段占16.79%,加上城市绿地水面占4.08%,旧城内基本保留以胡同——四合院系统为代表的传统建筑空间风貌区的比例共40.70%,而呈现为现代城市风貌的道路广场等用地占20.59%,已完全成为现代建筑地段的面积占38.70%。"②胡同的消失与整个北京传统风貌区的消失是同步的。到2005年,北京的胡同数进一步减少到1320条。仅仅2年,又减少了近30条。这正如吴良镛所说,首都建设自共和国成立以来遭到三次大拆改:20世纪50年代一次,20世纪末再一次,2000—2003年又一次。

---

① 李楠,冯斐菲,汤羽扬.北京旧城胡同现状调研报告(2005—2006年).北京规划建设,2007:4.对于胡同的增减数字,不同学者略有差别。董明,陈品祥(基于GIS技术的北京旧城胡同现状与历史变迁研究.载:测绘通报,2007:5)的数字是:1949年胡同为3073条,1965年为2382条,1980年为2290条,1990年为2242条,2003年为1559条,2005年为1268条。但减幅比基本一致。

② 毛其智.北京旧城"胡同—四合院"系统现状与保护建议.载:北京规划建设,2005:4.

胡同这一传统形式,在现代化追求和传统复兴的冲突中,遭到三次重创,且处于劣势,然而,不管古都旧貌在北京发展的结构性冲突受到怎样的损害,南锣鼓巷(与什刹海一样)是在第一要保护的片区之中,它第一次就进入北京市划定的25片历史文化保护区之中。南锣鼓巷又是在保护中获得现代新生的一条老巷,它成为一条闻名京城的酒吧街,又是一条闻名全国乃至世界的旅游街,在南锣鼓巷的1000多个院落中,至今尚有数百座保护完好,各种类型的门楼、影壁、墙面、饰窗、马墩,不时牵扯出思古之幽情。南锣鼓巷以传统的方式融入现代,有三种方式:一是前面讲的历代名人的遗址,无论是已经成为文物保护单位,还是没有成为,甚至以后不可能成为,但始终充满了历史诱惑,引发着访古的情思,或者就是不去寻找哪一处是什么遗址,只要求知道这里充满了历史故事,走在其中,就会有恍然进入历史的感觉。而这种历史感又是在一条明显地经过修整的街巷中出现的,而这修整又是按照历史来进行的,是一条典型的北京胡同。街巷连同其院、门、墙、窗,都是传统的。可以说,这种方式是以传统的方式进入现代,与现代互动。二是巷东北的第一条胡同,菊儿胡同,在清华大学吴良镛教授的主持下,在1990—1992年经过两期整治,分保留、修缮、重建三类进行,整体上维系了原有的胡同院落体系。兼收单元楼与四合院的优点,有传统外墙,青砖、灰瓦、挑檐、阁楼,小坡屋顶,有相对独立的邻里结构,户型多样,厅室顺势分合,合围院内保有古树,成为既保持古貌,又富有生机的居住环境。该项目获1992年联合国世界人居奖。三是酒吧街。如果说,前两种方式都是以旅游的方式让人由观看建筑产生古今对话而进入现代,那么,酒吧街则以现代的消费方式进入现代。什刹海的酒吧街,是沿海修筑馆堂,形成一条纯粹的吧街,南锣鼓巷则是生活街巷中的吧巷,你可以看到胡同边上一些老人在下棋,或一些小孩在玩耍。酒吧本就是一种现代的店型,而这些现代的店型却镶嵌在胡同之中,除了酒吧和咖啡店之外,还有特色小店,如奶酪店、布鞋店、工艺店,当然南锣鼓巷也是一个生活区,也有日常的小商店。但作为旅游街巷,酒吧和工艺是其主色。只要听一听这些酒吧和特色店的名称,就可以想

图6-26　南锣鼓巷店铺

图6-27　南锣鼓巷店铺

(以上资料来源:张法　摄)

象其中的味道:过客、左手右手、天下一点光、三棵树、红草莓、鱼邦、火山人、竞雅咖啡、沙漏咖啡、小新咖啡、西藏咖啡馆、天下锣鼓、回味斋、醉红楼、红人坊、载巷、胡同儿、富恒德、布履心情、遇见时光、文宇奶酪店……

南锣鼓巷和什刹海都是传统形式的原样性呈现,正是这两个传统之点嵌在平安传统风貌区之中,让平安大街改造所遭受的诟评,得到一些缓解。整个平安传统风貌区在城北,传统风貌的另一个样板是城南的——

(3)前门大街

如果说,王府井步行街主要是以其在历史上自清末以来就本有的"商业"和"时尚",再加上自共和国成立以来就本有的"全国符号"的三点基质进行的一次传统与现代的新的组装;如果说,平安片区,主要是在原有的文物基础上,加上现代的功能和元素,以今天的需要进行的一种传统的修复,那么,前门大街,则是另一种已经引出不少争议并还将继续争议下去的新招:以全新的方式重造一条旧街,在一条仿古的旧街中嵌进时代的新意。

图6-28 民国时代的前门大街全景　　图6-29 民国时代的前门大街局部

（以上资料来源：老北京网）

在北京，不但二环以外到三环到四环到五环的高楼林立，对历史风貌构成一种巨大压力，长安街的连绵高楼以及这些高楼随长安街的延长而延长，对历史风貌构成了另一种压力，在这双重的压力下，前门片区的重建以历史风貌为主，成为必要的平衡。2004年9月，消失了47年的永定门以原貌重现，古代北京宏伟中轴线的最南端的起点，完整地呈现了出来。由此而上，前门大街以怎样的风貌出现，成为众所关注的话题。前门大街在现代的天安门体系的建筑群和古代的皇城建筑群之前，不但是一条乾隆皇帝屡屡对之吟诗的"天街"，是由故宫通向天坛的天路，又是皇帝出巡回京进宫的圣道，而且，还是古代京城模式在后期自然转变的一个历史见证。前面讲了《周礼》给出的京城模式是"前宫后市"，商业的进行是在故宫后面（北面）的地安门，但宋以后经济发达、商业繁荣、消费高涨，京城模式由里坊制变为厢坊制，后者带着商业的内容和气息进一步改变着古代的京城模式。到明代，永乐皇帝改都北京之后，重建京城，一方面，大运河的码头从什刹海转到大通桥（东便门），给皇城正阳门的前门地区带来了商业水运的新机而开始聚集商气，从前门地区的地名：水道子、三里河、北桥湾、鲜鱼口……既显示了水，又暗含了水与商的关系。在中国古代，水路是商业的主线，水路的转移，同时意味着商业中心的转移，北京的商业中心开始由什刹海—鼓楼一带移向前门地区。本来，永乐元年（1403年），明朝政府将浙江、苏州等地的富豪搬迁到此落户,富人居此加上商地移此,可谓因缘会聚。另一方面,永乐十三年(1415年)科举考场由南京迁到北京,带来各地考生汇聚一堂的会馆不断地在城南出现,增加了巨大的消费群体,人气物气商气的聚集,经过仁宗(在位1年)宣宗(在位10年)到英宗的正统初年,一条与"后市"模式不同的"前市"大街在丽正门(清代改名为正阳门)前形成。仅从会馆的增长可以看到城南地区的商业需求,据相关文献记载,前门地区共有各类会馆86家,目前有物有迹可寻尚有31处①。嘉靖二十三年(1544年)北京南部增筑外城,前门大街更是成为皇城正南的风水宝地。一个前朝前市的模式初步形成。明灭清兴,新统治者把内城划为八旗驻地,朝廷的两条规定促进了前门大街的兴盛:一是所有汉官一律迁出内城之外,二是内城不得开设大型私营店铺、戏园、会馆,这样,汉族官员们、商贾大家们,商业机构和娱乐场所,纷纷从内城迁出。搬到哪里去了呢?到本已成形的前门大街和前门地区。皇城前的前门大街由此而更加火热起来。从康乾盛世一直火到晚清末世,在乾隆之时,有俞清源《春明丛谈》记载:"珠市口当正阳门之冲,前后左右计二三里,皆殷商巨贾,设市开廛。凡金银珠宝以及食货如山积,酒榭歌楼,欢呼酣饮,恒日暮不休。"在晚清之时。有仲芳氏《庚子记事》记载:"凡天下各国,中华各省,金银珠宝、古玩玉器、绸缎估衣、钟表玩物、饭庄饭馆、烟馆戏园,无不毕集其中。京师之精华,尽在于此;热闹繁华,亦莫过于此。"从清末新政到民国时期,有代表时代新潮的火车站出现在正阳门箭楼两侧(1901年的京奉线和1906年的京汉线),有西式建筑及元素出现在前门大街之中,有代表都市时尚的当当车(1924年)出现在前门大街的道上,与这一繁华街道上原有的老字号、茶楼、戏馆等相映生辉。北京戏曲界的艺人大都住在前门一带的胡同里,特别是在韩家胡同和百顺胡同。乾隆五十五年(1790年),为祝贺乾隆皇帝的八十大寿,四大徽班

---

① 参见:崔靖媛,王莹.前门地区会馆历史与现状.建筑创作,2007:12.相关文献者,有《顺天府志》、《京师坊巷志稿》、《都门纪略》、《最新北平指南》、《北平市区详图》、《北平旅游指南》等。

进京演出,以程长庚、徐小香、卢胜奎、杨月楼为主的三庆班,便下榻在韩家潭胡同。韩家胡同还是清代戏曲大家李渔来京时寓居之地,李渔在这里不但建了芥子园,而且与其女婿沈心友和画界三王(王概、王耆、王臬兄弟)一道,在李流芳43幅课徒画稿的基础上,增补绘制完成了《芥子园画谱》四集,呈现了中国画的技术体系。绘画与戏曲的相通,在古人那里是不言而喻的。在百顺胡同里面,有四大徽班中的春台班的团址,有名武生俞菊笙故居(40号)、文武老生程长庚故居(36号)、武老生迟月亭故居(38号)、青衣前辈陈德霖故居(55号)……前门大街热闹不改,繁华依旧。进入共和国,前门、王府井和西单,是北京的三大商业区。我刚到北京之时,问人:"买东西去哪儿好?"北京人总是带着卷舌音和儿化音甚浓的京腔回答:"就仨(儿)地(儿):王府井、西单、前门大街上的大栅栏。"

前门大街的繁华故事,虽然说可以从明代正统年间的建街一直说到改革开放的现在,但这近600年的繁华中也曾有5次突然中断,第1次是康熙十八年(1679年)的京师大地震,前门大街、城门楼和70%以上的民居被震塌;第2次是乾隆四十五年(1780年)前门大街发生大火,包括正阳桥五牌楼和广和查楼在内的许多建筑被烧毁;第3次是1900年义和团进入和八国联军入侵带来的大破坏;第4次是共和国前期20世纪50年代的北京改造,大量木结构店铺和老字号被拆改,古色古香的历史风貌消失殆尽;第5次就是而今前门大街的"全面整治"。而这一次,却是在北京规划的总体框架之中进行的一种全部拆毁和全新重建。

前门大街以前的视觉形象是怎样的呢?明代资料难觅,清代康熙年间的美术作品里有前门大街的全图,最详细的是民国时代的老照片。本来,虽然费劲一点,是可以恢复清代街景的,但清代街景多为一、二层房屋,空间利用太少,从商业角度看不合算,因此,选择了民国街景,一是资料多,建起来相对容易,二是楼面多为两层三层,有高有低,一方面楼高空间大,能提高商业价值,另一方面街道的天际线参差错落,更为美观。这样,前门大街复原是以民国街景为主调的。从整个北京的古代风貌来看,南锣鼓巷有元代原样的结构,再把以后时段的东西容纳进去,可以说,"元"味得到了突出,什刹海是明代的海与庙,清代王府和胡同,再把以后时段的东西容纳进去,可以说"清"味得到了彰显,王府井是清末、共和国前期、改革开放时代同时并重,强调的是历史综合,再加上北京中轴线的主题故宫,是明代的创见,虽然有大量清代的内容,但从建筑的原创看,突出的应该是"明",这样,前门大街对民国的强调,从北京在古代风貌的总体布局和片区分工上说,也是说得过去的。但是,前门大街与所有的古代风貌区完全不同的是,它是一条先全部拆除,再全部重建的仿古街。这一全拆掉全新建的方式,虽然仿民国仿得再像,也给人一种怪怪的感觉,当我与人谈起这新的前门大街,摇头者多,伸大拇指的人少,一位身为老北京的人文学者的评语给我的感受最深:"好像是来到了一座电影城!"

不管怎样,前门大街是作为古都风貌出现在北京城里的。

前门大街自2003年1月25日方案征集正式发布以来,4年中前后9版,方案评议会在开了32次之后,最后于2007年确定了目前的方案。由这一方案实施出来的一条崭新的前门大街,在2008年8月7日,北京奥运会的前一天正式开街,第二年,在2009年9月28日,大街上所有商家在锣鼓声中全面开市。前门大街的工程设计总监,对于主持这一工程,用了一、二、三、四这四个数目字来概括。"一"是一个目标:现代的商业文化与当代的古都风貌和谐共存;"二"是两项原则:现代功能与历史风貌相结合,保护历史遗存与恢复历史符号相结合;"三"是三项任务:改造危险房屋,更新市政设施,提升环境品质;"四"是解决四组矛盾:保与拆、用与看、古与今、仿与创①。在这一理论指导下建成的前门大街显出了四大特征——

---

① 文爱平.北京前门大街全面整治方案出台始末(对王士仁的访谈).北京规划建设,2009;6.

图6-30　前门五牌楼　　　　图6-31　前门大街北段

(以上资料来源:张法　摄)

第一,"做"出来的古貌。这是一条民国时代风貌的大街,但这一大街,不是由历史自然地演化来的,而是生硬地"做"出来的,建筑风格是民国的,但整条街的店铺又不完全是民国的,而是用今天的配方配置出来的。整个前门大街,分为三段,北段(箭楼到鲜鱼口)为"古",以恢复历史风貌为主,以前的老店铺老建筑,基本上在这里原样地呈现出来。从街口的五牌楼,街东从北开始的大北照相馆、全聚德烤鸭店、周大生珠宝行,街西从北开始的月盛斋、吴裕泰、谦祥益丝绸,一派老字号,旧时光,好品牌,虽然也有少量新的夹在其中,如街西建筑里的星巴克,但其建筑是老的,是老街原样。南段(大江胡同到珠市口)为"新",以现代建筑为主。有各种用中文、英文、韩文招牌的现代店铺:森玛、361、瑞克美食、肯德基、合和谷快餐、不够十元快餐、疯果堂、WEITRAL、SEPHORA……中段(鲜鱼口到大江胡同)"过渡",穿插着传统与现代混合风格的建筑,中国银行、中国集邮、兴宝工艺、景泰蓝、兆亿、COSTA CAFEE、H. M. ONLY……虽然在规划理念和现实配置上分为三段,从建筑上也可以感到北面传统立面偏多,南面现代立面偏多,但由于整条街是统一新造出来的,而不是由自然演化形成的,风格的统一性和模式的整一性大过了差异性。虽然,从建筑风格上细分,可以区分出不同的元素和块面:传统的、现代的、混合的,但由于其质地材料、产生制作、出品时间上的统一性,让人强烈地感受到:这是一个"新造的整体",是一条"民国的仿街",

图6-32　前门大街古店　　图6-33　中和戏院　　图6-34　前门大街古店

（以上资料来源：张法　摄）

是一个传统的赝品。虽然以文化的面貌出现，但旅游性大过了文化性，虽然以传统的名义出场，但当代性大过了传统性。一句话，前门大街是以民国时代的古貌出现，但完全是一个做出来的"古貌"。

第二，"饰"出来的原样。为了达到保护历史遗存的目的，新建的前门大街，保存了9处历史建筑，恢复了41个老门脸儿和3个牌坊，保留、修缮、提高了5座建筑的艺术品质，仿造了52座具有历史符号的建筑。仅从数量上看，占了相当比例，被计算出"总体建筑中保存并恢复原貌的占76%"。但是由这"保护"和"恢复"的方式是全部推倒，再原样新建，新建出来的东西，虽然在外貌上与原来一样，但材料、时间都是新造之新，而非原样之"原"，而且，最主要的是，这些"原样"是在整个前门大街的新的整体中的原样，这些原样，早已不是原样意义上的原样，而是用个别性的原样对整个大街的整体进行一种装饰，是"饰"出来的原样，为"饰"而生的原样，是失去了原样本质的原样。任何一个人来到前门大街上被保存的9处历史遗存，他（她）绝不会感到自己面对着"历史遗存"而只能感到自己面对的是"历史赝品"。本来，五牌楼是前门大街的亮点，然而由于与整个仿古大街紧密地联系在一样，作为整体的一个部分，也被沾上了赝品意味。

图 6-35 前门大街街中装饰　　图 6-36 前门大街街中装饰　　图 6-37 前门大街街中装饰

（以上资料来源：张法　摄）

第三，"嵌"进去的元素。当"保护历史遗存"变成了"新造历史赝品"，"恢复历史符号"实际上是把前门大街中原有的一些基本元素提炼出来，再镶嵌进这一仿古大街的整体中去。而前门大街要恢复的是 20 世纪二三十年代民国时代的大街，当时的大街已经是中国古代与西方现代的多种混合。这又给新前门大街的北段"古"南段"新"中段"混合"三段街面的"创新"以很好的基础。具体而言，有完全原样推出的五牌楼，有基本如旧而略加新变的五洲大药房、庆林春茶庄、一条龙饭庄；还有通三益糕点铺、瑞林祥百货店等的老字号店，只要抓住其最有特点的部分，其他的都可以按新的整体要求进行创新，对于风格混合的中段街区，特别是需要"求新"的南段街区，则只考虑立面、比例、色调、基本构图上仿而有据，就完全按照大街整体的风格要求和建筑个体功能进行创造性的组合。总而言之，"历史"被拆散为基本"元素"，这元素可以是单体建筑或建筑的一个立面、一种檐样、一个窗形、一种图案、一种饰纹，再按大街整体的要求，将这些元素嵌入需要的地方中去，形成一个个历史符号。由于前门大街是一个仿作整体,因此,由这些按这一仿作整体的需要而被镶嵌进去的文化元素,以一种历史符号的方式呈现出来时,这些符号与其说会被作为历史文化来理解,不如说更容易被作为前门大街这一仿古赝品的一部分来理解。

第四,"整一"化的规训。前门大街北段为古、南段呈今、中段混合,显出的是一种后现代的拼贴意识。但这一拼贴在三个"整一"的方式中运行的时候,后现代的拼贴已经变成了当代中国的统一。所谓的三个"整一"就是:整一方式(以全部拆除全部新建的整一方式)、整一规划(给整个大街一个整一性的规划设计)、整一推出(在同一时间将整个大街整一地推出)。三个"整一"显示了一种计划性的当代重构,强调了一种对纷乱时空的当代规训。项目主持者讲的四组矛盾(保与拆、用与看、古与今、仿与创),用整一的观点来进行归纳,就是:站在今天的立场,为了今天的需要,把过去与现在统一起来,符合需要的保留,不符合需要的拆除,需保留的就仿原样,应拆除的按今天的需要创造新样,仿原样和创新样,都有一个尺度,这就是既要实用,又要好看。这四个矛盾,实际上都受到两个方面的暗中制约,一是北京要成为历史文化名城对前门大街的要求,这一点要求前门大街是一条古代风貌街;二是让历史文化名城服务于北京的现代发展,这一点要求前门大街成为一条集商务购物、文化休闲、旅游观光、品牌餐饮为一体的商业旅游街。这两条要求的合力,让前门大街成了一条在三个整一的规训下、加上甚多今人要求的、在呈现历史的同时又失去了历史的仿古街。

第五,"虚拟"型的文化记忆。在北京的整体格局中,前门大街是作为历史风貌的重点出现的。它一定要强调文化记忆。但当前门大街不是在历史的自然演化,而是以整一化的全拆全建方式,以仿古街的形式呈现,它的文化记忆就变成了虚拟型的历史呈现。整条仿古街像魔术一样在一个时间点整体出现,让人看不到历史,仿佛进入一个虚拟空间。当走进这一崭新光亮的仿古街中,看到了那些原样复原的整座历史建筑,看到了那些嵌镶在整座建筑中的原样性立面或部件或元素,看到了那从原样建筑中抽离出来的传统元素又被重嵌在大道的各个部分之中,比如,以拨浪鼓、鸟笼子、冰糖葫芦为造型的街灯让人感受老北京的韵味,以此构成的历史符号,将人们的文化记忆打开,但这样原样的元素、符号是被镶嵌在一条仿古街中的,从而由之引起的文化记忆是在一条仿古街中被打开的,因此,这打开具有虚拟的性质,杂进了虚拟的效果。这与走在一条由历史自然演化而成的古代街道触发的文化记忆,具有本质上的不同。新造出来的前门大街的文化价值,正是在这一点上饱受争议。

然而,前门大街只是整个前门地区的一个部分,虽然是最为重要的核心部分。也许,与前门相邻的地区以南锣鼓巷的方式出现,在南面,珠市口到天桥;在西边,大栅栏、施家胡同、掌扇胡同、湿井胡同、甘井胡同以及八大胡同;在东边,占有东交民巷各使馆的中央和地方单位退出,还各大使馆晚清西洋建筑原貌。一边仿古的前门大街与自然演进的其他街区形成一个整体,也许,在这一新型整体的张力下,前门大街中原样的单体建筑和原样的元素,会碰撞出新的意味出来。

走向世界城市的新景观之二:现代国际大都市的呈现

如果说,北京定义中历史文化名城的一面,主要以古代京城的街区、胡同、四合院、文物保护单位为标志展现北京历史的厚重,集中地体现为故宫建筑群、历史/文化型公园、以什刹海和南锣鼓巷为中心的平安片区、前门大街为核心的文化保护区……那么,北京定义的另一方面,现代国际都市,则需要世界建筑史上和世界城市史上最高水平的东西来体现,共和国前期,这一现代性的体现主要是通过长安街的建设来体现的,改革开放以后,则从三个方面体现出来:一是长安街的新变,二是二环路以外的高楼以及由高楼所形成的街道与小区,三是中心商务区的规划和出现。由北京定义的两个方面,可以说,北京的城市街区,由两种类型构成:历史风貌街区和现代风貌街区。前者的主要构成,应该是展现历史的本来建筑结构和文化精神,后者的主要构成,应该是呈出世界最先进的建筑结构和文化精神。北京的这两个方面,自共和国成立以来,就进行着形形色色的"斗争"。既有观念上的"争夺",在一次次的北京总体规划的变动中体现出来,又有现实中的"拼抢",在一次次的划定保护范围和一次次的拆旧建新的改造工程中体现出来。从北京演进史上历史文化名城和现代国际都市的二元性看,直接代表现代国际都市一面,以现代的标准看,在追赶着世界先进的路上可算前列的,有两个街区,长安街和CBD(商务中心区)。因此,在一定意义上,理解了这两个街区,基本上就把握住了北京向世界先进迈进的精神动向。

　　长安街,作为与中轴线相对的横轴线,既要显示紧跟世界先进的现代性,又要在与中轴的关系中和张力中显示世界的先进性,它显示了自天安门体系获胜,决定北京的两个方面共居一城以来的复杂演进。长安街在成就自身的同时,阻碍了京城模式向其他方向演进。CBD(商务中心区)与三个方面相关联,两个是由北京与世界的互动而来,受世界城市史演进两大理论的影响,一是世界城市理论,二是大都市区理论。一个是由北京自身的历史演进而来,它显示了"梁陈方案"的本质精神,是多中心的体现。长安街是天安门体系的延伸,是一个中心。这样,长安街和CBD,一方面,二者有着同一共性:都体现着北京的现代国际都市一面;另一方面,二者又有相当的差异:从北京的规划史看,前者是天安门体系的延伸,后者是"梁陈方案"的复出;从与世界的关联看,前者一方面阻碍了北京在自身范围内走向大都市区,却逼着北京从一个更大的范围(超出北京的范围)来谋划大都市区,后者努力地在北京自身范围内形成多中心格局,虽然因自己与长安街迭交而减弱了多中心的意向,但却因为自己远离中轴线,而更自由地与国际接轨。因此,虽然长安街和CBD都体现着北京的走向现代国际都市之路,但二者又由于各自的条件而各有其特色,这里透出的同样是北京的深邃。

(1)CBD(商务中心区)

北京的演进,二环路以内的旧城区,为北京应成为世界著名古都这一方面的目标而有了整体保护的总框架,从而很难自由地呈出现代的建筑特征——摩天楼的壮丽景观。在北京两种方向的"斗争"中,不顾反对而撞进旧城区的金融街(西城区)和传媒大道(宣武区),以及乘修建王府井步行街拔地而起的东方广场建筑群,在已有的张力中,既不能达到摩天楼应有的高度,也没有在尺度内彰显真正的现代特色,因而广受诟病。二环以外的地区,三环、四环、五环之间,虽然高楼林立,且不乏创新和有趣之作,但总体而言,只是对现代高楼在单体和群体结构上的模仿,就是本来应当做出特色的中关村科技园和望京新区,无论其整体的结构还是单体的样态,让人看来,未能彰显建筑之特色,没有闪耀艺术之亮点。而在整个北京城,CBD算是显示出了现代国际大都市的亮色。只要你乘车沿东三环而南下,两边的高楼相对迎面而来,错落有致,崇高壮阔,现代国际大都市的气氛扑面而来。

CBD(商务中心区)在北京的出现,是北京直接追赶世界最高级的结果。改革开放伊始,北京的规划专家们在遍访美国纽约、日本东京、法国巴黎、英国伦敦等世界发达国家大都市时,发现其都有相当规划的商务中心区,于是开始酝酿在北京建立追赶世界的商务中心区,经过筹划、选址、论证,北京的商务中心区浮出水面。从1993年国务院批复的《北京城市总体规划》,到1998年北京市规划院编制的《北京市中心地区控制性详细规划》,到2000年8月8日第82次市长办公会决定全面加快北京商务中心区建设,成立北京中心商务区管理委员会,到2000年8月15—18日首届北京朝阳国际商务节正式推出CBD概念,到2001年4月6~8日北京商务中心区规划方案征集评审会召开,并从8个应征方案中评选出了一、二、三等奖方案,到2001年8月13日北京市政府专题会议通过《北京商务中心区控制性详细规划》和《加快北京商务中心区建设暂行办法》,到2002年4月4日首都规划建设委员会第21次全体会议原则通过了

CBD 规划综合方案和交通法规方案,一个全新的 CBD 在北京东部出现。占地 3.99 平方公里,西起东大桥路、东至西大望路、南起通惠河、北至朝阳路,由东西向的长安街与南北向的东三环相交的金十字形,构成 CBD 的中心,并把商务区分成东北、西北、东南、西南 4 个区域。交汇点距东二环路约 2.3 公里,距天安门约 5.8 公里。2009 年 5 月,北京市政府决定将北京 CBD 沿朝阳北路、通惠河向东扩展至东四环,新增面积约 3 平方公里。延续原 CBD"金十字"的布局模式;呈"一主一副"双"十字"空间结构。这一全新的 CBD 地区——

首先,在功能和定位上是全新的,而且是世界标准意义上的全新。共和国前期,这里是北京市的工业区,集中了化工、汽车、机械等传统产业,现在,"工业"变"商务",而且,加了"中心"二字,成为经济上的领先领域。如果说,中国的改革开放是以经济改革为先导和重点,那么,由之而引出的中国社会的全面变化,也从经济上体现出来。在 CBD 的行业分布中,金融业(银行、证券、保险)是核心产业,咨询业(律师事务、会计事务、咨询公司)是主导产业,文化传媒产业(电视台、杂志、报纸)占相当比重,中央电视台的新址,成为 CBD 地区最有标志性的建筑。在 CBD 行业的全新出现中,国际化是其本色:跨国公司、外国驻京代表机构、中介服务机构、世界 500 强企业,纷纷入驻。展现出 CBD 的高端、国际、主流、时尚的应有氛围。

其次,这世界标准上的全新,在建筑上体现为现代型的新样式和超高型的摩天楼,并用庞大的摩天大楼群来象征北京走向现代国际大都市的全球化的方向。在旧城区,按《北京总体规划 2004—2020》的规定,建筑的高度分为三个等级,6～9 米的低层、12～18 米的多层、24～45 米的中高层,最高度不得超过 45 米。而在 CBD 地区,规划就是要建成一批 150～300 米的超高建筑。在美国,普遍认为超过 152 米即为摩天大楼①。因此,CBD 要以摩天大楼群来展现自己的雄姿。150 米是 45 米的 3 倍多,300 米是 45 米的 7 倍。这一倍数,突

---

① 日本和法国的定义是 60 米以上为超高层建筑,中国内地是 100 米以上是超高层建筑。

显出了CBD代表的现代国际都市形象与旧城代表的世界历史名城形象之间由建筑高度所体现出来的对比,建筑的高度同时意味着巨大的空间容量。如果说,旧城中的长安街、金融街、传媒大道无论怎样先进,都要考虑与传统的中轴线上具有传统尺度的建筑高度的关系,那么,以东三环金十字为中心向二环和四环延伸的CBD则没有这一顾虑,而在一个相对自由的空间里,相对自由地塑造着北京的现代国际大都市的视觉形象。在世界现代化进程中,建筑史演进与现代化史演进的同步,体现在摩天大楼的出现与经济、技术、政治、文化演进的关联上。摩天大楼是与美国作为现代化的后来者追赶先进的时代出现的,最高的摩天大楼最初在芝加哥出现(1885年的家庭保险大楼,54.9米),接着在纽约(1890年的世界大楼106.4米)之后,纽约、费城、芝加哥新出的摩天大楼不断地超越对手。摩天大楼的高度也从50多米很快进入100多米,200多米(1909年纽约大都会人寿保险大楼,楼板213米,加尖顶225米),300多米(1930年纽约克来斯勒大厦,楼板281.9米,加尖顶318.8米),400多米(1931年纽约帝国大厦,楼板381米,加尖顶448.7米),500多米(1972年芝加哥西尔斯大楼,楼板443米,加天线527.3米)。而乘新一轮全球化浪潮开始经济起飞的地方,也开始大兴高层建筑,迪拜、马来西亚、韩国、中国台湾、中国香港、中国内地……以这样一个背景来看待北京CBD的摩天楼群的出现,是一个意味深长的故事。不讲台湾的101大厦(楼板480米,塔顶508米)和香港的国际金融中心二期(484米),只看中国内地的各大城市,上海、天津、重庆、广州、深圳、南京、武汉、沈阳、杭州、长沙、苏州、大连……都出现了摩天大楼热潮。耐人寻味的是上海第一高楼环球金融中心,1997年初开工时,设计为460米,后来得知台北和香港都在建480米的摩天大楼,后又修改为492米,显示了一种竞高心态。当然在这"高"的后面,有着较为复杂的内容。北京的CBD同样有一种竞"高"心态在其中,金十字西北面的京广中心,高209米,金十字正中西南角的银泰中心,高249.9米,考虑到北京中轴线的高度,已经有一种对比中的震撼了,而国贸三期工程主楼高330米,超过了长安街延长线上规定的300米的高度。

然而,这还不能满足北京走向现代国际大都市的雄心,在北京举行的"2010年世界城市建设国际论坛"上,有言论提出,要建设类似纽约帝国大厦的全球地标式建筑,作为北京现代商业文化的象征。楼板高381米的帝国大厦,当其1931年建成之时,不仅是世界第一高楼、纽约的第一地标建筑,还是美国经济复苏的象征。

再次,CBD的摩天大楼群由于"高"而带来巨大空间,巨大与高耸一道,成为北京走向现代国际大都市的象征。且以三大最高楼为例:京广中心,不但1990年建成即成为京城第一高楼,而且有建筑面积145,091平方米,集五星级饭店、高级写字楼、豪华公寓为一体;银泰中心,不但2005年建成后即取代京广中心成为京城第一高楼,而且有建筑面积350,000平方米,包括高档酒店(具有世界声誉的柏悦品牌酒店)、豪华公寓(柏悦居)、府邸式公寓(柏悦府)、高级写字楼,以及购物、休闲、健康、美食、娱乐、休闲设施;国贸三期,不但2007年建成后即取代银泰中心成为京城第一高楼,而且拥有建筑面积540,000平方米,有国贸大酒店、高档写字楼、现代办公楼,国际精品商场、电影院,还有北京最大的宴会厅(2340平方米),加上国贸一期、国贸二期,共有1100,000平方米的建筑群,成为目前全球最大的国际贸易中心。仅这三大高楼,就有建设面积1595,091平方米,以50平方米一人算,就有319,018人,全都走出来,会堆满整个金十字的街,加上到三大高楼来购物、会谈、保健、休闲的人,再加上这里的人、事、物,都是国际化的、高端化的、金钱化的、时尚化的。巨大空间所汇聚的人物和事件,注定要上演现代传奇。2010年徐静蕾导演兼主演的电影《杜拉拉升职记》的整个视觉画面,就是以北京CBD的摩天楼群的内外空间为背景而展开的。

图 6-38　京广中心　　　图 6-39　银泰中心　　　图 6-40　国贸三期楼

（以上资料来源：张法　摄）

第四，在这巨大的空间里，如果说，高级酒店、写字楼、公寓、府邸等构成的空间，不为外人所知，让 CBD 具有隐约迷离的摩登诗意，那么，由购物场所形成的五彩缤纷的空间，吸引了各色人等的汇聚，让 CBD 显示了一派明亮华丽公开的现代画境。以 CBD 金十字为中，西面有赛特商城、双子座商场、贵友大厦……东面有万达广场、新世界彩旋百货、新光天地、华贸购物中心、美美百货……看看新光天地，在 180,000 平方米的空间里，聚集了 90 项国际顶级品牌、938 个全球知名品牌，进口货品占整个货品的 61％，达到了高度的国际化。而且其中 78 家世界顶级品牌与世界同步上市，在巴黎店、纽约店、米兰店新出的货品，在北京同时出现，在上货时间上达到国际零时差。看看万达广场主力店新世界彩旋百货，上下七层共 3,1000 平方米空间里，拥有 400 多国内外知名品牌，以"个性化、潮流化、中高档百货"作为自己的经营定位。这样，新光天地型的高档消费客群定位和新世界彩旋的中档消费客群定位，把 CBD 地区以及周边的 20 万白领和高管吸入其中，在五光十色的购物环境里，突显着北京 CBD 地区特有的高端、国际、主流、时尚、奢侈……

图 6-41　商务中心区金十字街口　　　　图 6-42　建国门外的 SOHO

(以上资料来源:张法　摄)

最后,北京 CBD 摩天大楼群的真正地标建筑,不纯粹是以高度来决定的,而是以技术之新、艺术之新、造价之高来决定的。从 CBD 的综合性和北京城的整体性来看,CBD 的地标建筑中最具有地标性的建筑,不是京广中心,不是银泰中心,不是国贸三期,而是中央电视台新址。它有一定的空间体积,占地 197,000 平方米,总建筑面积约 550,000 平方米,它有一定的垂直高度,234 米,但它的奇特处不是体积和高度,而是三点:一有其机构性质和空间位置的独特。作为资讯方式在全球化时代的象征性和作为传媒龙头在中国体制的独特性,这样一个机构以一独特的空间形象占据 CBD 的核心位置,意味深长。二有其建筑外形的独特。主楼由两座塔楼双向内倾斜 6 度,歪斜向上,达到 163 米高以后,变"L"形悬臂,斜歪着结构连为一体。楼体由深蓝色的玻璃幕墙包住,墙面上是不规则的几何图案。这一歪斜的建筑,与周围各类正正直直的摩天楼群形成鲜明的对比。其自身的形状和与周围建筑的对比,这两个方面都牢牢地吸引着关注,引发着争论,从而使之更加突出。三有其科技含量和施工难度。它奇特的形状需要极高的变形控制、极难的焊接技巧、超难的幕墙定位,还有声学、机电等方面的技术要求。这些技术要求加上整个建筑的 50 亿花费,与前面讲的两项一道,让中央电视台新址成为 CBD 的一大奇观。

以上五个方面,无不体现着,CBD 成为北京走向现代国际大都市的象征。

CBD 在北京的出现,显现了京城模式的一种根本性的转变,即从前苏联模式向西方模式的转变。专门的CBD,不但是一种西方型城市的功能分区,而且是西方型经济模式在城市结构中的体现。而因CBD出现显示的北京向西方模式的转变,又直接地体现为北京对西方型世界城市的追赶。它体现在三个方面——

第一,北京的CBD是对世界一流城市中CBD的模仿。当我们看到不仅是北京出现CBD,而且中国的大城市都出现CBD,就知道这与中国大城市的现代化进程相连,中国的大城市都涌现了向西方型世界城市学习的热潮。而这正暗示着北京的深邃,这深邃通向中国与世界的关联。

第二,北京CBD的出现,在对西方型大都市的CBD模仿的同时,又是对西方型大城市模式中的"大都市区"的模仿。正是这一模仿,让中国的京城模式对天安门体系有所超离,而与"梁陈方案"的精神暗通。也正是在这里,CBD与长安街的区别显示了出来,然而,CBD的金十字,又与长安街的延长线相重合,这里天安门体系与"梁陈方案"的绞缠,又在CBD中以新的形式显示出来。这同样暗示着北京的深邃,这深邃通向历史。

第三,北京CBD的出现,与世界城市史演进中的世界城市关联了起来。这与京城模式的转变相关,又是与世界城市相连,这与中国的最高目标相关。2010年在CBD地区举行的"2010年世界城市建设国际论坛",不但显示了北京对世界城市的追赶在意识上的自觉,而且显示CBD对于北京走向世界城市的重要意义。从这一角度看,正是世界城市的一系列指标,让CBD看到了自己的不足,龙永图在谈到要在CBD建设帝国大厦似的地标性建筑,其目的之一,是为了把世界CBD联盟总部吸引到北京来①。在这里,仍然显示了北京的深邃,这深邃与世界城市史的演进联系了起来。

---

① 北京CBD要建帝国大厦式地标建筑.中国网:2010—03—02 07:16:44

(2)长安街

与 CBD 在改革开放以后,直接移植西方,全盘新创,仿佛从天降下一个崭新的现代新区不同,长安街从共和国诞生之日起,与整个北京城一道,进入"中国人民从此站起来了"之后的迈向世界先进的进程中。在此之后,世界几经变化,世界的先进几经变化,长安街在追赶世界先进的过程中也几经变化。在改革开放后,特别是新世纪以后,变成了北京走向国际大都市的一个象征。长安街与 CBD 一样作为北京走向国际大都市的一个象征,但 CBD 在离北京中心略远的三环路上,其定位其关联其方向是比较纯粹且十分清楚的,长安街在北京的中心,一开始就在多种关联的绞缠之中,当其与时俱进到成为北京走向现代国际大都市的象征之街时,仍然在多重观念的绞缠之中。因此,长安街的演进更为复杂,理解长安又甚为重要。从今天对长安街进行过去、现在、未来的仰观俯察,有两个视点特别引人注目——

第一个视点,长安街作为共和国成立以后京城模式中最核心的两轴中的一轴所具有的象征意义。当共和国建立,京城模式选取天安门体系之后,长安街的中心就成为天安门体系的所在地。这一长安街中心的建筑设置(人民英雄纪念碑、人民大会堂、中国革命历史博物馆和中国历史博物馆)成为长安街上最重要的建筑,同时也是北京和中国的最重要的建筑。这些建筑与天安门、前门一道,形成了作为京城模式核心的天安门体系,同时成为共和国的建筑象征。这些建筑又在长安街的中心,成为新的京城模式的中心景观。天安门体系,正在长安街与故宫的十字交汇处,二者构成了北京的基本结构和基本张力。天安门作为轴心向南北东西的展开,正好是一个已经存在古代体系和一个未曾出现而具有开放性的长安街的十字形展开。中国古代的京城模式,是由一根中轴线而来的中轴框,中国现代的京城模式是由古代的中轴线和现代的长安街构成的十字框。古代的中轴是"一轴",由一轴体现的一元化的皇权,现代的十字是"两轴"。而两轴既曲折又直白地体现着古与今、中与西的关系。

当古代的一轴（中轴）与现代的两轴（十字）在现代京城叠加在一起的时候，其意味幽远而深邃。以天安门体系为核心的京城模式，是要形成一个中西古今融合的京城体系，在中西古今融合的观念和中心—两轴的空间结构中，以故宫为代表的中轴线上的建筑，已经展现着具有5000年历史和5000年文明的风采，那么长安街作为与中轴相交的横轴，就一定体现中国的现代意识。因此，共和国成立以来长安街的发展，同时也就是中国现代意识发展的建筑凝结。然而，在双轴十字中心的天安门体系，是以体现传统的中轴上的天安门作为中心，而不是体现现代的长安街为中心。现在中央政府的核心，是在体现传统的中轴线里的中南海内，而不是在彰显现代的长安街上。这些都体现了两轴之间的互渗关系。改革开放以后，当北京把自己定位为世界历史名城和现代国际都市时，可以说，以故宫为代表的中轴，显示了世界历史名城的走向；长安街的横轴，则代表了现代国际大都市的方向。但二者又不是截然对立的，一方面，只有体现出现代国际大都市的方向，北京才能显示自己的与时俱进，另一方面只有彰显世界文化名城，北京才是一个具有中国特色的现代国际大都市。正是这一点，既显示了长安街与国际先进建筑接轨的必要，又显示了长安街与国际先进建筑接轨，必须在与以故宫为代表的中轴线的张力下进行。北京的深邃正是在这一张力中透出。

第二个视点，长安街作为两轴中的一轴，街上建筑的变化与街轴的延伸所内含的意义。以天安门体系为核心的京城模式在观念上是中西古今结合，在空间上以"一中心""两轴线"为代表，京城的发展，在空间上，必然体现为两轴的变化和两轴的延伸。就变化而言，北京原有的中轴线，南起永定门，经前门、天安门、太和殿、景山到钟鼓楼，有古代的辉煌的建筑和现代的雄伟的天安门体系在，是不变的。变化，主要由长安街这一横轴上体现出来，长安街上的建筑，从20世纪50年代、80年代到90年代再到21世纪，呈出了中国人力争上游，与时俱进的特色。要理解中国是怎样走向现代国际大都市，长安街上出现的建筑景观是一个好的解答。这解答既是建筑/艺术的，也是政治/思想的，且是经济/技术的,还是社会/心态的。就延长而言,首先是民国以来才出现的横轴在共和国里的延长,随着横轴的延长,中轴也要有相应的延长。两轴延长的内蕴既简单又复杂,既直露又深邃。先看中轴。中轴线被分为三段,古代北京的中轴线,即从永定门到钟鼓楼的7.7公里,是原本就有的,被称为"历史轴线"。从1983年策划申请亚运会到1990年亚运会建筑完成,中轴线迈出了向北延伸的步伐。新世纪以后,以2008年奥运为契机,中轴线的北端延长5公里到新建的奥林匹克公园,新成奥运区与之前的亚运区一道构成一个京城北面的运动休闲文化区,更有象征意义的是在延长的中轴线的终端两个标志性的建筑——鸟巢和水立方,显示了集现代性(以体育运动代表)、中华性(由天圆地方暗喻)、国际性(靠建筑技术体现)、全球性(用建筑形式象征)为一体的象征符号。这一向北延长的轴线被称为"时代轴线"。在历史轴线上续加上了时代内容。在南面也规划了中轴线的延伸,从永定门向南延伸12公里到南苑,使整个中轴线由目前的13公里延长为25公里。按规划,永定门之南木樨园到大红门形成现代商业街区;凉水河地区形成文化园区,有博物馆、艺术馆、图书馆、音乐厅;同时将南部绿化隔离带中各类用地整合为"田园社区"。北京中轴线这一最南端区域的主调是:商业、文化、田园,由于南延长线基本上还在图纸阶段,因此这一向南延伸的轴线被称为"未来轴线"。新的京城模式的中轴线,历史轴线不变,而北南皆变,北南虽变,但其变并没有改变占据中心的历史轴线本来的意义,只是配合了横轴长安街的意义:与时俱进。这样长安街的意义更加意味深长。长安街自共和国成立以来,一直在延长。最初的长安街,是由天安门东到东单(叫东长安街),西到西单(叫西长安街),总长3公里,然后编制长安街规划,东延长到建国门(1958年打通),西延长到复兴门(1956年打通),虽然前者叫建国门内大街,后者叫复兴门内大街,但从建国门连通到复兴门的整条街都叫长安街,全长7公里。进而,东从建国门延伸到大北窑,西从复兴门延伸到公主坟,全长13公里,这一延长了的长安街的整治工作在1999年新中国成立50周年前夕完成。紧接着在第二年即具有历史标志性的2000年,长安街再予延长。

东从大北窑延长到通州镇,增加20公里,西从公主坟延长至首钢东门,增加12公里,这时长安街全长35公里。2010年6月长安街西延道路工程规划方案获得批准,长安街再向西从首钢东大门延长到门头沟的三石路与规划中石龙西路相接处,共延长6.4公里。这样,整个长安街共长41.4公里。这样,长安街扩展次数5,扩展里程接近原来的14倍。至此,作为北京核心的两轴,纵轴长25公里①,横轴长41.4公里。两轴一延长再延长有其多样的内涵,从本节的视角来说,最主要的是,两轴的延长是天安门体系一个中心的理念的扩大和深化,它完全抵消并压制了任何多中心的意图和可能性。当长安街延长到通州时,穿过了CBD的核心,CBD金十字的横轴正是长安街一个组成部分。整个CBD作为京城模式多中心的企图,完全被压制在两轴的观念之下。前面说过,CBD是"梁陈方案"内在精神的重新崛起,但这一复兴的精神和企图在两轴的延长中,被击败了,并被改正为从一个中心放射出来的经济花朵,这一经济之花是受制于这个中心的。在这一意义上,CBD作为现代国际大都市的象征,成为长安街作为现代国际大都市总象征的一个组成部分。正是在这一意义下,CBD中的地标性建筑中央电视台新址是北京新世纪新京城模式里四大地标性建筑(国家大剧院、鸟巢、水立方、央视新址)所形成的象征体系的一个组成部分。

自从天安门体系确立之后,作为与体现传统的中轴相对的长安街,在二元对立规律的作用下,在京城模式核心观念的调控下,开始了向自身的现代形象的塑造。共和国初期的一系列建筑事件,都是因要建设一条现代化的新长安街,同时厘定中轴与横轴之间的建筑和观念分工而出现的:

1950年6—9月,拆除长安左门外和长安右门外的三座门(即长安

---

① 如果考虑到中轴线由奥园之山可见燕山,那是中轴线的隐性延长,如果进一步考虑到北京的中轴线正对着北面270多公里的元上都(古开平,即今内蒙古自治区锡林郭勒盟的正蓝旗金莲川草原上),那么,中轴线的历史意义有所彰显,如果考虑到中轴线的古代的观念中由天文观察的子午线而来,其文化的意义有所透出。

左、右门的门洞),拆除公安部街北口的"履中"牌楼和司法部街北口的"蹈和"牌楼。

1952年8月,拆除东西三座门,即长安左右门门洞。

1954年8月,拆除东长安街牌楼和西长安街牌楼。拆除东单牌楼和西单牌楼。

1955年,拆除天安门广场北部两侧红墙。西长安街拓宽,拆除挡在路中的庆寿寺和寺内双塔。

1957年拆除天安门南部两侧红墙。

1959年,为天安门广场的修造,拆除中华门。

如果说,以故宫为主的传统建筑的保留,体现了北京的一种宏大的世界观,那么,长安街上的建筑以怎样的样式出现,则体现了一种当代思想。这就是长安街的深邃。这一深邃不仅在共和国成立以后出现的新建筑上,也体现在新出现的建筑与中轴线上的古代建筑形成的视觉关系上。在这一意义上,长安街的建筑,内蕴着共和国成立以来当代政治家和当代建筑师的主体意识和广大民众的政治无意识和文化无意识。由天安门体系形成的天安门中心,决定了京城模式一个中心的空间结构,一个中心决定了新的京城模式的发展,它首先体现在作为代表新的京城模式中新型观念的长安街的塑造中。

图6-43 20世纪50年代的长安街区

图6-44 被拆除的中华门(资料来源:老北京网)

共和国前期，长安街的塑形，主要是天安门体系的完成，天安门体系中的新建筑，人民英雄纪念碑、人民大会堂、中国革命历史博物馆和中国历史博物馆，还有后来建的毛主席纪念堂，要与天安门和前门形成一个整体，需要考虑到广场的尺度。传统的天安门和前门在一定的范围内和一定的意义上决定了这三大新建筑的尺度和样式。当然在这后面，京城模式的理念起着观念的作用。而这一时期长安街上的其他新建筑，则配合着天安门体系，并与之一道构成长安街的新貌。这时期的新建筑有：

建筑名称	建筑年代	建筑高度	建筑功能	建筑风格	建筑地点
人民英雄纪念碑	1952—1958	37.94米	纪念性建筑	中带西	天安门广场正中
人民大会堂	1959	40米	办公	西带中	天安门广场西侧
国家博物馆	1958—1959	26.5～33米	文化	西带中	天安门广场东侧
毛主席纪念堂	1976—1977	33.6米	纪念性建筑	西带中	天安门广场南侧
民族饭店	1958—1959	48.04米	宾馆	西而苏	西长安街北侧
民族文化宫	1958—1959	63米	文化展览	中带苏	西长安街北侧
北京长途电话大楼	1959—1976	(81.5)87.1米	办公	苏而西	西长安街北侧
商业内贸部办公楼	1951	11.25米	办公	西	西长安街北侧
电报大楼	1956—1958	39.7	配套服务	西	西长安街北侧
北京饭店西楼	1953—1954	38米	宾馆	西而中	东长安街北侧
北京饭店东楼	1973—1974	(77.2)89米	宾馆	苏而西	东长安街北侧
纺织部办公楼	1951—1952	14米	办公	苏+西带中	东长安街南侧
燃料部（轻工业部）	1951	24.70米	办公	西	东长安街南侧
华诚大厦	1957		综合(体育/办公)	西	东长安街南侧
北京火车站	1959	43米	配套服务	中而苏	东长安街南侧
北京邮政枢纽中心	1968—1993		配套服务	西方现代带中	东长安街南侧

上面所列属于天安门体系的建筑，在长安街与中轴线相交的民族象征体系之中，是整个京城模式的中心。其意义前面已讲，这里着重讲除天安门体系这一中心之外长安街两边的建筑。可以分为三个时段和三个群体，第一个时段是新中国成立之初的东长安街上的部委办公楼，有纺织、燃料部、外贸部、商业部原内贸部的办公楼，基本上是前苏联型的一般机关楼，整齐、秩序、等

级、简洁、厚重,高度在30米以下,与天安门保持了较好的等级和秩序关系(后来纺织部办公楼改为中而西风格,是一个与时俱进的例子)。第二个时段是新中国成立十周年前的一批楼,又包含两个部分,一是保持了前苏联公共建筑的基本味道,但增加了体量,更注重艺术性。有服务性的大楼,如电报大楼、北京饭店西楼,还有在长安街延长线上的中国人民革命军事博物馆(1959)。这些建筑可以看成是新中国成立初部委大楼在原有的苏化方向上的进一步发展和完善。二是作为新中国成立十周年的标志性建筑,在一种苏型建筑的格调中,加上了浓重的中国风格,如民族文化宫、民族饭店、北京饭店西楼、北京火车站。这一些建筑可以看成是对苏化建筑进行民族化的转向。三是20世纪六七十年代的建筑,包括北京长途电话大楼、北京饭店东楼,以及20世纪60年代开始建的北京邮政枢纽中心。这些大楼的特点是:第一,有了由苏味转向西味的倾向;第二,在高度上的急剧上窜。长话大楼和北京饭店东楼的高度都上升到了80米,是天安门体系中建筑物高度的两倍,特别是与天安门甚近的北京饭店东楼,从美学的角度看,对天安门的壮丽造成重大的负面影响。共和国前期,特别是新中国成立十周年时期长安街上的建筑,也是整个北京建筑(乃至全国建筑)的一种类型的标杆,代表着北京的现代意识。民族文化宫和北京火车站这类民族化的建筑,是北京当时建造的一批类型建筑的代表,如全国农业展览馆、中国美术馆、钓鱼台国宾馆、友谊宾馆……而与之相连的,还有在20世纪50年代中期出现的一大批以"大屋顶"命名的民族化建筑。把20世纪50年代中期的大屋顶与20世纪50年代末期的民族化建筑相比较,大屋顶是中国屋顶与苏式浑厚型机关楼的结合,而新的民族化则是中国元素与苏式清灵型加等级型的结合。可以说,20世纪50年代末的民族化是20世纪50年代中大屋顶的进一步发展和完善,是共和国成立以来建筑民族化最为成功的一个阶段。电报大楼和民族饭店(忽略其民族性檐边)的整体结构,同样是当时北京建筑(乃至全国建筑)的另一种类型的标杆,是北京当时建筑的另一批类型的代表。与前面讲的民族化的走向不同,这类建筑代表着现代化的走向。在这一意义上,20世纪六七十年代的建筑、北京长途电话大楼、北京饭店东楼,是在它的基础上,受到当时的总体张力下的一种发展。总而言之,由长安街代表的共和国前期的中国现代性意识,通过这三类建筑体现了出来。

图 6-45　电报大楼(资料来源:张法　摄)

改革开放以后,长安街建筑有了一个明显的变化。基本上可以分为 20 世纪 80 年代、20 世纪 90 年代和新世纪三个阶段。20 世纪 80 年代以后,北京开始扩张,长安街是北京的扩张领跑者之一,建国饭店出现在长安街的东延长线上,中央电视台出现在长安街的西延长线上,代表着时代新潮的两面,也代表着长安街向未来的展望,然而,从建国门到复兴门的长安街在内城,与两门之外的外城,在与中轴线的关系的紧密和张力的大小上是有本质不同的,因此,这里对长安街的分线,以从建国门到复兴门这一中心路段为主,必要时也兼及城外。先看 20 世纪 80 年代的建筑①:

---

① 表中只列出从建国门到复兴门一段,此表与本节内各表中数据皆来源于《长安街:过去、现在、未来》。北京市规划委员会,北京城市规划学会.长安街:过去、现在、未来.北京:机械工业出版社,2004.该书 21—22 页的表与 140—141 页的表涉及相同建筑在个别数据上有出入("编者的话"说:"因各研究单位资料来源不同,在单体建筑面积统计上,有些差异",不仅面积,还有年代、高度),本文根据本人实地观察经验有所修改,如有错误由本人负责。

建筑名称	建筑年代	建筑高度	建筑功能	建筑风格	建筑地点
中国工艺美术馆	1985—1989	40.8米	商业/办公/服务	西而中	复兴门内大街北侧
中国人民银行	1987—1990	前15米后36米	行政办公	西方现代	复兴门内大街北侧
民航售票中心	1985—1990	39.7米	配套服务	西带中	西长安街北侧
北京音乐厅	1981—1985		文化	西方现代	西长安街南侧
东单电话局	1983—1985	46米	配套服务	西方现代	建国门内大街北侧
北京国际饭店	1984—1987	104.4米	宾馆	西方现代	建国门内大街北侧
中国社会科学院	1980—1983	59.6米	办公(科研)	西方现代	建国门内大街北侧
海关总署大楼	1987—1990	54.2米	行政办公	西方现代带中	建国门内大街南侧

图6-46 国际饭店

图6-47 中国工艺美术馆

(以上资料来源:张法 摄)

20世纪80年代出现在长安街的建筑,呈显了三个特点:第一,苏型建筑的消失。在建筑上外观的形式美的对称被均衡所取代,等级性和中心观被平等性和变化性所取代,这一建筑外观上的变化,由形、线、色体现出来的平等性、变化性、均衡性是由西方现代建筑风格的影响而形成的,在这一意义上,20世纪80年代意味着西方现代建筑在长安街上的兴起。第二,西方现代建筑的出现。西方现代建筑呈现两种方向,一是正规型的形式美,如东单电话局、中国社会科学院、北京音乐厅等。你看东单电话局:主楼由两大块叠竖成梯形,相连的营业厅与主楼的高度比例虽大,但用宽度进行弥补。整个尺度比例既堂堂正正,又错落均衡。二是对外观形式的新奇的追求。中国人民银行总行、北

六 世界城市演进史与京城模式

京国际饭店,都采用了圆形弧线。前者主楼与中央楼的两种弧线的对比,以及整座楼多种竖线的形式美,显得雅正;后者主楼平面的三驻圆弧六边形以及顶部、主体、下部接待大厅形成的比例与均衡,显得新奇。这两种西方现代风格,一正一奇,是20世纪80年代中国建筑转向西方和与世界互动的普遍样式。第三,民族化的转变。中国工艺美术馆、中国民航营业大厅、海关总署,虽然基本立面是西方现代的形式比例,但三建筑的顶部,都显出了中国特色,中国工艺美术馆是重檐黄色琉璃瓦坡顶,中国民航营业厅楼顶两边各一传统小屋顶,中国海关总署,楼厅两边各一形似钟楼的坡式方亭。长安街上三栋建筑顶部的三种传统样式,成了整个北京建筑在走向西方现代的同时体现民族性的基本方式,这一潮流在当时北京主要领导的大力提倡下,在北京各地区出现,从20世纪80年代风行到90年代,直到北京西客站达到顶峰而饱受诟病。在新世纪才慢慢消失,但已经凝固为一个时代的民族化样式。这一风格除了屋顶样式之外,还有把中国柱式和白玉栏以及一些中国元素镶嵌进西方现代的整体中去。如中国民航营业厅"首二层22根圆柱外包不锈钢,柱顶上部为挂落板,板的下部为简化了的梁、柱,柱顶为紫砂、陶块烧制成青龙、白虎、朱雀、玄武、秦砖、汉瓦等纹样"[1]。20世纪80年代的长安街建筑,除了以上三点之外,就是建筑高度又一次向上攀升。北京国际饭店高度为104.4米,显示了长安街的现代风格对中轴线上的传统风貌的又一次冲击。

20世纪80年代长安街建筑的两个基本方向,西方现代方向和民族传统模式,在20世纪90年代得到了进一步的提升、深化、完善。20世纪90年代长安街新出的建筑如下:

建筑名称	建筑年代	建筑高度	建筑功能	建筑风格	建筑地点
百盛大厦	1996—1998	50.9米	商业/办公/服务	西带中	复兴门内大街北侧

---

[1] 北京市规划委员会,北京市规划协会主编.长安街:过去·现在·未来.北京:机械工业出版社,2004:101.

中国工商银行	1994—1998	49.7米	金融办公	西方现代	复兴门内大街北侧
中国银行总部	1996—1999	45.57米	金融办公	西方现代	复兴门内大街北侧
华南大厦	1991		商业办公	西方现代	西长安街北侧
北京图书大厦	1994—1998	35米	商业/办公/服务	西方现代	西长安街北侧
西单文化广场	1998—1999		商业/服务/休闲	西方现代	西长安街北侧
中宣部	1993	约20米	行政办公/会议	中而新	西长安街北侧
中央教育电视台	1990—1996		新闻广播	西方现代	复兴门内大街北侧
远洋大厦	1996—1999	69.5米	商务办公	西方现代	复兴门内大街南侧
国际金融大厦	1996—1998	45米	商务办公	西方现代	复兴门内大街南侧
武警回迁商业楼	1999—2003	45米	行政/商务/办公	西方现代	复兴门内大街南侧
首都时代广场	1995—1999	50米	商务/办公	西方现代带中	西长安街南侧
国家电力调度中心	1998	50.9米	行政办公	西方现代	西长安街南侧
北京贵宾楼饭店	1990	39米	宾馆	西带中	东长安街北侧
东方广场	1997—1999	48/58/68米	综合商务建筑	西方现代	东长安街北侧
外贸部办公楼	1990—1994		行政办公	中而西	东长安街南侧
全国妇联办公楼	1995	42米	行政及商务办公	西方现代	建国门内大街北侧
交通部办公楼	1992—1994		行政办公	中而新	建国门内大街北侧
光华长安大厦	1994			西方现代带中	建国门内大街北侧
长安俱乐部	1990—1993		文化/娱乐/办公	西带中	东长安街南侧
外经贸部	1990—1994		行政办公	苏+西带中	东长安街南侧
北京恒基中心	1993—1997	18—35—45—60—80—110米	商业/办公	西方现代	建国门内大街南侧
中粮广场	1992—1996	45米	商业/办公	西方现代	建国门内大街南侧

首先,西方现代建筑风格,不但形式上更加多样,而且技术上有了新貌。就形式之新来说,从中国银行、中国工商银行、北京远洋大厦、北京国际金融大厦、国家电力调度中心、武警回迁商业楼这些建筑鲜明地体现出来。形式之新,一是体量之大,特别从东方广场的三大组、正面看这六大栋的群体组合中

图6-48 西单图书大厦

图6-49 交通部

图6-50 全国妇联

(以上资料来源:张法 摄)

六 世界城市演进史与京城模式

显示出来;二是体形多变,既从中国工商银行的主楼放街面、裙房放街后,主楼半弧与裙楼半弧合围成室外中心花园上体现出来,也从全国妇联办公楼三部分形成四道弧形中显出,西侧是中国纺织品总公司外凸成弧,中间妇女活动中心内凹成弧,外面妇联办公楼下部外凸成弧,上部内凹成弧。还从恒基中心的不同立面多种分层错落有致的外观中体现出来;三是新材料的运用,上述建筑,都运用玻璃幕墙,而且运用得多种多样,有立面全用(如光华长安大厦),有隐框玻璃(如恒基中心),有长条幅玻璃幕墙(如交通部办公楼是竖长条幅,中粮广场是横长条幅),大幅长矩形配成排小矩形(华诚大厦)……在恒基中心的顶部,有柱式、圆钟、三角形四面向上的尖顶,在国家电力调度中心,外墙采用隔热式全单元不锈钢拦索玻璃幕墙系统,中庭屋顶采用可开启式移动天幕;在中国银行总部,显出了由严谨的数模系统而产生的一种比例尺度的完美。中国工商银行和国家电力调度中心屋顶呈显了材料本身之美。20世纪90年代长安街建筑在新技术、新材料、新形式上的呈现,可代表北京,乃至整个中国走向西方现代建筑的趋势。这里引起最大争议的就是玻璃幕墙的运用,它一方面让建筑显得光亮,另一方面又造成了光污染。总体说来,形式呈新、形体呈变、材料呈新、技术呈新,显示了西方现代建筑艺术和技术在中国被加以全面运用,形成了一个时代的文化和美学时尚。

图6-51 恒基大楼

图6-52 中国银行总部

(以上资料来源:张法 摄)

其次,民族化的演进,也得到了更细致和体系性的呈现。一方面20世纪80年代最典型的顶部表达方式继续出现且多样化。改造后的纺织部办公楼、北京邮政通信枢纽大楼、首都时代广场,都是琉璃坡檐。长安俱乐部琉璃檐顶上两边各一小歇山顶;交通部办公楼顶上一对小古亭,华诚大厦顶上四座小亭阁。另一方面把各种典型的中国元素嵌进现代大楼。北京饭店贵宾楼,楼顶有小坡檐,入口处安置传统楼牌;光华长安大厦,有坡檐,有牌楼式的门头,门头上有汉白玉大理石牌匾;北京邮政通信枢纽大楼带着垂花和石栏,中国图书大厦,有着中国民居的门和明代石牌楼;中国银行总部外观完全的西方现代时尚,但中庭的中央由水池、山石、竹林构成的园林,加上中国情调。如何把中国元素与西方当代时尚结合起来,是20世纪90年代中国建筑探索的一个重要组成部分,长安街的范例是整个北京乃至整个中国的缩影。以街为整体,中宣部办公楼以整体的中国风点缀在以西方现代时尚为主的长安街之中,较为成功,光华长安大厦的牌楼式门头和汉白玉匾,也基本不错,交通部办公楼,在整体上对中国宫殿的模仿,不但与周围的建筑不相适应,特别是在离天安门不算远的位置,以如此大的尺度出现,尤不合式。20世纪90年代的民族化,仅从长安街上看,既获有益的探索,又有糟糕的失败。

20世纪90年代的长安街建筑,与20世纪80年代比较起来,体量更大(20世纪80年代超过10万平方米的建筑只有国际饭店,11万平方米,而20世纪90年代,则有全国妇联办公楼,10万平方米;中粮广场,10.6万平方米;远洋大厦,11万平方米;首都时代广场,12.2万平方米;国际金融大厦,12.23万平方米;中国银行,17.4万平方米;东方广场,93万平方米),技术突出(玻璃幕墙成为主色),高度上升(总体高度普遍上升,绝对高度恒基中心达到110米,是天安门体系中最高建筑40米的近3倍),进一步体现了由长安街所代表的"现代"对由中轴代表的"传统"的巨大压力。

经过20世纪90年代的大规模建筑,长安街中心区即从建国门到复兴门一段,基本填满,新世纪之后,新的建筑不多,仅有如下6栋:

建筑名称	建筑年代	建筑高度	建筑功能	建筑风格	建筑地点
中组部	2003		行政办公	西而中	西长安街南侧
国家大剧院	2001—2007	46.68 米	文化	后现代	西长安街南侧
信远大厦	2002		商业	西方现代	建门国内大街北侧
北京国际新闻文化中心	2001—2002	85.3 米	传媒	西方现代	建国门内大街南侧
光彩国际中心	2004		商业	西方现代	建国内门大街南侧
首都博物馆	2001—2005	41 米	文化	西带中	白云路大街南侧

  表中加了一项长安街延长线上的首都博物馆。因为在之前几个阶段,城内长安街上的建筑可以说明整个长安街,而这一段,延长线上的首都博物馆具有城内街段说明不了的内容。言归正传,表中建筑有四座(中组部、信远大厦、北京国际新闻文化中心、光彩国际中心)可以说都是 20 世纪 90 年代建筑手法的继续,有继承但无新意。长安街中心的国家大剧院和西长安街延长线上的首都博物馆却代表了作为中国建筑主流的两种方向的提升:国家大剧院代表了西方现代建筑时尚方向的提升,首都博物馆代表了现代化与民族化结合上的提升。国家大剧院不仅是一个西方现代建筑的方向问题,而且涉及天安门体系,联系到整个北京的建筑象征体系,以及中国的象征体系问题,这些放到后面去专讲,这里主要讲一讲首都博物馆新址。

  首都博物馆原来在国子监孔庙内,是创建于元代而历代又有维修的三进院落,纯然古典,地处幽静。现在新移到最靠内城的复兴门外的长安街上,面貌也由纯然古典转为相当现代,但这一现代又与国家电力调度中心和中国工商银行不同,在现代中突出了中国元素。从这一角度看,可以将之看成是中国建筑民族化的一次提升,如果说,20 世纪 80 年代以来中国建筑兴起了第三次民族化艺潮,那么,西客站是其负面典型,而首都博物馆则是其正面典型。第三次建筑民族化,与共和国成立以来前两次一样(也可以说与民国以来一样),都是讲究如何把中国因素与西方因素结合起来,在西客站里,中国元素是明显的中式与大型现代建筑很难完全融合的古代小亭子,西方因素则是苏型意味的对称等级,在首都博物馆里,西方因素是现代材料技术,而中国因素则很好地融入西方的材料、技术、形式之中。初一看来,首都博物馆与中国工商银行、武警回迁楼、北京电力调度中心有相似之处:矩形立面加金属屋顶带着某种圆意。但首都博物馆中每一部分,都把中国元素巧妙地放了进去:金属的大屋盖有中国传统建筑的深挑远檐之味,巨大的石质幕墙让人想起中国古代城墙,石墙上一层玻璃幕墙宛如城墙上一个个整齐的望口,墙上的图意则是一个破墙而出的青铜器(图6-53)。大厅外,地面镶嵌着清代丹陛,大厅内,竖立着明代牌楼,让人感到对称的庄严感,而下沉的竹林庭院又让人体会到自在的悠闲味。联系到前面讲的20世纪90年代长安街上建筑民族化的一系列表现,可以说,首都博物馆在民族化上较之以前是一次艺术性和文化性的提升。由之可以感到的一种内在倾向,在2008年建立的奥林匹克公园里和在2008年奥运会开幕式表演中进一步得到强化。

图6-53A 首都博物馆青铜装饰细部

图6-53B 首都博物馆全貌

(以上资料来源:张法 摄)

前面讲了,长安街从总体上讲,延长为从通州到门头沟的41.4公里,但在实际上,只有从东三环的大北窑到西三环的公主坟的13公里。任何人无论是来自全国各地还是从世界各地到北京看长安街,都在这一地段之内。从建国门到大北窑成为CBD地区,形成了长安街与CBD既重合又独立的张力,这样,

CBD地区摩天大楼群,既是CBD的一种象征,又是长安街的一个部分,与长安街的建筑形成既独立又关联的意味深长的关系。但CBD这一概念本身更强调其作为北京的一个独立景观和独立符号的意义。长安街西延长线从复兴门到公主坟,没有形成一个独立的新区,可以说,它一直是长安街总体风貌的一个组成部分。而长安街的总体时尚每一时段都在这一地段有对应的体现。因此,理解西延长线上的几座标志性建筑与长安街整体的文化和美学关联,成为长安街美学的一个必要组成部分。20世纪50年代末的中国人民革命军事博物馆与民族文化宫、北京火车站相呼应,前者是建筑民族化的榜样,后者则是苏化的典型,那时的民族化是苏化加民族化,因此,中国人民革命军事博物馆作为苏化典型,别具意义。20世纪80年代,中央电视台大楼,一是突出了电子传媒的重要,二是呼应了北京国际饭店的高度,三是与整个长安街建筑一道,显现了中国建筑风格向西方现代型的转向。20世纪90年代,两座大楼都呼应了民族化的新形式,一是公主坟的城乡贸易中心,一是军事博物馆旁的中央军委大楼。前者以歇山顶,后者以主楼歇山顶、附楼的坡檐和柱式,这些中国元素,前者加在20世纪80年代的西式形式上,后者加在20世纪50年代的苏式形式上,与中国人民革命军事博物馆的体形相对应,但又用了20世纪90年代西方技术:玻璃幕墙。在世纪之交,为了辞旧迎新,怀旧图新,在中央电视台和中国人民革命军事博物馆之间,建了世纪坛。这一纪念性工程,用了一系列的高科技和象征手法,呈现中华民族悠久、辉煌、艰难的历史,在艺术上颇受批评,但确实为呼应国家大剧院紧贴人民大会堂而建,对天安门体系有着意义冲击。当我们看到,长安街的延长线,东面被纳入CBD,西面却与核心中段紧紧呼应,这里面透出的又是北京的深邃。

长安街从建国门到复兴门主段,通过20世纪50年代至新世纪的建设,空间已经基本被填满。剩余空间主要是国家大剧院旁六部口南部地区,市规划委的方案是中央政府区从中南海南迁至此,规划了9栋大楼①,当这一中央政府区全部建成之后,长安街的整体形象就完全形成了。但这9栋楼只占目前长安街大楼总数不足十分之一,而且在美学上的创新可能不大,可能只是在目前长安街上的四大建筑类型(20世纪50年代型、20世纪80年代型、20世纪90年代型、新世纪型)中增加某一类型或某几类型的数量比例而已。在这一意义上,长安街的整体面貌已经基本形成。目前长安街的建筑,按其建筑功能分类和比例,《长安街:过去、现在、未来》一书统计的数据是:商业服务22%,行政办公15%,商务办公25%,金融邮电13%,居住建筑10%,文教体育11%,纪念建筑1%,市政设施1%,交通建筑2%。该书对这一比例的评估是"两少两多":1.文化性建筑的总量较少;2.服务类建筑较少,分布不均;3.商务办公类建筑过多;4.金融建筑过多②。在这两多中,透出了CBD的影响,或者说,这两多建筑和CBD建筑共同透出了中国20世纪90年代以来的一种由中国型的经济强劲而来的文化内容和美学风尚。

  长安街与CBD共同构成了北京走向现代国际大都市的面貌,长安街体现了一种历时性(新中国成立以来各阶段)的力争上游,CBD则是在这一上游顶端的一个惊叹号。但这一惊叹号只是经济的,而政治和文化的一极则要由天安门体系来体现,特别是要由天安门体系的意义转型和符号扩张来体现,这就是由两轴核心的天安门体系进一步扩张到象征两轴扩大的四大当代符号建筑:国家大剧院(两轴中心点)、中央电视台新址(横轴的重要区CBD)、鸟巢和水立方(中轴的最北端)上。这样,长安街的文化和美学意义,最初是由1959年建成的天安门体系决定的,现在则要由天安门体系及其新变与关联,即天安门体系叠加上四大符号性建筑所呈现的意义来解说。

---

① 北京市规划委员会,北京市规划协会主编.长安街:过去·现在·未来.北京:机械工业出版社,2004:249—251.
② 北京市规划委员会,北京市规划协会主编.长安街:过去·现在·未来.北京:机械工业出版社,2004:146—150.

七　从京城模式和象征体系看四大符号建筑

北京以两大主色展开,历史文化名城和现代国际大都市,前者以故宫为中心,以中轴为重点(南到永定门,北至钟鼓楼)。以旧城为基面,以旧城外东南西北的文化保护片区、文物保护单位、历史古迹为呼应,展现古都风貌;后者以长安街为中心,以王府井、金融街、传媒大道为辅助,以二环以外的高楼为基面,特别是以CBD为重点,以中关村、望京新区等四环内外的新区为辅助,展现北京的现代新潮。在古都风貌和现代新潮的交织中,北京最中也是最核心的中轴是古代的故宫及其延长线,代表古都风貌;第二重要的轴线是CBD十字线的纵轴(东三环中路)代表现代新潮,两条纵轴形成了一种古与今的对比。北京最中也是最长的横轴是长安街,代表现代新潮;第二长的横线是平安大街,代表古都风貌,两条横轴形成了又一种古与今的对比。共和国成立以来,古与今的结合,有过两次汇聚:第一次是天安门体系,中轴上的天安门与前门和横轴上的人民大会堂和中国革命博物馆—中国历史博物馆在天安门广场上交汇,形成了共和国前期北京走向世界的一次中西古今合一的交响乐章;第二次是京城的四大符号建筑,国家大剧院(形如鸟蛋)、中央电视台新址(形如鸟架)、国家体育场(形如鸟巢)、国家游泳馆(形如鸟房)叠加上天安门体系,形成了改革开放后特别是新世纪的中西古今的新交汇。这样,四大建筑一方面四位一体地形成为新世纪北京的象征,另一方面又与天安门体系以及京城两轴一道,构成

了新世纪北京的结构,如图:

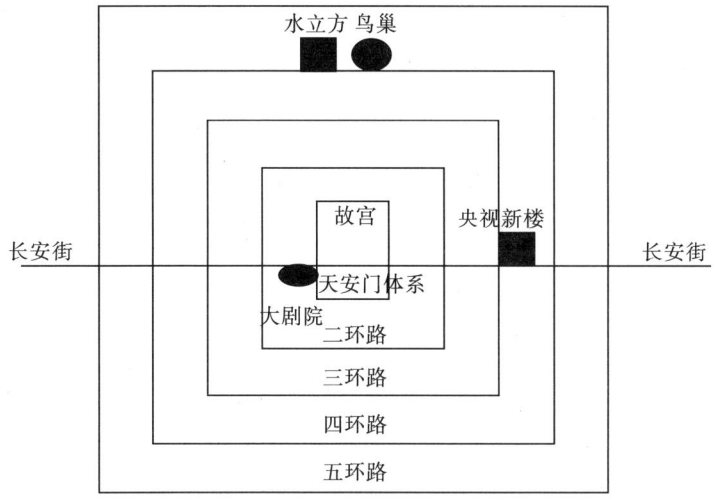

(资料来源:张法绘制)

这样,四大建筑的意义,有三个层次:一是四大建筑自身的意义,二是四大建筑与天安门体系的意义,三是四大建筑与京城模式的意义。具体而言,四大建筑,在第一层次上,让北京有了一个新世纪的象征体系;在第二层次上,让天安门体系处于一种新的开放状态之中;在第三层次上,让京城模式有了一个新的基本定型。如上的意义,四大建筑成了理解北京新变的关键点,同时是使北京产生如是之变背后的中国意识的呈现。因此,四大符号性建筑内蕴着深厚的意义。

四大建筑的事件性意义

四个符号建筑(国家大剧院、央视新址、国家体育场、国家游泳馆)的出现,与天安门体系建筑群的出现一样,是一种事件性建筑。天安门体系中的建筑,人民大会堂、中国革命历史博物馆—中国历史博物馆、人民英雄纪念碑、巨形天安门广场的出现,是与新中国成立十周年这一重大的事件相关联并为之努力奋斗而赶出来的。四大建筑也都围绕着新世纪中国的一大盛事——2008年的奥运会而展开。2003—2004年,中国国家领导人胡锦涛、温家宝和官方思想家郑必坚在一系列讲话中提出了"中国和平崛起"的理论,并认为,中国的和平崛起与中国基本实现现代化、中华民族的伟大复兴,是同一个问题的三面①。中央电视台2006年11月播出12集系列片《大国崛起》,2007年10月播出6集系列政论片《复兴之路》,造势数年的中国崛起和中国复兴,具体地要由一个全球盛事——2008年奥运会——体现出来。正是以2008年奥运会为节点,四大符号建筑都要在京城矗立起来。新北京、新奥运、新中国、新时代,在建筑上要由这四大符号建筑来体现。正如共和国成立十周年的新面貌、新风气、新精神、新时代,要由天安门体系来体现一样。因此,当四大建筑在进行过程中引起巨大争议,特别是国家大剧院争议引起49位院士以及114位建筑学家和工程学家的上书反对②,有人说,国家大剧院初谋于20世纪50年代末,这么多年都等过来了,为什么面临高端性的理论争论,不能等一等?因为这是事件性建筑,具有新时代的仪式性,2008年奥运会不能等,这是被赋予了重大政治意义和文化意义的盛会。因此,四大符号性建筑,已经不仅仅是一个建筑学的问题,而是一个政治学和文化学的问题。对四大建筑的争论,特别是在央视新楼和国家大剧院上的激烈争论,已经不仅是一个建筑学和美学的问题,从而,其最后的结果不是由建筑学和美学来决定的,而是由政治学和文化学来决定的,这里,成败功罪,其结症是由政治学和文化学来敞开的。

---

① 郑必坚2004年4月22日在人民大会堂作《中国和平崛起的发展道路》演讲时指出:"中国的和平崛起与中华民族的伟大复兴、中国基本实现现代化,是同一历史定位,同一历史时段,同一历史内涵。"中国网[2004—04—23]文章来源:中新社
② 参见:王博.北京:一座失去建筑哲学的城市.沈阳:辽宁科学技术出版社,2009:78.

四大建筑的结构性意义

图 7-1 国家大剧院(资料来源:张法 摄)

在四大建筑中,国家大剧院在长安街上,紧挨人民大会堂西面,在新华门的对面,直接嵌进了天安门体系,设计者安德鲁说,大剧院外围的池水中,可以映出天安门的倒影;大剧院光滑的外表,也可以反射到天安门。① 央视新楼在长安街东延长线上,在CBD的核心区里,直接成为CBD的地标,同时与国家大剧院形成一种力的均衡。国家体育场和国家游泳馆在北京中轴线延伸的顶点,前者在东、后者在西,对称排列。四大建筑,两大(国家体育场和国家游泳馆)在已经划定的北京中轴线的北面顶端,这是新的京城模式在北面已经完成的终止符号。一大(国家大剧院)紧贴北京的心脏天安门体系旁,按照设计者安德鲁的计划,当人民大会堂西侧的国家大剧院周围全是绿化场地,进而国家

---

① 参见:《建筑创作》编辑部.解读安德鲁,品读大剧院.建筑创作,2007:10.

博物馆东侧也全是绿化场地，并向南延伸到前门。此点也是安德鲁的支持者对其方案进行辩护的理由之一。但这实际上是把整个天安门体系进行一次空间上的扩大和意义上的重组。如安德鲁所说，明代建成的天安门城楼、1959年建成的人民大会堂与新世纪的国家大剧院形成一种变化中的统一。因此，从西面进入天安门体系的国家大剧院直接引起了天安门体系的变化，目前，国家大剧院与天安门体系，特别是与之紧邻的东面的人民大会堂和北面的新华门及其门两侧的红墙，虽然也可以找出其和谐之点，但更多的是处于一种冲突之中，它还需要或者扩大天安门体系，这是安德鲁自身的预设方法之一，或者改变国家大剧院的南面空间，以新的方法形成新的动态和谐。在这一意义上，国家大剧院是天安门体系新变的启动，显示了国家大剧院对天安门体系的意义，确切地说，对中国的建筑象征体系的天安门体系的意义重组的开启。另一大建筑在长安街东面的CBD核心。在北京要建成世界城市的进程中，CBD是新北京的商务经济中心。央视新楼一方面对CBD具有地标意义，而CBD正在扩张之中，另一方面由于四大建筑是一个整体，它与其他三大建筑必然有着关联。它又在长安街的延长线上，CBD的扩张与长安街的延长，呈现的是京城模式的新变。这样，四大建筑作为一个整体，显示了北京的新变。这一新变不是与原来的北京和原来的天安门体系独立出来，另起炉灶的新变，而是叠加在原来的北京和原来的天安门体系之上，与之形成互动的新变。四大建筑正是放置在北京的两轴（以故宫为中心的中轴和以天安门为中心的横轴长安街）上，对于新的京城模式，具有点睛性质的作用。再向南，天坛和正在修缮的先农坛构成北京中轴线南面的标志性建筑。这样京城的结构，在南面，古典的天坛和先农坛；在北面，现代的国家体育场和国家游泳馆，一古典一现代，在中部，国家大剧院和央视新楼与故宫建筑群，构成古典与现代的对比，加上天安门体系本有的古典与现代的对比。北京的新的京城结构就呈现出来了。在这一新的京城模式中，四大建筑成为其中最具有现代性/当代性的符号。

四大建筑的艺术性意义

　　四大建筑作为符号性建筑,在京城已经遍布现代建筑的现状中,特别是在长安街和CBD已经具有各种高尖新类型的现代建筑现状中,怎样才能让人一眼看出其地标性和符号性呢?这就是突出建筑的艺术性,具体来说,四大建筑如四座巨型雕塑,矗立在北京的两轴,各有奇特的艺术性形状。国家体育场,像一个巨大的鸟巢,并以鸟巢作为自己的正式昵称(俗称)。国家游泳馆是一个巨型水晶立方体,正式命名为"水立方"。正如这两座建筑争议较小一样,其"艺名"(即俗称)也无甚争议,另外两座建筑争论极大,艺名也花样繁多。国家大剧院是一个巨型半球,由于内部骨架由钢结构焊接,外形由玻璃板和钛金属板拼装,因此被称为"金属蛋"(大陆著名设计师王受之),又由于半球圆体由水围绕,因此被称为"水煮蛋"(台湾建筑理论家汉宝德),也称水中的"蛋形小岛"(加拿大著名建筑师克科兰),总的说来,设计者的最初理念是"水泡",而建成后普遍地被称为"鸟蛋",当《半岛晨报》记者采访安德鲁,问:"国家大剧院有很多俗称,水泡、水母、鸟蛋、巨蛋……你喜欢哪个?"安德鲁回答:"我更倾向于叫它蛋,很形象。从外观看这个剧院的穹顶像个'蛋壳',而'蛋壳'里面就是'蛋黄',是进出大剧院的观众们,象征着不断孕育的新生命。"[1]在我的经验中,我女儿当时所在学校(北京四十四中)的师生在国家大剧院工地露初型之时,都叫"大鸡蛋",后来鸟巢出现之后,我所接触的人都把国家大剧院称为"鸟蛋",大概是受"鸟巢"的关联性影响。现在到网上去查,"鸟蛋"(或"巨蛋")已经成为普遍的称呼了。

---

① 苏琳.如果重来,我们坚持"鸟蛋"设计—对话国家大剧院设计者保罗.半岛晨报,2010-07-20.

图7-2 央视新楼(资料来源:张法 摄)

央视新楼,主楼的两座塔楼双向内倾斜6度,在163米以上由"L"形悬臂结构连为一体。一位网友在自己的博文中写道:"从它(央视新楼)几年前公布设计到后来拔地而起,老百姓就给它起了名字,而且不止一个:'大裤衩'、'歪曲的媒体'、'鸟笼'、'欲飞'、'雄起'、'猛男'、'斜跨'、'高空对吻'等。"①《现代金报》(11月8日)称,央视新楼目前流传的名称有:"大裤衩"、"扭曲"、"斜跨"、"鸟腿"等。在这些多为不雅的名字中,"鸟腿"和"鸟笼",想是由鸟巢和鸟蛋的思维定势而来,但已经流行于全国的是"大裤衩"。此名最为形象,却相当草根。当然这些名称多为不雅,据网上说,央视鉴于此,在内部进行新楼名称的征集工作,并对较好的候选名称进行投票,候选名称有:"和谐之门"、"幸福几何"、"时代尖峰"、"新视角"、"TV魔方"、"未来之窗"、"幸运大门"、"样式空间"、"多维窗(门)"。网友也不甘落后,纷纷贡献智慧。据归纳,所取之名有象形类,如:双

---

① "博客老猪"央视新楼命名. http://blog.sina.com.cn/licl

七门、M大楼、圆规、央天门、连七座……文雅类,如:7迹楼、智窗大厦、宝鼎大厦、新视角……恶搞类,如:半蹲的下肢、酷中央、囧大楼、三缺一……接着,网友发帖称央视高层决定正式定名为:"智窗。"其寓意是:"首先,央视是国家电视台,是全国对全世界传播信息,传播智慧的重要窗口;其二,新大楼中部形成的多边形镂空,酷似一个巨大的窗口。"但接着恶搞的网友马上发现"智窗"的谐音是"痔疮"。而且央视大楼"实体部分酷似一个半蹲着的人的双腿和臀部","加上新大楼是地标建筑、百年大计,如此长时间地摆这么一个人有三急的姿势,只有得了痔疮的人才会如此"①。又有网友胸怀宽广地认为,央视新楼,不同人等可以有不同称呼:文人不妨以"大跨越"之称去讲,网民可以用"大劈叉"之词去说,百姓还是用"大裤衩"之名去呼。纷纷纭纭,至今未有定论,但"大裤衩"已经广为流传。然而,更为令人震惊的是设计者库哈斯出了一本书《CONTENT》,里面图文并茂地说明自己的设计意念,称央视新楼就是"男女性器官的组合"。其中,主楼是一个跪地开胯的女性,北附楼则是男性的阳具。当这一说法在全球传开而广遭批评后,库哈斯为了收场,发表了一个自辩性的声明,归罪于书籍设计者,其本意已经昭然②。但就直观而论,央视新楼就是一个几何性的雕塑。雕塑作为一个艺术品,可以见仁见智。既可以"作者以一致之思,读者各以其情而自得"(王夫之),也可以"作者之用心未必然,读者之用心何必不然"(谭献)。艺术作品是由艺术文本加上读者的解释而成。目前"大裤衩"成为央视新楼的普遍流传的俗名。四大建筑除了正式名(国家体育场、国家游泳

---

① 央视新楼命名为"智窗"?.都市晨报,2008—11—16.
② 萧默.再谈切莫让库哈斯轻易逃脱——评奇文库氏声明.载:萧默在天涯网上的博客,2009—8—31.

馆、国家大剧院、央视新楼)之外,都要被安上一个艺名(俗称),①不管这些艺名(俗称)已成定名还是暂为流行,这本身就表明,四大建筑与京城的其他建筑的不同,是以突出建筑的艺术性而呈现出来的。这一突出艺术性的特征本身又说明了什么呢？这就是——

四大建筑的符号性意义

这里,符号具有多方面的内容——

第一是对技术的彰显,作为一种新技术的符号。国家大剧院,是半椭球形的钢结构围护以及屋面的钛金属板饰面和中部的渐开式玻璃幕墙,在技术上显出了新与奇;央视新楼,钢结构的量之大,两楼对接的结构之复杂、焊接要求之难、幕墙的几何定位之难,还有声学要求、机电系统等,呈现了技术上的新与奇。国家体育场,由 24 根桁架柱组成的巨大的门式钢架构成的外形结构,外壳内作为填充物的气填膜,碗状坐席环抱着赛场的收拢结构,让观众席上的每个位置都与赛场中心的视线距离相同(约 140 米),鸟巢下层的吸场膜材料、钢构架上吸声材料、电声扩音系统这三层装置,使场内的声音清晰度指标指数达到 0.6(它使人们在场内任何位置都可以清晰地收听到广播)。通风设计让所有观众都享有同样的自然光和自然通风……呈现同样的技术上的新与奇。国家游泳馆,外围形似水泡的 ETFE 膜(乙烯－四氟乙烯共聚物)。其水晶外观和透明性能、柔和感、清澈感,显示了材料和技术的新,加上自然通风组织和循环水系

---

① 如果从四大建筑的统一性讲,不妨以"鸟"统一称之,国家大剧院为"鸟蛋",国家体育场为"鸟巢",国家游泳馆为"鸟箱"(或"鸟房"),央视新楼为"鸟架"。鸟在中国远古的思想中,与图腾观念、生命繁衍、家族亲情等相关,理性化之后,一方面,产生了凤凰,一系列美好的事汇聚于此,凤飞凰舞,凤凰涅槃,凤求凰……另一方面,在民间,鸟(读 diao 去声)又是生殖器的暗喻……以鸟贯串四大建筑,包含着多重的意识和无意识内蕴。

图7-3 鸟巢

图7-4 水立方

(以上资料来源:张法 摄)

统,其技术的新与奇尤为明显。也许,从世界的范围内来讲,说新说奇,还可以讨论,但当这四大建筑从周围的众多建筑群中傲然崛起之时,在北京,确实体现为一种技术上的新与奇,并作为一种新与奇的技术符号,出现在京城。

第二是对金钱的突出。根据有关媒体的报道,四大建筑的造价,国家大剧院30.67亿,国家体育场在35亿,国家游泳馆10.2亿,央视新楼50亿。在一个全国的社保体系、医保体系尚未建立起来的中国,在一个教育费用和住房费用仍困扰着大多数百姓的中国,这是一个非常大的数目。在这一意义上,四大建筑又是一个金钱的符号(也许在这四大建筑上凝结着中国改革开放以来GDP一直高速增长而暴发出来的财气)。

第三,是对国际性(全球化)的突显。四大建筑的设计者,都是外国建筑师:国家大剧院,由法国建筑师保罗·安德鲁(Paul Andreu)设计;央视新楼,由荷兰建筑师库雷姆·哈斯(Rem Koolhaas)设计;鸟巢,是由2001年普利茨克奖获得者雅克·赫尔佐格(Jacque Sheraog)、皮埃尔·德梅隆(Pierrede Meuron)以及中国建筑师李兴刚等合作完成的巨型体育场,艾未未担任设计顾问;水立方,由澳大利亚PTW建筑师事务所、ARUP澳大利亚有限公司与中国建筑工程总公司联合设计。外方主设计者有约翰·保林(John Pauline)、托比·王(Toby Wong)、马克·巴特勒,中方设计者有赵小钧、毛红卫。在全球性的招标中,都是西方建筑师或以西方建筑设计公司为主的中外联合获得中标。由此产生的联想,国际化、全球化、主流化、现代化……都会油然而生。而这些"化",

会引向更大的遐想空间。在这一意义上,四大建筑又成了中国走向全球化的符号。

第四,是对艺术的彰显。这一点在前面讲四大建筑的艺术性意义时已讲了其作为艺术的突出,这里则要强调其艺术特性的背景。可以说,四大建筑都有一种实验艺术的风格,实验艺术作为先锋艺术,鲜明地把自己与一般艺术区别开来,四大建筑作为一种实验艺术,也鲜明地把自己与其他的建筑区别开来。"二战"以后,美国式艺术,用"当代国际艺术"之名,基本上征服了世界,成为一种全球的时尚。当谈到四大建筑具有实验艺术的风格时,进一步说,四大建筑具有一种美国式的当代国际艺术的气象。中国建筑界和艺术界对之提出了质疑和批判(张良皋、萧默、王守之、郑光复、河清[①]),在一定程度上都与美国式的实验艺术风格与四大建筑的关联有关。自 20 世纪 90 年代后期以来,中国艺术界和官方对当代艺术的接纳与参与,已经形成了一个中国向国际艺术时尚靠拢的氛围。四大建筑突显的实验艺术倾向和当代艺术趣味,使之成为一种艺术符号。

第五,对京城模式方向的彰显。改革开放以来,京城模式向何演化,一方面由一次又一次的北京城市规划显示出来,20 世纪 80 年代、20 世纪 90 年代与新世纪的三次规划(1983 年、1992 年、2004 年)都是由具体的空间变化和新建筑来实施,而标志性的建筑,更是关于京城模式走向何方的具体路标。从这一角度看,四大建筑呈出了京城模式的方向。首先,四大建筑确立了作为北京核心的两轴的重心。古代北京城的空间设计传统之一,是"自北面发端而向南延伸"[②],鸟巢和水立方不仅确立了新京城的中轴的北端,而且成为从奥林匹克公

---

① 张良皋.建筑必须讲理——书《建筑辞谢玩家》后.高等建筑教育,2009:4,萧默博客关于央视大楼如萧默.CCTV 与臀部的异质同构等数篇文章;王受之.库哈斯添乱.郑光复.是谁让科学与经济掩面而泣.河清.艺术的阴谋——透视一种"当代艺术国际".桂林:广西师范大学出版社,2008.

② 李路珂.北京城市中轴线的历史研究.城市规划,2003:4.

园到钟鼓楼之间的建筑尺度。其次,央视新楼在CBD,不但标出了北京的新中心,而且点出了这一新中心与京城模式的关系,它是在长安街上,受两轴的张力制约,它与四大建筑中其他三座建筑的呼应关系,形成了京城模式的基型;第三,国家大剧院在两轴的中心,与天安门体系的张力与互动,改变了天安门体系的意义。如果说,以天安门城楼上的检阅为中心是共和国前期的天安门体系的意义所在,以升旗仪式为中心是天安门体系在改革开放后的新变,那么,国家大剧院的出现以及为了调整它与天安门体系的建筑冲突而产生的天安门地区的空间上的变化,将会呈现天安门体系在新世纪的变化;第四,国家大剧院与其他三大建筑构成的四位一体,由于国家大剧院直接突入到天安门体系之中,在与天安门体系的张力中,会产生京城象征体系的变化,而且由于四大建筑在北京两轴上的位置,将产生京城模式的变化。从京城模式的角度来看,四大建筑把以前北京发展中的摊大饼似的一环一环的环路扩张,给予了某种程度上的标志性定型。四大建筑的体系性与以故宫为核心的传统建筑之间形成的张力,基本上决定了北京的主貌。第五,四大建筑在艺术态度上有两种方向作用,一是对高度的态度。国家大剧院在天安门体系旁边,但建筑高度低于天安门体系中的诸建筑,不以高来显示自己的特点,鸟巢和水立方在高楼林立的四环,也不以高来显示自己的特点,央视新楼在摩天大楼林立的CBD地区,它强调的同样不是自己的高度。当长安街的建筑和旧城(二环路)以外的建筑都高高矗立,对旧城内的传统建筑形成巨大的压迫之时,四大建筑在不求以高取胜这一点,对扩展中的北京风貌应该是一个好的启示。二是艺术风格的选取。四大建筑在风格上确有实验艺术的倾向,但从北京的建筑环境来看,在与作为国家象征符号的天安门体系的对比中,四大建筑对应于天安门、前门的传统风格和人民大会堂、国家博物馆的西方—前苏联古典风格时,强调了一种几何形简洁的现代风格,确实在与前二者的对比中,突显了新世纪的时代意向,在与旧城(二环)外的高楼群,特别是在CBD的摩天楼群的对比中,四大建筑,特别是央视新楼和国家大剧院,强调了一种艺术性,把自己从众多的建筑中区别开来,在使自己成为地标建筑和符号建筑方面确实取得了成功。而且这两个特点(对高度有针对性的态度和对艺术风格有针对性的选取),对于京城建筑,也是具有方向性意义的,因此使之成为一种方向符号。在这五点中,最重要的是四大建筑叠加在天安门体系之中,二者的合一构成了新的京城象征体系,和四大建筑叠加在两轴(以故宫为核心的中轴和以长安街为核心的横轴)上,二者的合一构成了京城的主城核心。从这两个角度看,四大建筑都意味着北京在新世纪的方向。

四大建筑具有事件性、结构性、艺术性、符号性的多重意义,这多重意义又以四大建筑如是的形式定型在北京在新世纪的演进之中,这后面深层次的原因是什么呢?也许,人们会想,与中华民族的中心化情结相关?与中国精英的天下胸怀有关……深入进去,会遇上一张无形的大网,不过,那将是另一个或另几个复杂的故事了。

八 走向全球化时代的世界大国和文化大国的京城模式与象征体系

走向全球化时代的京城模式与象征体系

北京,经过5次首都规划的观念转变,经过六十多年的现实演变,特别是天安门体系的转意和四大标志建筑(国家大剧院、央视新楼、鸟巢、水立方)的出现,已经透出了一种京城模式和象征体系的新动向。

这一新动向,由正在编织着的当下历史的五彩图卷的梭线所舞动。第一根编织之线,是中国的改革开放,经过三十多年的锐进,已经走到了一个历史的重要关头;第二根编织之线,是中国自近代以来的跌落与而今的大国崛起和文化复兴,正在一个关节点上;第三根编织之线,是世界史的演进,进入新一轮的全球化大潮,正处在一个巨大变化的关节点上。这三条线的交织,呈现着西方主导的世界现代化道路处在一个重要转折的当头;非西方的多元文化正在成长起来,在与西方文化的互动中,形成世界重组的新动力。这从经济和政治两方面呈现出来:美国、加拿大、欧盟,世界上所谓最发达的西方地区,其GDP总量在全球的比重,1999—2004年期间,基本上都维持在60%以上,最高的时候达到64%。但是经过了5年之后,到2009年,估计大概只有49.4%,是第一次(且是两个世纪以来第一次)落到50%以下。而且,原本估计这一下降最快也要到2015年才出现,而今提早了6年。而西方经济总量的下降,是在同中国以及其他新兴市场国家的经济总量的上升相比较而出现的。中国GDP年均增长率1979—2006年为9.7%,2003—2007年年均增长率为10.8%,中国GDP总量1978年为3645亿元,1997年为78973亿元,2002年为120333亿元,2005年为183868亿元,2006年为209407亿元,2007年是246619亿元。30年间GDP总量增长了37倍。中国的GDP在2010年超过日本,成为全球第二大经济体。而且,在经济学家们的估算中,照目前这个趋势,大概最快2020年,最慢2025年,中国会超过美国,变成全世界第一①。不仅是中国,美国高盛公司在2003年10月1日发表的题为"与BRICs一起梦想"的全球经济报告估计,巴西将于2025年取代意大利经济位置,并于2031年超越法国;俄罗斯将于2027年超过英国,并于2028年超越德国。到2050年,世界经济格局将会剧烈洗牌,全球新的六大经济体将变成中国、美国、印度、日本、巴西、俄罗斯。无须远望未来,就在当下,发达国家和新兴市场国家的实力升降,在2008年世界金融危机的冲击下,引出了一个基本格局的变化:由西方七国(G7)主导的世界政治经济格局,变成了由发展国家和新兴市场国家共同参与的G20共治格局②。在G20的第三会议(2009年9月美国匹兹堡会议)的闭幕式上宣布,G20将永久取代G8成为全球经济合作的平台。G20的出现和正式化,具有一种重要的象征意义,西方型的现代化发展模式作为永恒真理的时代过去了。G20的成员,美国、英国、法国、德国、意大利、加拿大、欧盟(主要代表欧盟中的其他成员)、日本,顶多加上西方的坚定盟友澳大利亚,共9位,是西方集团,俄罗斯、中国、印度、巴

---

① 以上数据见凤凰卫视2009—09—29日《时事开讲》中石齐平所说。
② G7是美国、英国、法国、德国、意大利、加拿大、日本,后来加上俄罗斯为G8。G20峰会2008年11月在美国华盛顿首开,继而于2009年4月2日在伦敦再次召开,然后,2009年9月在美国匹兹堡第三次召开。

西、墨西哥、阿根廷、土耳其、韩国、印度尼西亚、南非、沙特阿拉伯,共11国,皆在西方集团之外,有着多姿多彩的洲际文化(亚、欧、非、拉丁美洲)和各具特色的思想背景(东正教、东亚儒学、印度教、伊斯兰教、拉美思想),代表着不同的现代化发展道路,由此呈出来的是全球化中的多元世界和多元世界组成的全球化。从这新现象回头看去,人类的现代化历程透出了与以前的理解方式不同的另一种景观。以前,由于西方人率先进入现代化,并主导了世界现代化的进程,从而占据了现代化的高位,垄断了有关现代化的话语权,得出了一个个关于现代化的理论结论,并由此而引出一个个关于人类发展的理论结论,这些理论结论,虽然对人类的现代化具有很大的贡献,但同时也有不尽完善乃至片面之处。而今的转折时期,给人类带来了对现代化历程的反思机会。中国当代的崛起和中国道路的彰显把中国推向了重新思考自身和重新思考世界的新平台。而这一中国重思和世界重思,对于历来重视思想和文化之美学表现的中华民族来说,必然会引出京城模式的重思。

京城模式的重思是建立在现实和历史的基础上的,是北京自身一系列演变和与世界城市史演变互动的交汇,有中国历史的内在逻辑和中国文化的内在心性在内部深层的推动。京城模式和象征形式对中国的重要,不是现在才出

图8-1 G20峰会(资料来源:新华网)

现的问题,而是一直都在生动而又复杂地演进着的激流活水。从逻辑理路和丰富现实的相互激荡,进入京城模式和象征体系的重要主题,至少有四个方面令人沉思遐想:

一、北京最新一次规划提出的"两轴两带多中心",构筑了关于京城模式基本结构的想象维度,是共和国成立以来多次规划的最新总结,关联之丰富,启动着思考的飞翔。

二、世界城市演化史上热议的大都市圈,令人从北京之外的更大范围思考京城模式的基本结构。如何在世界城市史的规律中思考中国的京城模式和象征体系,是另一个智慧的源泉。

三、古代北京的历史,内含着中华民族追求世界先进的历史经验,构成了怎样形成京城模式的内在动力,而京城模式和象征体系只是这一内在动力的美学外化。如何更深地体会和总结这一中华民族的智慧,并运用于全球化时代的京城模式和象征体系,值得借鉴。

四、古代京城的结构,蕴藏着作为天下之中的京城应当怎样建立京城模式和象征体系的丰富内容,而京城模式和象征体系,只是这一内容的美学显现。如何更深地体会和总结这一中华民族的智慧,并运用于全球化时代的京城模式和象征体系,值得借鉴。

两轴两带多中心:北京规划与京城模式

北京在新世纪的演化,其基本结构和未来走向,体现在《北京总体发展规划 2004—2020》提出的"两轴、两带、多中心"的纲领之中。

两轴,即以故宫为中心的纵轴和以天安门为中心的长安街横轴。两带,是包括怀柔、密云、顺义、通州、亦庄、平谷的东部发展带和包括延庆、昌平、门头沟、房山、大兴的西部发展带。多中心,如"2004—2020规划"说的,是"指在市域范围内建设多个服务全国、面向世界的城市综合公共中心,提高城市的核心功能和综合竞争能力。包括中关村高科技园区核心区、奥林匹克中心区、中央商务区(CBD)、顺义和通州会展中心、石景山休闲娱乐中心等"。

从空间结构看,这个"两轴、两带、多中心",与实际情况不甚相符。从空间的顺序来说,首先,是市区的两轴,这没有问题。至于两带和多中心,实际上先是环跨市郊的各个"多中心",然后才是由近郊到远郊的"两带"。从实质上来说,首先是作为中心的两轴,这是作为古代中国中心的纵轴上的故宫及其南北延伸的门楼体系和作为现代中国中心的天安门及其向横轴展开的长安街。这里,传统的政治符号和现实的政治符号叠交而成建筑中心结构。这结构形成了具有历史深度和文化厚度的中央集权的象征符号。这里,既有传统与现实的质的区别,又有在质的区别之后在更高程度上的合一。其次,是围绕两轴又由两轴放射开来的"多中心",实际上这多个地区并不是中心,比起两轴中心来,无论在质上还是在量上都低下得多,仅是其辐射出来的几个功能重点而已。最后是由中心和多个功能重点向外延伸的两带,体现为多个功能重点的进一步向外扩展。在目前的体制下,多中心和两带都不能,也不可能代表两轴的功能而成为中心。从空间结构上讲,有了两轴,从权力结构上讲,有了中央集权,就排除了多中心成为真正中心的可能。然而,"2004—2020规划"为什么要把本具"中心"能力的两轴里的"中心"一词省去,而把本非中心而只是中心辐射出来的"重点"强称"中心",而成为名不副实的"多中心"呢?

也许,由于从理论上和理想上确知,北京的出路是多中心,但在现实上和实际上又很难摆脱共和国成立以来形成的既定结构,因此,这一看似清晰实则模糊的表述,既照顾当下的现实,又强调未来的理想。也许,正是要通过这样的表述,把本不是中心而仅是中心辐射出来的重点表述为中心,而促使这些被指定为"中心"的地区朝向真正的中心前进。这里,又呈出了当下与未来、现实与理论、北京城市史与世界城市史之间的张力和深邃。从城市规划理论和世界都市史的规律来说,多中心已经是一个正道。而北京规划在意识上和无意识上都要遵循这一正道。"两轴、两带、多中心"这一提法,是在不可能实现多中心的现实下,给人以多中心的表象,而这一表象又是一个走向未来的召唤。

多中心也是"梁陈方案"的核心,多中心的观念在"梁陈方案"被否定后的不久,其必要性和正确性就被意识到了,这从1958年《北京市总体规划说明(草稿)》中所提出的北京应实行"'分散集团式'的布局形式",并用"子母城"将其表述出来。"子母城"中的"子"也就是后来的卫星城观念。然而,卫星城观念虽然产生出了"多中心"和"两带",并由之得到了相当的发展,但真正的卫星城很难建立起来。有学人甚至说,北京的卫星城是失败的①。在"2002—2020规划"中,卫星城概念被"新城"概念所取代:"新城是在原有卫星城基础上,承担市区人口和功能疏解,新的产业聚集,带动区域发展的规模化的城市地区,具有相对独立性。规划新城11个,分别为通州、顺义、亦庄、大兴、房山、昌平、怀柔、密云、平谷、延庆、门头沟。"整个北京形成的是"市区、新城、建制镇三级城镇体系布局"。建制镇是新城的下一层级:"建制镇是所辖地区的政治、经济和文化中心,是推动北京市城镇化的重要组成部分。包括重点镇和一般镇。"这样,北京实际上是一个中心(所谓"两轴")、多个重点(所谓"多中心")、两带中的"新城"和"建制镇"这样一个四级空间体系。

由天安门体系而来的一个中心的理念与权力体制的结合,已经主导了京城的演化。"梁陈方案"的多中心,实际上是一个建筑风格和空间布局的多中

---

① 王凯.从"梁陈方案"到"两轴两带多中心".(载:北京规划建设,2005:1)卫星城的建设是失败的。前面提到1958年"分散集团式"的规划思想已经提出来了,1993年的北京总规划又提出14个卫星城的模式。从实施的效果来看,可以说是失败的。首先,卫星城在理论上是失败的。卫星城理论源于英国为缓解伦敦等大城市人口的高度聚集,在城市外围建设以居住为中心的中小城市的规划思想。英国在经过三代卫星城的实践之后发现大城市疏散出去的人口,远不及从更大地域范围内吸引来的外来人口多。同时,卫星城理论对城市功能疏解的认识是不到位的。北京十年来卫星城的建设,也并没有实现人口和功能疏解的目的。其次,卫星城在管理上是失败的。1993年总体规划虽然在空间上确定了14个卫星城,但建设机制的主体落在区县一级政府,这造成卫星城的建设,首先是用来满足区县开发建设的要求,而不是北京市城市功能疏解的需要。

心论,这一多中心由于有理论上和现实上的合理性,在多种力量的支持下,最后以历史文化名城和国际现代都市的观念形式以及旧城保护和现代建筑的新建被整合进一个中心的具有统一性的空间组织之中。而多中心的城市理论,虽然拥有世界城市演进的规律,具有现代城市发展的逻辑,也是当代大都市的合理空间结构,但由于与中国现行的权力体制不相合,与中国的传统京城观念不相合,而很难在实际上取得胜利。

北京以两轴为中心的空间现实,和"2002—2020规划"中既有明晰一面又有暧昧一面的"两轴、两带、多中心",已经决定了北京的基本格局。这里,一个问题出现了:大都市的发展,按世界现代城市史的规律,应该是多中心结构,而北京的发展则一直在一中心结构中演进。这一演进,与中央集权的政体结构是相符合的,但与大都市的结构的合理发展是不甚符合的。世界城市发展史上的多中心结构要解决的是大都市的空间结构配置,而一个中央集权的政体结构会促使大都市的一中心结构的形成。当现实的政体需要所产生出来的巨大能量与现实的城市需要所产生出来的巨大能量不是朝向一个方向的时候,用什么方式才能使这不同向的能量在一个更高的境界上合成一种新的结构呢?

从"2002—2020规划"中的核心关键词"两轴、两带、多中心"回溯到过去的一个又一个规划的演进,又四面环顾着世界城市史上一个一个的大都市的演进,犹如北京中心的两轴所代表的两大基本因素所汇合而产生出来的丰富内容,聚会成一个历史上的点。在数千年的中国文化发展中、在数百年来的中国现代性的演化中、在六十多年的共和国的演进中、在三十多年来的改革开放的演进中、在世界史的多元纷繁的复杂演进中,这个点很小,又很大。它呈现了一个京城模式的理想结构,但这理想结构在目前的情况下,特别是仅在北京的范围内,仅从北京的角度来谈"两轴、两带、多中心"的北京蓝图,是难以实现的。不过,在世界城市的演进逻辑中,还有另一条道路,可以让北京走出困境。这就是前面提到的大都市圈的理论和实践。

全球化时代的大都市圈与京城模式

世界城市发展从单个大城市自成单元演进到由一个特大城市或数个大都市为主与邻近城市群及地域实行的一体化的社会和经济组合,从而构成一个进行城市统计和研究的基本单元。这就是大都市圈。美国 1910 年采用大都市圈进行人口统计,法国地理学家戈特曼(Jean Gottmann)1957 年的论文《大都市带:东北海岸的城市化》中首次提出了用大都市圈概念对世界城市发展进行描述。现在大都市圈已经成为一个世界性的城市现象和理论领域。[①] 目前世界上著名的大都市圈有:

> 纽约都市圈(北起缅因州,南至弗吉尼亚州,跨越了 10 个州,其中包括波士顿、纽约、费城、巴尔的摩和华盛顿 5 个大城市,以及 40 个 10 万人以上的中小城市。作为世界经济和国际金融的神经中枢,纽约占据了区域内的核心地位。在这个区域中,人口达到 6500 万,占美国总人口的 20%,城市化水平达到 90% 以上。纽约都市圈的制造业产值占全美的 30% 以上);
>
> 五大湖都市圈(分布于五大湖沿岸,从芝加哥向东,经过底特律、克利夫兰、匹兹堡,一直延伸到加拿大的多伦多和蒙特利尔);
>
> 伦敦都市圈(以伦敦—利物浦为轴线,包括伦敦、伯明翰、谢菲尔德、曼彻斯特、利物浦等数个大城市和众多中小城镇。这一地区总面积约 4.5 万平方公里,人口 3 650 万,是产业革命后英国主要的生产基地和经济核

[①] 参见:谢守红.大都市区的概念及其对我国城市发展的启示.城市,2004:2;洪世健,黄晓芬.大都市区概念及其问题探讨.国际城市规划,2007:5;罗海明,张嫒明.美国大都市区指标体系的百年演变.国际城市规划,2007:5.

心区。由伦敦城和其他32个行政区共同组成的大伦敦是这个都市圈的核心。作为整个都市圈的龙头,这片约1 600平方公里的土地,在雾都时代曾经是一个工业中心,接着又慢慢演变成一个金融和贸易中心);

巴黎都市圈(以巴黎为中心,沿塞纳河、莱茵河延伸,巴黎都市圈覆盖了法国巴黎、荷兰阿姆斯特丹和鹿特丹、比利时安特卫普和布鲁塞尔以及德国的科隆,包括了4个国家的40个10万人口以上的城市。)

东京都市圈(以东京市区为中心,半径80公里,拥有23个行政区的东京都和埼玉县、千叶县、神奈川县共同组成了东京都市圈。东京都市圈总面积13 400平方公里,占全国面积的3.5%;人口则多达3 400万人,占全国人口的27%;GDP更是占到日本全国的30%以上;城市化水平达到80%以上。东京都市圈的综合性城市功能十分强大。作为金融中心,全日本30%以上的银行总部、50%销售额超过100亿日元的大公司总部都设在东京)[1]。

……

我国从20世纪80年代以来就开始研究大都市圈理论并构筑中国的大都市圈设想。大都市圈的设想和规划不是由北京市政府的主导,因此,《北京总体规划2004—2020规划》虽然也提到了实际上的大都市圈问题,但不用大都市圈的话语,而是用"区域协调"的词汇。

区域协调策略

积极推进环渤海地区的经济合作与协调发展,加强京津冀地区在产业发展、生态环境保护以及城镇和基础设施建设等方面的协调发展,更好地发挥北京作为京津冀地区核心城市的作用。

在京津冀城镇群的核心地区形成以京津城镇发展走廊为主轴,京唐、

---

[1] 栗宁.漫谈世界五大都市圈.地理教育,2009:2.

京石城镇发展走廊和京张、京承生态走廊为骨架的区域空间体系,实现区域统筹协调发展。

在交通体系上加强与以天津港为核心,京唐港(王滩港区、曹妃甸港区)、秦皇岛港共同组成的渤海湾枢纽港群的协调,完善以北京为枢纽的区域高速公路、铁路运输以及区域航空运输网络,形成联系便捷的区域交通体系。

在中国现有的体制下,大都圈话语主要由两个方面涌现出来:一是学者的学术话语,二是相关机构的研究报告。而大都市这一跨行政区的话语,只能由高于省(市)级别的国家机构来进行。从而,在机构上,有国务院发展改革委员会"十一五"重点课题研究报告《中国空间结构问题研究》呈现了:到2030年,中国将建设20个都市圈,这些都市圈主要分布在东、中部平原带,每个都市圈可容纳5000万城市人口,每个都市圈以120公里为半径,覆盖面积达4～5万平方公里。每个都市圈中都有一个1500万或两个1000万人口的大城市作为中心城市,两个500万人口的特大型城市,5个300万人口的特大城市,10个100万人口的大城市,都市圈的城市总人口就将达到5000万。[①] 在学术上,从全国范围讲大都市区的,有上海交通大学中国都市圈发展与管理研究中心把中国都市圈归为18个。有陶希东,在中国众多的都市圈中特别强调三大领先的都市圈:长三角都市圈、珠三角都市圈、京津唐都市圈[②]。无论中国的大都市圈应该分成多少,也无论这些大都市圈中谁在领先,大都市圈已经成为一种学术和政府的都市思维模式。在中国的大都市圈的理论中,专门就北京都市圈进行讲述的,有吴良镛教授的大北京构想。[③]整个大北京地区,向上伸向秦皇岛,向

[①] 魏海田.20个大都市圈改写中国经济版图.今日财富,2006:2.
[②] 陶希东.我国21世纪初期大都市圈发展若干问题探讨.现代城市研究,2009:4.
[③] 吴良镛.大北京地区空间发展规划遐想.北京规划建设,2001:1;大北京地区空间发展规划遐想(续).北京规划建设,2001:2.

东连向天津,向南接通保定与唐山。这一联合,不仅是经济的联合,而且是政治、文化、生态的宏观规划和地区一体化。由于有周围各大城市的带动和张力,北京自身的多中心,除两轴的引力,还有周围地区的引力。特别是天津这样的大城市,与北京形成一种双城轴心,而其他城市也有自身的特色和优势。这样从大都市圈来看大北京地区,有可能把目前的单中心改变为真正的多中心。这样,北京的发展才会真正地摆脱"摊大饼"的发展,而成为"葡萄串"的发展。还有王凯在《从"梁陈方案"到两轴两带多中心》[1]一文中,还从传统的京畿观来讲大北京的合理性。他说:"历史上的首都北京就不是一个简单的城市概念而是一个京畿地区的概念。清朝时期北京城是政治中心、文化中心;天津是海上门户,是运输中心和商业中心;承德是行宫和夏都;张家口是防务和对外贸易;保定是教育中心;秦皇岛是关里关外的分界线,长城的出海口。可以说京畿地区实际上是一个首都圈的概念,也可以说历史上健康发展的北京本来就是一个区域性城市。"还有章光日从北京与世界大都市圈的比较来看北京的特点:《改革开放30年大北京地区规划建设主要特征分析》《大城市地区规划建筑的国际比较研究——北京与伦敦、东京》《大城市地区规划建设的国际比较研究——北京与莫斯科、巴黎》《大城市地区规划建设的国际比较研究——北京与纽约、洛杉矶》《大城市地区规划建设的国际比较——北京与新加坡、香港》《北京模式的认识、评价与发展展望》[2]。

吴良镛和王凯关于大北京的论述,可以说都是从世界都市史演变中的大都市圈的理路来看待北京的发展。而两文都突出了一个思想,即如何让多中心成为真正的中心,用吴良镛的话来说,就是如何把北京的发展由为一个中心制约的"摊大饼"转型成多个自主中心相互联结的"葡萄串";用王凯的话语来说,就是如何让《北京规划》中的"多中心"或超北京市的大都市区形成"反磁力系统"。总而

---

[1] 王凯.从"梁陈方案"到两轴两带多中心.北京规划建设,2005:1.
[2] 上述论文依次载于:北京规划建设,2009:1、2、3、4、5、6.

言之,形成真正的多中心。章日光虽然在京城模式上与吴和王有不同看法,对建立在天安门体系基础上的"北京模式"充满了肯定,但仍然认为"交通与生态已成为影响北京可持续发展的最大挑战,北京未来的出路必须对新生的'北京模式'进行修正与完善。具体地说,必须尽快实现两个大的转变:一是将交通建设的重点尽快转移到大容量的快捷轨道系统方面;二是将城市建设的重点尽快转移到外围的新城之中。这两大转变可以说是决定未来'北京模式'生与死的关键举措"①。同样把真正的多中心看成是北京发展的必由之路。

然而,西方的大都市圈形成的多中心结构,是在市场经济和地域/文化生态的共同作用下形成的;中国的大都市经济圈,目前只是从经济活动的邻近和互补方面看,而并没有与中国特殊的政体结合起来考虑。西方比如上面提到的世界前五的大都市圈,都没有中国型的政治因素,而是与经济/社会/文化的因素相联的,其中巴黎、伦敦、东京,都没有作为首都和政治权力在大都市圈中发挥作用。因此,对于大北京来说,中央集权的京城在北京占了巨大的作用。这样,大北京如果出现,北京周边的其他城市,包括天津,都是很难与北京相比较的。因此,这些城市还没有足够的力量,形成与北京同等性质的中心,而形成大北京的真正的多中心。因此,目前正在转型中的京城模式,在"2004—2020 规划"描述的"两轴、两带、多中心"里,似乎难以形成真正的多中心,在大北京的展望里,似乎也难以形成真正的多中心。王凯提出的"反磁力系统"的前提,就是北京成为一个磁力中心。吴良镛的"葡萄串"出现的前提,也是在于这个磁力中心的消失。而这个磁力中心的基础就是中央集权的行政主导。而中央集权的行政主导却是中国改革开放以来,让中国在稳定的环境中进行建设的行之有效的模式。

总而言之,北京的发展结构,20 世纪 90 年代以来在与世界的互动中,受世界城市史潮流的两大理论的影响,一是世界城市,一是大都市圈。从理论上

---

① 章光日.北京模式的认识、评价与发展展望.北京规划建设,2009:6.

讲,前者主要关联到城市的层级,在世界上的所有城市中,世界城市是最高级,有了这一最高级的标准,其他的城市级别就可以依次而定;后者关系到城市的结构,世界城市都在向大都市圈发展,是一个大都市圈结构,同样,目前世界最大的大都市圈(纽约、伦敦、东京、巴黎……)为其他大都市圈的发展提供了一个最高榜样,同时也为城市的层级提供了一套标准。世界城市和大都市圈又是二而一的,属于世界城市的城市,纽约、伦敦、东京、巴黎,同时又是世界上最大的大都市圈。世界城市之所以能成为世界城市,是与其成为大都市圈紧密相关联的,大都市圈支撑了世界城市的形成。

然而,出现了一个有趣的现象,全球的世界城市和大都市圈,都是从城市的角度来看待问题,而不是从京城的角度来看待问题的。虽然,世界城市和大都市圈多为京城,但也不一定是京城,如最大的世界城市和大都市圈是纽约。因此,北京作为特大城市,其发展受世界城市和大都市圈的影响,但作为京城,它与世界都市和大都市圈有什么不同的地方呢?西方的京城,从美国开始,就不讲最大,也不是最大。美国登上世界的霸主地位之后,对世界京城模式的理论影响,应该是相当大的。比如从民国到共和国,中国最大的城市是上海。而民国的首都是南京,共和国的首都是北京,都没有上海大。但是,中国古代的京城模式,一定是京城第一,京城的标准决定着全国标准。在这一意义上,世界城市和大都市圈,在相当多的方面又是与中国古代的京城模式相一致的。从这一角度看,北京的演进,受到三个方面的影响,从中国文化看,受京城模式的影响,这是以天安门体系与四大符号建筑以及两轴来代表的;从世界文化来看,受世界城市和大都市圈的影响,这初步地从北京规划的"两带"、"多中心"以及发改委的研究报告和吴良镛的大都市理论中体现出来。

然而,这三个方面对于当今的北京来说,还不在于在这些各自的领域是否进行了系统性、完善性的思考,更为重要的是,这三个方面都未能从理论框架上综合起来进行思考。因此,新的京城模式走向何方,还正在演化之中。

中华民族对世界先进的追赶与京城模式

自中国大门被西方的坚船利炮攻破,先是被拖入后是主动进入世界现代化进程以来,中国深切地认识到了自己的落伍,同时开始了力争上游的奋斗。这一中国现代史以来从边缘到中心、从落后到先进、从贫弱到富强的奋斗,很有点类似于中国古代史中一些边疆民族从边缘到中心、从落后到先进、从贫弱到富强的奋斗。比较典型的,有鲜卑、契丹、蒙古、女真诸族。这些民族在走向辉煌的过程中,都有一个京城不断南迁和京城模式不断变化的历程,而其京城变化的终点,都是向着古代中华圈的文化最高级和文化最中心的形态演进,就这一点而言,当代中国的京城模式的主要方向也是向着世界的文化最高级和文化最中心的形态演进。这时,回顾中国古代史上边缘和低级民族走向中心和高级过程中京城模式的演化进程,对于当今京城模式的重思,应具有一定的参考意义,且让这一参考按历史的顺序来呈现。

首先是鲜卑族的北魏。鲜卑族发源于黑龙江、嫩江流域的大兴安岭,东汉时期由拓跋诘芬带领下西移到漠北地区,魏晋时期又在拓跋力微带领下南下到了云中一带(今内蒙古托克托),进而到盛乐(今内蒙古和林格尔),公元338年在什翼健的领导下在盛乐建立代国,公元376年亡国,公元386年拓跋珪复国并改国号为魏。公元398年拓跋珪击败后燕,进入中原,迁都平城(今山西大同),自称皇帝。之后,在其子拓跋嗣,特别是嗣之子拓跋焘的带领下,在漠北,征服了柔然,在中原,统一了北方。进而,公元493年在拓跋宏的领导下迁都洛阳,实行汉化,并把皇室之姓拓跋改为元。至此,一个边疆的游牧民族演进为占据天下之中的具有最高文化素质和美学形式的民族,从国号名称到皇室姓名到都城结构,都达到了当时中华圈的最高级。在京城模式里,盛乐是一个游牧地区,什翼健在此创"代"和拓跋珪在此立"魏",这一鲜卑人最初的京城应具有鲜明的边区地域特色。拓跋珪迁都平城(大同)在政治理念上,与他取国名为魏,打着承接曹魏正统的旗号一样,已经开始全面地吸收中华最高文化,这一在汉代平城西面基础上扩建的新都,经七代皇帝的营建,显示了一代帝都的风采。平城具有宫城、中城、外郭的层套结构,具有左祖右社的礼制结构,城东有最高学府太学,让我们想到明清北京城东部的国子监。城郊有明堂和大庙建筑,让我们想到汉代长安南郊的明堂。不仅如此,鲜卑领导人还在更高的多民族基础和世界文化的视野上,全面吸收当时正在蓬勃东来的印度佛教,把这一具有精致的思想形式、宗教礼仪、美学体系的宗教作为自身意识形态的一个重要组成部分。城的东南隅,有都城最高的佛教建筑永宁寺;城西外周武山南,有后来闻名世界的云冈石窟,在这里的昙曜五窟,把北魏五帝与佛教五方佛结合,呈现佛帝一体的思想境界和美学境界。当孝文帝再迁都洛阳之时,既把京城模式完全融入从西周以来就多次成为京城的洛阳本来具有的文化之中,同时也把自身在平城时的汉化经验,还把由曹魏都城之邺城和东吴都市之建康中的京城模式,融入洛阳的新建之中。汉以来的南北两宫宫制演进成单体宫制,宫城集中在内部的中心部位,横贯都城的中心大街让前朝后寝得到了鲜明的突出,里坊的格局更为严整规范。城内东面的永宁寺塔、九层百丈,几百里外皆可望见,城外南郊的龙门石窟,呈现了一片佛境的灿烂缤纷,让洛阳成为中国京城史上的一个里程碑(图8-2)。

其次是契丹族的大辽。契丹族源于柔然,战败于北魏之后,北柔然退到外兴安岭,南柔然避居今内蒙古西喇木伦河南、老哈河以北地区,聚族而居分八部,过着游牧渔猎的生活。公元907年,耶律阿保机统一各部;916年建立契丹国;918年在皇都建都(今内蒙古巴林左旗南的波罗城);920年创契丹文字;继而925年征服奚、乌古、黑车子室韦、鞑靼、回鹘、渤海国;936年又进入中原获取了燕云十六州,在与中原汉人居民的文化互动中,改国号为大辽(938年)。从一个边疆的弱小游牧民族成为一个中华圈内的大国,辽全盛时,疆域东北至今日本海黑龙江口,北至外蒙古中部的楞格河、石勒喀河一带,西到阿尔泰山,

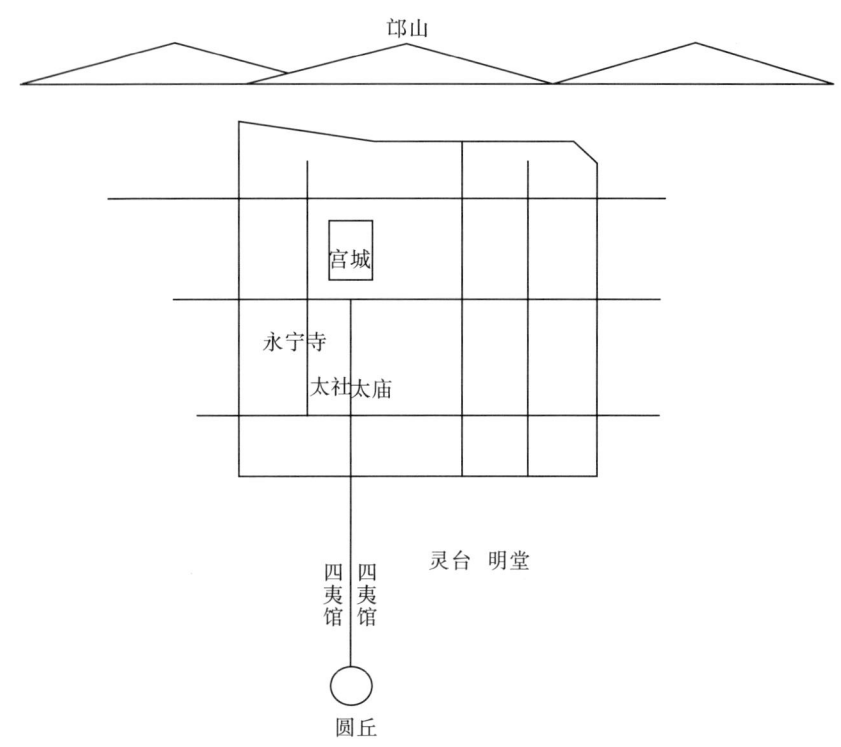

图 8-2 北魏洛阳（资料来源：张法编绘）

南部在今天的天津市海河、河北省霸县、山西省雁门关一线与北宋交界。其国势之强大，与之并立的北宋和西夏，在政治上和军事上都处于下风。辽朝先后形成五京制度。五京为上京临潢府（今内蒙古巴林左旗林东镇）为首都，其余四京为陪都：中京大定府（今内蒙古赤峰市宁城县）、东京辽阳府（今辽宁省辽阳市）、西京大同府（今山西省大同市）、南京析津府（北京市）。五都的地理布局显示了一个广阔的天下胸怀，各都的结构显示其作为一个多民族（契丹、女真、渤海、粟特、回鹘、汉）一体的大国风范。而对当时世界最先进文化的追赶，不但表现在契丹人已经基本上说汉语，在观念上已经自视为中原正统的继承者，甚至把南面的宋称之为南蛮。上都按辽俗，坐西朝东，澶渊之盟后建的中都，完全汉制，坐北朝南，有中轴线，东西对称。而地处中原的南京（现北京），虽然其

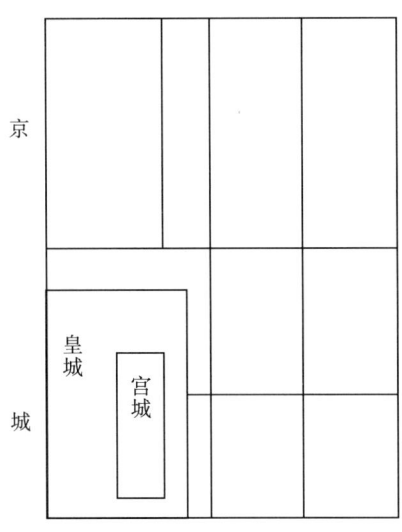

图 8-3　辽南京(资料来源:张法编绘)

皇城和宫城放在城的西南,尚不十分标准,但在城市结构上,已经达到中华圈最高文化的高度,即整个城市由京城、皇城、宫城三层结构组成。(图8-3)

再次,是女真族的大金。此族源自两千多年前的"肃慎",汉至晋时期称"挹娄",南北朝时期称"勿吉"(读音"莫吉"),隋唐称"靺鞨",辽金时期称"女真"。女真族勃兴于今黑龙江、松花江流域以及长白山地区。以渔猎为主,辽宋之时,女真受制于辽。完颜部在三十多个部落中最强。1115年1月28日,完颜阿骨打统一各部而称帝建国,国号大金,定都会宁(今阿城),并从征辽开始了向外扩张。到第二代皇帝金太宗完颜吴乞买时期,1125年灭辽,1127年灭北宋。大金鼎盛时期统治疆域包括今天的淮河北部、秦岭东北大部和俄罗斯联邦的远东地区。女真族在从边缘向中心的前进中,先是吸收辽的文化继而吸收宋的文化。金太宗继位后于1124年由汉人卢彦伦主持把一直未有宫殿的都城按先进标准予以重建。让会宁这一上京在格局上兼有辽宋的风格。1153年海陵王迁都燕京(今北京),虽然直接原因是内部的纷争,但地理的南移,让金更接近于中华圈中最高的汉文化。1253年金国第八代皇帝在蒙古军队的逼迫

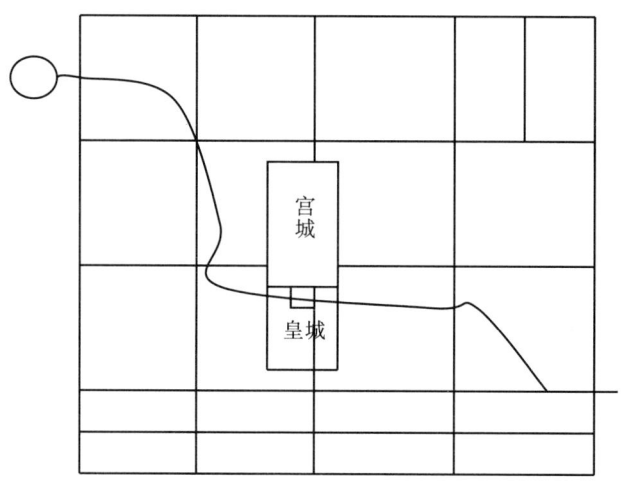

图 8-4　金中都(资料来源:张法编绘)

下迁都南京(开封),虽然这已经是金人的日落西山时期,但这一南移让金人更深地融入中华圈内最高文化之中。金中都(北京)和南京(开封)的城市结构显示了这一义化上的提升。从更广的视野,即从北方游牧民族南进的总潮流上看,金是辽的继续,元是金的继续,从元与金具有的同一走向看,金中都(北京,图 8-4)和南京(开封)的作为边缘民族走向中心的意义就呈现出来了。

现在就讲与金前后相接的蒙古族之大元。蒙古原属东胡系,由室韦部落一支而来,在《辽史》中被称为"萌古",尚无足轻重。但金章宗泰和六年(1206年)铁木真在斡难河源被蒙古贵族奉为大汗,尊号成吉思汗(图 8-5)。开始了蒙古族的席卷天下向亚欧非的大扩张大征服。被蒙古占领的巨大领域在成吉思汗之孙蒙哥汗去世(1259 年)之后,分裂为五大汗国:钦察汗国、窝阔台汗国、伊利汗国、察合台汗国,以及主要在中华圈内由忽必烈(图 8-6)主政的大汗之国(即后来的元朝)。元朝的疆域,包括今天的新疆、西藏、外蒙古、云南、东北、澎湖及南海诸岛,以及西伯利亚大部分、锡金、不丹、克什米尔东半部、缅甸北

图8-5 成吉思汗

图8-6 忽必烈

（资料来源：张法翻拍古代图片）

部、泰国北部、老挝、朝鲜东北部。就蒙古在中华圈内的征服来说，1218年蒙古灭西辽，1227年灭西夏，1234年灭金国，1246年招降吐蕃，1253年灭大理，1276年灭南宋，1279年消灭南宋残余势力而统一中国。

蒙古人具有一个远比以前中华圈的民族更为广阔的视野，在其不断地对外扩张和吸收各种文化的同时，也一步步地朝向着当时的中华圈内文化的最高级，因此，当蒙古铁骑将要进攻南宋之前（1271年），忽必烈定国号为"大元"，来自《周易》的"大哉乾元"。虽然，蒙古在从边疆的小族成长为雄居亚欧非的大帝国，也吸收及融合了四面八方的各种文化，然而还是以中华圈的汉文化为最高。大元不但是四大汗国名义上的宗主，也把北京作为整个帝国中心。成吉思汗在世进行东西南北四处征伐之时，没有固定的首都。1235年，窝阔台汗建都哈尔和林（今蒙古国境内杭爱山麓、鄂尔浑河上游），反映了蒙古文化的一种巨大的提升，这是一个多文化结合的都城，里面除了较大的伊斯兰教徒区、汉族工匠区之外，还有蒙古贵族住宅区，佛教寺院、基督教堂。1263年，元世祖忽必烈定都上都（今内蒙古自治区正蓝旗东）。自从春秋战国以来，北方的多个游牧民族，匈奴、东胡、乌桓、鲜卑、柔然、突厥、回纥、契丹、女真，都曾在这一区域活动。公元1251年,蒙哥登蒙古大汗位,即命忽必烈总领漠南汉地军国庶事,忽必烈由和林南下驻帐于此。那时,此地名叫金莲川。正是在这里,忽必烈广召天下名士,组成了以后治理天下的智囊和领导团队,即著名的"金莲川幕府"。在这里,忽必烈命汉人刘秉忠运用中国的风水知识选址建城,1259年城郭建成之时,命名开平府,此年正逢蒙古大汗蒙哥攻伐南宋命丧四川合川县钓鱼城,忽必烈从南宋鄂州(武汉)战场赶回开平府争夺汗位。1260年3月,忽必烈在开平府登大汗之位,并定开平府为首都。同年其同父同母的阿里不哥也在和林登大汗之位。1264年忽必烈打败阿里不哥后在燕京(北京)建元大都的同时,开平府被诏命为"上都"。上都由汉人主持建造,虽然,各种文化元素都在这里汇聚(如各种寺庙堂观一百六十余处,如养有麋鹿等动物以供游猎的方圆25公里的大型御花园),但中华圈最高文化的特色已经相当突出,这从全城的结构由宫城、皇城、外城三重城墙组成而显示出来。忽必烈迁都燕京时,金朝故殿已是一片废墟,在1215年被蒙军攻陷时被焚毁,于是住在城外金代离宫(大宁宫)内,元大都于1267年新建,历时二十余年始成。工程的总主持仍为上都建城主持者,当时为中书省官员的刘秉忠,阿拉伯人也黑迭儿负责设计新宫殿。郭守敬担任都水监,修治元大都至通州的运河。从三位主持的背景,可以看到多元文化的汇聚,但其基本和核心是中华文化的最高级。元大都,不但比起元上都来,而且比起辽南京、金中都来,都更接近中华圈最高文化的特色。元大都平面呈东西短、南北长的矩形,城墙全长60里又240步,辟十一门,南、东、西三面各三门,北面二门。不但基本结构符合《周礼·考工记》的京城模式的基本要点"前朝后市"、"左祖右社"、"九经九轨",而且十一门的命名,都与中国的宇宙观念相契合。南垣三门,正中为丽正门,《周易》有"日月丽乎天"。天南地北,丽是天之丽。东为文明门,《周易》有"其德刚健而文明"。德者得也,得之于天,其文大明。西为顺承门,《周易》:"至哉坤元,万物滋生,乃顺承天。"南为天而西为阴。东垣三门,正中为崇仁门,东方属春、属仁。南为齐化门,《说卦传》有"齐乎巽,巽东南也"。北为光熙门,取《周易》"艮(东北),止也……其道光明"。西垣三门。正中为和义门,取西方属秋、属阴与死亡相关,义乃天道运行之杀律;南为平则门,北为肃清门。平与肃,皆与义同意,有用武力而保持天道正义之意。北垣二门。东为安贞门,《周易》有"乾上坎下……安贞吉"。西为健德门,《周易》有"乾者健也,刚阳之德吉"……可以看到,蒙古族从边缘到中心,从弱小到强大,一步一步地进入中国文化的最高级和最中心,从其京城的三次南移显示出来,也从三个首都(从哈尔和林到元上都到元大都)的基本结构以及决定这一基本结构的文化观念的不断变化中显示出来。

最后,满族的大清。满族即辽金元明的女真,1635年,清太宗皇太极废除旧有族名"诸申"(女真),定族名为"满洲"。在明代,女真在其治下,建州女真首领猛哥帖木儿(努尔哈赤六世祖,后被追封为肇祖原皇帝)被明朝封为建州卫左都督(1405—1433年),其后人,也就是在女真诸族中脱颖而出的爱新觉罗·努尔哈赤(图8-7)1583年袭封为建州左卫指挥使。不断壮大的努尔哈赤1616年在赫图阿拉自立为汗,国号金(史称后金),建元天命,挑战明廷中央,1618年发布讨明檄文,1619年经萨尔浒之役占领辽东七十余城,1621年攻占辽阳和沈阳,并于是年迁都辽阳。1625年春又迁都沈阳。1636年,清降服漠南蒙古。同年皇太极(图8-8)在沈阳称帝且改"金"国号为"清"。1644年攻领北京,后又经20年战争完全消灭了南明诸王朝和大顺残余势力而统一中国。

图8-7　努尔哈赤

图8-8　皇太极

(资料来源:张法翻拍古代图片)

清朝从边缘到中心,从弱小民族到一统天下,在建筑文化上的体现就是五迁其都。从1587年建立的佛阿拉城(今辽宁抚顺新宾县呼兰哈达即灶突山之下)到1603年建成迁入的赫图阿拉城(今辽宁抚顺新宾县苏子河南岸的自然台地上),到1619年建成迁入的界蕃城,到1620年迁入萨尔浒城,仅半年后,1621年努尔哈赤攻占辽东城(辽阳),定为都城,并于辽阳城八里营建新的东京,1622年迁入。1625年3月迁都沈阳。1644年定都北京。在这不断的迁都中,满族的传统京城模式①的一些主要方面,如依山而建的空间特点,重要建筑处于高处等,在演进中不断地消失或缩小或功能变异,乃至悄悄地被整合进了最高级的文化之中。从东京到盛京是一个重要的转变,到北京完成了这些因素的完全转变。另一些主要特色,如内外城的空间结构、宫殿分离的布局方式、八旗方位对建筑布局的影响,不断地向最高文化的都城结构靠拢,最后内蕴在最高文化的都城结构之中,不注意甚至感觉不到,如内外城空间结构和八旗在北京内城的方位(图8-9)。

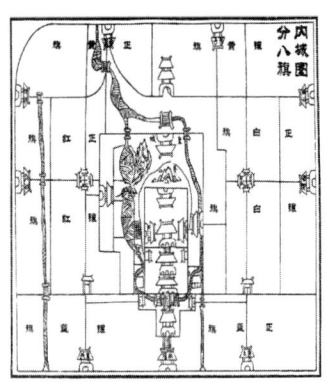

图8-9 北京城八旗方位图

(资料来源:李声能《满族早期都市的空间结构分析》)

---

① 参见:李声能.满族早期都市的空间结构分析.沈阳建筑大学学报,2010;3.

而最高文化的京城结构不断地越来越强地进入京城模式之中,如把文化观念嵌进都市结构之中,如中轴线的出现。前者从清东京(辽阳)开始就有明显体现。京城八门,东西南北各二门:东面的抚近门和内治门、西面的怀远门和外攘门、南面的德盛门和天佑门、北面的福胜门和地载门。八门之名都取自《尚书》、《易经》等中国古籍,用中国的宇宙观念和方位观念加以寓意。后者即中轴在东京都城中都没有显出,是在盛京时才有不甚明确的体现,之所以说不甚明确,在于盛京宫殿群有两条平行中轴线:一是大政殿和十王亭形成的中轴线,是一种满族传统的政治结构,一是从大清门到崇政殿到清宁宫,是走向最高文化的一种政治结构。而到北京,中华圈最高文化的中轴线完全体现了出来。

以上呈现的是中国古代边疆少数民族走向中心,同时走向中华圈文化最高级,也是世界最高级的运动,体现在京城的不断南移和京城模式的不断变化之后,而最后总是定型在中华圈京城文化的最高级上,而且他们在走向文化最高级和京城模式的最高级的过程中,本身又用自己的智慧丰富了中华圈最高级的京城模式。这里,有很多的经验可以总结,有丰富的智慧可供启迪。比如,中国古代后期围绕北京而定型的京城模式中,从辽南京到金中都到明北京和清北京,可以看到,京城模式如何不断地向《周礼》中的京城模式的理想形态演进,这里有很多的东西可以思考;可以看到,在北京作为京城的定型中,先是辽南京,建立在从商的蓟城到唐代幽州城的建城经验和自周以来的营国经验之上而综合为新时代的京城形样,即把以中原为中心的农耕文化和适合广大北方地区的游牧文化综合为一体的中华文化的京城模式。我们看到,大辽并没有像北魏那样,从盛乐到平城到洛阳,以一种方方面面融入中华文化的方式,形成自己的京城,并以新的汉化外貌,由东魏西魏北齐北周而隋代而大唐,开放出中国文化的盛世光彩,而是把农耕文化和游牧文化相结合,把中原汉文化与北方各族的少数民族文化相结合,创造着一种新型的中华文化。可以说,由辽而金而元而明而清,都是走在这一恢宏的大道上。回到自辽南京开始的京城新路上来,这既是一条恢宏大道,同时又充满了痛苦和心酸。辽南京开先之后,再而金中都,毁灭了辽南京而重建,继而元大都,夷平了金中都而重建,随之明北京,扫平元大都而重建,当然,在这不断的一毁一建的历史循环之中,中国的京城形态又在一步步地走向完善和理想,最后清北京,并没有毁掉明北京,而是基本上直接把清北京放在明北京之中,只是从宫城到皇城到京城的重大要项,即从宫殿到城门的名称进行关键性的改名,而这改动,不是使具有天下胸怀的文化最高级改回到具有边缘性的满族的地方性,而是在具有天下胸怀的文化最高级的基础上,使之更符合文化最高级的理想性。比如以三大殿为例,明代为:奉先殿、华盖殿、谨身殿(明嘉靖时曾为:皇极殿、中极殿、建极殿),清代为太和殿、中和殿、保和殿,相比之下,清代命名如果不是更多或更高,至少具有一样的宇宙气魄;又比如重要之门,明代大明门,清代为大清门,昭示朝代已经改换,明代南面的承天门和北面的北安门,清代改成天安门和地安门,如果不是更多或更高,至少是显出了同样的宇宙胸怀。当清朝完全进入明代京城,占为己用,且看北京京城与盛京故宫的不同,显出了清朝力争上游,进入中华文化的最高级和最中心的雄心壮志和宇宙胸怀。从大辽、大金、大元到大清,呈现了一种京城的演进和京城模式的变化,内蕴着一种中华民族力争上游的内在性格。这一种历史上的力争上游的心性,与现代性以来的中华民族面对世界现代性和全球化的挑战所进行的京城模式的新追求,具有相同之处。当然又有一点不同,古代中华圈的最高级和最中心是由数千年的历史形成的,这是确定无疑的。因此,各边缘民族在前进中的方向很确定,对于自身民族性与最高级和最中心文化的互动点和契合点也很清楚。因此,他们的演进在历史上留下了辉煌的篇章。而当代中国的京城模式对世界文化最高级和最中心的形态的学习,却复杂得多,既有学西学苏俄再学西方的一波三折,又有中国传统结构和传统元素与世界最高级和最中心文化在互动中的性质、地位、功能、意义上的自我认识上的不断变化,还有随着全球化中的多元文化思想崛起和G20中的新兴国家崛起,对由西方主导的世界现代化和文化最高级的原有模式本身的困惑与重思,这又使新的京城模式的演进方向变得复杂起来。

对走向全球化时代的京城模式与象征体系的思考

京城模式正在新世纪演化着,北京已经提出,要在2050年成为世界城市,但是要成为一个怎样的京城呢? 却没有提出。

如果仅仅从世界城市的角度和仅仅从大都市圈的角度构想北京的未来模式,现在我还想象不出,到那时,作为京城的世界城市以及大都市圈的核心与非京城的上海的世界城市和大都市圈的核心,有什么样的不同? 因此,北京在构想成为怎样的世界城市的同时,还要构想成为一个怎样的京城,并以京城模式的创新去营造自己的世界城市的新貌,这样才能以一种崭新的面貌,应和并象征中国在全球化时代的大国崛起和文化复兴。从这一角度思考,新的京城模式,对应着的,是千年以前盛唐的长安。而今北京与上海的不同,正如当年长安与扬州的差异。扬州的顶极繁华,引出了"腰缠十万贯,骑鹤下扬州"的世界性向往,作为海上丝路名港,扬州吸引了来自新罗、高丽、日本、波斯(伊朗)、大食(阿拉伯)、婆罗门、昆仑等国数千客商长期居住经商,以世界的多样性展现出"春风十里扬州路"的繁华景象。长安以天下之中的京城大气,除了与扬州一样云集着来自世界大商大贾,还汇聚来自八方的求法僧、留学生、传教士、音乐家、舞蹈家、美术家……全世界的人士,怀着"欲上青天揽明月"的愿望来到长安,进行着"业不惊人死不休"的事业追求和"语不惊人死不休"的艺术追求。长安作为天下之中,呈现出"九天闾阖开宫殿,万国衣冠拜冕旒"的盛景。

回到今天的现实,中国京城模式的演化基本上是在两个模式的张力之中进行的,一是中国历史上的京城模式,二是世界城市演进史中的世界城市,而这两种模式都内含着一个作为京城模式应有的指标:北京应当成为一个向世界提供思想的城市。这一点的意思是,在第一种模式的内容里,作为中国的京城模式,在全球化的多元互动中,以中国的方式向世界提供一种独特的文化景观;在第二种模式的内容里,世界城市本身就意味着世界的各重要领域(政治、经济、文化)的思想库汇聚于斯,而各种思想自然会体现在具体的美学形式上,而多样性的美学形式将嵌入或融入京城景观之中,让全球化时代的京城模式具有一种包容四海的宏大气象。

当二者结合在一起的时候,前者提供了京城模式的样板,特别是京城中的象征体系的样板,后者提供了特大城市的样板,特别是如何把各方面的因素高度组织起来的样板。如果只有前一方面,北京还不能说在现实中胜利地应对各方面的挑战,并在这一挑战中展现全球化时代的中国京城气象,如果只有后一个方面,北京还不能说胜利地回应了全球化时代对一个世界大国首都的要求。因此,如何形成新的京城模式,在于对这两个方面的理解深度。所谓深度,不仅是表面具体的形式,更是在具体形式后面的精神和气度。

对这两个方面的深度,应当进行怎样的理解呢?

在中国京城模式方面,至少应该有三点是要先提出来的:第一,天(宇宙)人(人类)合一的京城,第二,历史与今天合一的京城,第三,观念内容与美感形式合一的京城。

在第一点上,古代京城显出了辉煌的成就。这一成就的取得,在于古代观念的确定性。而今这一方面的困难,在于现代观念在不断的演变之中,有的还未定型,有的虽然定型但尚未完全深入人心。比如,古代京城的宇宙观念是以北极星为中心的紫微垣的结构,故宫就是这一结构在地上的美学表现。而今,现在的宇宙模式是什么并不完全清楚,宇宙的产生,科学的主流思想支持大爆炸设想,如果相信这一理论,那么大爆炸宇宙应当用怎样的美学形式来表现呢?古代,宇宙与人有一种确定的对应关系,而今,人与宇宙的对应是什么呢?在全球化时代的天人关系中,生态学的观念和质量、环境保护的观念和质量,被提了出来,人的生活质量的观念被提了出来,但生态的本质应当用怎样的美学形式来表现呢?环境保护和人的生活质量又应当以怎样的美学形式来表现呢?因此,具有世界思想高度的京城,不仅是一个把历史现在未来的方方面面予以数据呈现和自然综合的科学问题,而是一个既在历史现在未来的科学数据之上又超越科学数据的观念创造问题,需要哲学的宏大视野和美学的巨大想象。

在第二点上,古代京城呈现了一个很高的标准。前朝后寝、左祖右社、坛台四环的整体结构,把中国文化京城从中杆到坛台到宗庙到宫殿的漫长演进的形成过程和历史转变的逻辑关结完美地融汇在一起,并从时代的高度进行了理性化的美学显现。整个古代京城,使中国文化的历史进程和内蕴在这一进程中的文化精神得到了一个与古代的宇宙观和历史观相一致的完美体现。现在的北京虽然在把中国的古代史和现代史结合在一起并给予一个完美的体现上做了非常大的努力,然而,由于在现代性以来的思想激荡中,对中国古代史的认识和中国现代史的认识不断地变化,因而还未完成思想史的任务,具体说来就是:尚未把共产党领导的中国改革史和共产党领导的中国革命史完美地统一起来;尚未把共产党领导的革命史和改革史与更大范围的中国现代史统一起来;尚未把进入世界现代性进程之中的整个中国现代史与未曾进入世界现代性进程之前的中国古代史统一起来;尚未把中国古代史和中国现代史合一的整个中国史与世界史统一起来。由于在思想史上尚未完成这四个统一,一个站在全球化时代高度的思想体系尚未完成,因此,怎样构想历史与今天合一的京城模式未能呈现出一个清晰的观念体系,从而如何以这一四个合一的观念体系为基础,构筑一个具有全球化时代高度的京城的象征体系,也未能呈现一个明晰的结构。

在第三点上,有了明晰的观念体系,只是一个基础,如何把这一明晰的观念体系具体化为京城的美学形式,还需要一种在中国美学与世界美学的二重结构中寻找到合适的美感形式。这一结合从现代以来就在进行,但目前还没有得到很好的解决。国家大剧院和央视新楼引起的巨大争论,在一定的意义上,也正是两个美学传统的争论。而作为一个世界大国,目前北京的象征体系还局限在中国与西方的二元系统之中,而不是中国与世界的多元系统之中,印度文化、伊斯兰文化、拉美文化、非洲文化,以及世界历史上的重要文化的美学形式基本上还没有进入京城模式的构想之中,本来这应该是在长安街的规划中呈现出来的。因此,对于京城模式的构想来说,对世界史模式进行新思考尤其应当注意,与之相应的,对世界美感形式史的新思考也是应当注意的。

以上三个方面,天(宇宙)人(人类)合一的京城、历史与今天合一的京城、观念内容与美感形式合一的京城,由于中国现代史的巨大复杂性,虽然进行了巨大的努力,目前仍在继续演化的过程之中,尚未呈出一个明晰的观念,从而京城模式和象征体系尚未在理论上走向明晰。然而,古代京城对今天的京城模式具有启迪的意义。当以上三个方面都有了进展,作为全球化时代的世界大国和文化大国的首都,应该以什么样的京城模式体现出来,就会以清晰的图景出现。而这一清晰的图景,也会使北京自20世纪50年代以来在象征体系上的努力进入一种新型的意义组合。

除了以上三个方面之外,还有两个方面需要提出来:第一,如何把多元一体的中华民族的丰富性呈现出来,这是在共和国前期的以阶级划分社会结构的主流中被遮蔽的问题;第二,如何把世界史的丰富内容呈现出来,这是在一心对世界先进的追赶中被遮蔽的问题。这第二个问题一提出来就与世界城市相关了。

世界城市,不从世界的城市演进史,而从中国进入世界后的世界观来看,涉及中国的世界性观念。中国的世界性自现代性以来基本上是一个世界先进性,是在对世界最高级的以赶超为口号的追赶中只盯住一个目标的世界性,世界的多样性只服务于追赶世界最高级目标,而多样性的本身并未被关注。新一轮的全球化,各新兴国家对世界最高级(西方)的追赶,已经呈现了一个多极的世界和多样的世界,多样世界的五彩缤纷的特色正在向中国展现,中国也开始从世界各文化多样性本身去关注和尊重这一多样性,这种关注和尊重,不仅是走在追赶现代前面的新兴国家的文化,而且包括处于各个层级上的文化。全球化时代的旅游业作为一个特大的经济体和一种重要的经济活动,已经把世界上处于各个层级的文化作为旅游的重要因素,而要在真正的旅游上做出成就,对各个层级文化的真正理解、研究、欣赏成为必不可少的一个组成部分,各个层级文化又因此在整个世界的眼光中得到了极大的提升。这同时又意味着,世界城市的世界性,在汇聚世界精英的同时,汇聚着一个多样性的文化。

这样,世界城市的世界性,不仅是具有政治上的国际组织(联合国机构和国际非政府组织)总部,经济上的国际金融业的总部,跨国公司总部,全球交通运输枢纽(航空、铁路、海运、物流),全球信息中心,产业中心(科技创新产业、文化创意产业、服务业、旅游业),文化上的图像和思想创意中心,而且还要有文化的多元化程度和聚居的国际化程度,在这一点上,不仅是世界人才聚集中心,重大国际会议、国际会展、体育盛事、文化盛事的举办地,还应是以世界多样文化在城市中汇聚而呈现出世界多样性的美学景观,即建筑风貌和街景样态。

参考书目

萧默编. 巍巍帝都. 北京:清华大学出版社,2006.

侯仁之. 北京城的生命印记. 北京:三联书店,2009.

朱祖希. 营国匠意——古都北京的规划建设及其文化渊源. 北京:中华书局,2007.

(清)于敏中等编纂. 日下旧闻录:4册. 北京:北京古籍出版社,1983.

王瑞智编. "梁陈方案"与北京. 沈阳:辽宁教育出版社,2005.

董光器. 古都北京:五十年演变录. 南京:东南大学出版社,2006.

王亚男. 1900—1949年北京的城市规划与建筑研究. 南京:东南大学出版社,2008.

林语堂. 大城北京. 西安:陕西师范大学出版社,2008.

王军. 城记. 北京:三联书店,2003.

王博. 北京:一座失去建筑哲学的城市. 沈阳:辽宁科学技术出版社,2009.

史念海. 中国古都与文化. 北京:中华书局,1998.

吕超国. 东方帝都——西方文化视野中的北京形象. 济南:山东画报出版社,2008.

赵润田. 寻找北京城. 北京:清华大学出版社,2008.

王子林. 紫禁城风水. 北京:紫禁城出版社,2005.

单士元. 故宫史话. 北京:新世界出版社,2004.

阎崇年. 大故宫. 武汉:长江文艺出版社,2012.

刘畅. 北京紫禁城. 北京:清华大学出版社,2009.

张加勉. 读解故宫. 北京:当代中国出版社,2009.

葛忠雨. 图说北京三千年. 合肥:黄山书社,2006.

北京市规划委员会、北京市规划协会主编. 长安街:过去·现在·未来. 北京:机械工业出版社,2004.

李允鉌. 华夏意匠. 天津:天津大学出版社,2005.

刘敦桢. 中国建筑史. 北京:中国建筑工业出版社,1984.

萧默主编. 中国建筑艺术史:上下册. 北京:文物出版社,1999.

杨宽. 中国古代都城制度史. 上海:上海人民出版社,2003.

汪德华. 中国城市规划史纲. 南京:东南大学出版社,2005.

(德)阿尔弗雷德. 幻方——中国古代的城市. 梅青,译. 北京:中国建筑工业出版社,2009.

张国硕. 夏商周时代都城制度研究. 郑州:河南人民出版社,2001.

姜波. 汉唐礼制建筑研究. 北京:文物出版社,2003.

张良皋. 匠学七说. 北京:中国建筑工业出版社,2002.

张一兵. 明堂制度源流考. 北京:人民出版社,2007.

(英)马戛尔尼. 林延清解读:1793乾隆英使觐见记. 刘半农,译. 天津:天津人民出版社,2006.

(美)刘易斯·芒福德. 城市发展史. 宋俊岭,倪文彦,译. 北京:中国建筑工业出版社,2005.

(美)柯林·罗,弗瑞德·科特. 拼贴城市. 童明,译. 北京:中国建筑工业出版社,2003.

(英)迪耶·萨迪奇. 权力与建筑. 王晓刚,张秀芳,译. 重庆:重庆出版社,2007.

(美)迪耶·萨迪奇,海伦·琼斯. 建筑与民主. 李白云,任永杰,译. 上海:上海人民出版社,2006.

后　记

　　本选题萌动,如在前言中所讲,开始于读研究生时听杨辛老师关于故宫的讲课。后来,在阅读和积累中对天安门体系有了初步的认识,渐渐地把故宫体系和天安门体系结合起来思考。新世纪初,北京师范大学进行本科教学改革,请北京市各高校的教授去作讲座,构成一门本科一年级新生的通识课。我便以故宫体系和天安门体系为题,把二者结合起来,进行比较,探寻对中国文化的意义。写成讲稿并做了课件,去北京师范大学讲过两次。后来又在北京高校(如中国人民大学、中国艺术研究院、中国传媒大学、中国政法大学、首都师范大学、解放军艺术学院、北京舞蹈学院……)和其他地区高校(如四川大学、武汉大学、西南大学、新疆大学、华东师范大学、上海师范大学、陕西师范大学、南京师范大学、华南师范大学、广西师范大学、四川师范大学、浙江师范大学、江苏师范大学、贵州师范大学、华东理工大学、华南理工大学、天津工业大学、西南财经大学、四川外语学院、中南民族大学、三峡大学、东莞理工学院、宜宾学院……)作过讲座,在多年来的讲座中,由天安门体系和故宫体系而延伸到对整个北京的象征体系和京城模式的思考,这一思考是以片断的形式出现的,其成果也曾以文章的形式发表在各种刊物书籍上。如下:

　　紫禁城的文化遐想.载:张安哥主编.孔目湖讲坛录.南昌:江西人民

出版社,2006.

王府井步行街:中国转型时代的文化图像.西北师大学报,2006,(3).

北京城的符号性建筑在改革开放时期的演化.载:张志伟等主编.在人大听国学.南昌:江西人民出版社,2009.

建筑的象征:天安门体系与现代中国象征.文艺争鸣,2010,(10)下半月.

长安街与京城模式的演进:一种文化与美学的读解.陕西师范大学学报,2010,(6).

当代中国的京城模式:观念与现实.文艺争鸣,2011,(3)下半月.

从京城模式和象征体系读解北京四大符号建筑.上海大学学报,2011,(4).

什刹海与北京的文化记忆.中国政法大学学报,2012,(3).

走向全球化时代的世界大学和文化大国的象征体系和京城模式,城市文化研究,2012,(8).

京城与中国古代文化的自我定义.东吴学术,2013,(3).

京城审美景观的不同模式——北京现代的十大建筑与古代的燕京八景之比较.当代文坛,2013,(4).

后来在一些朋友的建议下,渐渐将之组合成一本具有整体性的书。这就是此书的因缘。

此书出版之际,谨向发表以上文章的相关刊物的编辑和主管表示感谢,也感谢安徽教育出版社的领导对出版此书的支持。

张　法

2013.10